Vom gleichen Autor erschienen außerdem
als Heyne-Taschenbücher

Target 5 · Band 5314
Tafak · Band 5360
Lawinenexpreß · Band 5631

COLIN FORBES

NULLZEIT

Roman

WILHELM HEYNE VERLAG

MÜNCHEN

HEYNE-BUCH Nr. 5519
im Wilhelm Heyne Verlag, München

Titel der englischen Originalausgabe
THE STONE LEOPARD
Deutsche Übersetzung von Joachim Maass

4. Auflage

Genehmigte, ungekürzte Taschenbuchausgabe
Copyright © 1975 by Colin Forbes
Copyright © der deutschen Übersetzung 1977
by Marion von Schröder Verlag GmbH, Düsseldorf
Printed in Germany 1980
Umschlagfoto: dpa, Frankfurt/Main
Umschlaggestaltung: Atelier Heinrichs, München
Gesamtherstellung: Presse-Druck Augsburg

ISBN 3-453-00930-4

Inhalt

Für Jane

TEIL EINS

Der Leopard
8. Dezember
bis 16. Dezember

»Die USA sind ein einziger Slum . . .

Diese barbarische amerikanische Zivilisation, dieses Land der Wolkenkratzer und Bruchbuden . . . In New York blickt unglaublicher Reichtum von Penthäusern auf unglaubliche Armut hinab, und nichts ist von Dauer, nicht einmal für fünf Minuten – nicht einmal die Ehe hat in diesem Land der Geschiedenen Bestand . . .

Was für eine wundervolle Zivilisation ist das – kontrolliert von der Bau-Lobby, der Automobil-Lobby und der Öl-Lobby. Es ist also kein Wunder, daß kaum zwanzig Jahre alte Wolkenkratzer abgerissen werden, um noch scheußlicheren Monolithen Platz zu machen. Autobahnen ziehen sich kreuz und quer durchs Land – damit diese unglücklichen und neurotischen Menschen Auto fahren können – von A nach A nach A! In den Vereinigten Staaten kommt man nie nach B – jeder neue Ort, an den man kommt, ist der gleiche, den man verlassen hat! Und dies ist das Amerika, das den Versuch unternimmt, Europa zu beherrschen!

Lassen Sie mich warnen, meine Freunde. Wenn Europa nicht auch zu einem riesigen Slum verkommen soll, müssen wir dafür kämpfen, unseren Kontinent von allem amerikanischen Einfluß zu säubern . . .«

Auszug aus einer Rede Guy Florians, des Präsidenten der Französischen Republik, am 7. Dezember in Dijon.

1

»Nach Giscard kam de Gaulle . . .«

Die trockene Bemerkung kam von einem Staatssekretär des britischen Foreign Office und war vertraulich gemeint. Ein Vertreter des amerikanischen State Department sagte es drastischer: »Nach Giscard kam ein brutalerer de Gaulle – ein de Gaulle mit zehnmal mehr Macht.« Sie sprachen natürlich von dem neuen Präsidenten der Französischen Republik, nur wenige Stunden vor dem ersten Anschlag auf sein Leben.

Es war sein antiamerikanischer Ausbruch in Dijon gewesen, der diese beiden Bemerkungen über den mächtigsten Staatsmann Westeuropas provoziert hatte. Verständlicherweise löste die Nachricht vom Mordversuch an Präsident Florian in bestimmten Kreisen Washingtons nur deshalb echte Trauer aus, weil er fehlgeschlagen war. Aber an jenem winterlichen Dezemberabend, als Florian den Elysee-Palast verließ, um die wenigen Dutzend Meter zum Innenministerium am Place Beauvau zu gehen, entging er dem Tod nur um Haaresbreite.

Guy Auguste Florian, der Nachfolger Giscard d'Estaings als Präsident der Französichen Republik, war auf spektakuläre Weise und völlig unerwartet an die Macht gekommen – so unerwartet, daß seine Amtsübernahme fast jede Regierung der Welt unvorbereitet traf. Florian war hochgewachsen, schlank und agil und sah mit seinen zweiundfünfzig Jahren zehn Jahre jünger aus; er war außergewöhnlich intelligent und zeigte sich ungeduldig mit Menschen, deren Köpfe langsamer arbeiteten als sein eigener. In seiner dominierenden Präsenz, in der Art, wie er jeden Menschen seiner Umgebung durch die schiere Kraft seiner Persönlichkeit beherrschte, war etwas von Charles de Gaulle zu spüren. Am Mittwoch, dem 8. Dezember, um acht Uhr abends, war er höchst ungeduldig, als Marc Grelle, der Polizeipräfekt von Paris, ihn davor warnte, zu Fuß durch die Straßen zu gehen.

»Es steht ein Wagen bereit. Er kann Sie ins Ministerium fahren, Herr Präsident . . .«

»Meinen Sie, ich würde mich sonst erkälten?« fragte Florian.

»Womöglich wollen Sie sogar, daß ein Arzt mich in diesen zwei Minuten begleitet, die ich für den Weg brauche?«

»Immerhin wäre er verfügbar und könnte den Blutstrom stillen, falls Sie von einer Kugel getroffen werden . . .«

Marc Grelle war einer der wenigen Männer in Frankreich, die es wagten, Florian mit gleichermaßen ironischen Wendungen zu widersprechen. Der Polizeipräfekt, zweiundvierzig Jahre alt, ein paar Zentimeter kleiner als der einen Meter sechsundachtzig große Präsident, war ebenfalls schlank und athletisch gebaut und ein Mann, dem Förmlichkeit zuwider war. Das zeigte sich auch in seiner Kleidung. So trug er während der Arbeitszeit meist sorgfältig gebügelte Hosen und einen Rollkragenpullover. Das war seine normale Arbeitskleidung, die er auch jetzt trug. Vielleicht waren es diese Ungezwungenheit und dieses selbstsichere und gelöste Auftreten, die den seit einem Jahr verwitweten Präfekten – seine Frau war bei einem Autounfall ums Leben gekommen – für Frauen attraktiv machten. Seine Erscheinung mag da auch ein wenig geholfen haben; er hatte sich einen gepflegten dunklen Schnurrbart stehen lassen, der gut zu seinem dichten schwarzen Haar kontrastierte, er war – wie der Präsident – kräftig gebaut, und obwohl er im allgemeinen ein Pokergesicht zur Schau trug, zeigte sich in seinen Mundwinkeln ein Anflug von Humor. Er zuckte die Achseln, als Florian einen Mantel überzog und sich bereitmachte, sein Arbeitszimmer im ersten Stock des Elysee zu verlassen.

»Dann werde ich Sie begleiten«, sagte der Polizeipräfekt. »Aber Sie gehen ein unnötiges Risiko ein . . .«

Er folgte Florian aus dem Arbeitszimmer und die Treppe zu der großen Halle hinunter, die zum Vorderportal und dem geschlossenen Innenhof führt. Im Gehen zog er seinen ledernen Regenmantel über. Er ließ den Mantel bewußt offen; so konnte er leichter an seinen 38er Smith & Wesson-Revolver herankommen, den er immer bei sich trug. Es ist nicht üblich, daß ein Präfekt bewaffnet ist, aber Marc Grelle war auch kein Präfekt vom gewöhnlichen Schlag; da eine seiner Hauptpflichten darin bestand, den Präsidenten innerhalb der Stadtgrenzen von Paris zu schützen, faßte er dieses Gebot als persönliche Verpflichtung auf. In der mit Teppichen ausgelegten Halle öffnete ein uniformierter und mit Medaillen dekorierter Pförtner die hohe Glastür. Florian, der dem Präfekten schon um einiges voraus war, lief die sieben Stufen zu dem mit Kopfsteinpflaster ausgelegten Innenhof hinunter. Grelle befand sich noch im Gebäude und beeilte sich, um den Präsidenten einzuholen.

Um zum Innenministerium zu gelangen, das man vom Elysee zu Fuß in nur drei Minuten erreicht, mußte der Präsident den Innenhof verlassen, die Rue du Faubourg St. Honoré überqueren und wenige Dutzend Meter zum Place Beauvau gehen, wo er das Ministerium durch den Haupteingang betreten würde. Er setzte zum Überqueren der Straße an, als Grelle die Wachtposten kurz grüßte und den Innenhof verließ. Der Präfekt warf rasch einen Blick nach links und rechts. Um acht Uhr abends, kaum vierzehn Tage vor Weihnachten, das in Paris ohne große Begeisterung gefeiert wird, war es draußen dunkel und ruhig. Es herrschte kaum Verkehr. Grelle spürte ein paar leichte Regentropfen auf seinem Gesicht. Gleich würde es wieder regnen, Gott im Himmel – es hatte seit Wochen ständig geregnet, und halb Frankreich stand unter Wasser.

Die Straße war fast leer, aber nicht völlig; ein Paar, das sich dem Eingang zum Elysee aus Richtung der Madeleine näherte, blieb unter einer Straßenlaterne stehen, während der Mann sich eine Zigarette anzündete. Britische Touristen, vermutete Grelle: Der Mann, ohne Hut, trug einen kurzen Offiziersmantel; die Frau hatte einen eleganten grauen Mantel an. Auf der anderen Straßenseite stand noch jemand, eine Frau, die allein in der Nähe eines Pelzgeschäfts stand. Jetzt wandte sie sich halb zur Straße und wühlte in ihrer Handtasche, vermutlich nach einem Taschentuch oder einem Kamm.

Eine ziemlich attraktive Frau – Anfang Dreißig, soweit Grelle sehen konnte. Sie trug einen roten Hut und einen figurbetonenden braunen Mantel. Während Florian dem Place Beauvau zustrebte und die Straße diagonal überquerte, ging er im Winkel an ihr vorüber. Der Präsident, der eine attraktive Frau immer bemerkte, warf ihr einen Blick zu und ging dann weiter. All das nahm Grelle in sich auf, als er die Bordsteinkante erreichte, noch immer ein paar Meter hinter seinem ungeduldigen Präsidenten. Wenn Florian den Elysee-Palast verließ, wurden keine Leibwächter zu seiner Begleitung abgestellt: Er hatte ausdrücklich untersagt, was er ›ein Eindringen in meine Privatsphäre . . .‹ nannte. Normalerweise ließ er sich in einer der schwarzen Limousinen vom Typ Citroën DS 23 chauffieren, die ständig im

Innenhof bereitstanden, aber wann immer er den Innenminister zu sehen wünschte, hatte er sich lästigerweise angewöhnt, den Weg zum Place Beauvau zu Fuß zurückzulegen. Und diese Angewohnheit war bekannt geworden. Sogar die Presse hatte darüber berichtet.

»Es ist gefährlich«, hatte Grelle protestiert. »Sie gehen sogar immer zur gleichen Zeit – um acht Uhr abends. Wenn Ihnen jemand auflauern wollte, hätte er es leicht . . .«

»Glauben Sie, daß die Amerikaner einen Revolvermann herüberschicken werden?« hatte Florian spöttisch gefragt.

»Es gibt immer Verrückte . . .«

Grelle war vom Bordstein auf die Straße getreten und noch immer dabei, Florian einzuholen, wobei er ständig nach allen Seiten blickte, als irgend etwas den Präsidenten dazu brachte, zurückzublicken. Er war kaum einen Meter entfernt, als die Frau die Waffe aus der Handtasche nahm. Völlig kühl, ohne jedes Anzeichen von Panik und mit sicherer Hand zielte sie aus kürzester Entfernung. Florian fuhr herum, erstarrte vor purem Erstaunen, aber nur wenige Sekunden. Eine Sekunde später wäre er schon gerannt, hätte sich geduckt, irgend etwas getan. Das Echo zweier in rascher Folge abgefeuerter Schüsse dröhnte durch die Straße wie donnernde Fehlzündungen eines großen Wagens.

Der Körper lag im Rinnstein, sehr leblos, sehr tot. Das völlige Fehlen jeder Bewegung irritiert immer am meisten. Grelle beugte sich über sie. Die 38er Smith & Wesson hielt er noch immer in der Hand. Er war schockiert. Es war das erste Mal, daß er eine Frau getötet hatte. Als die Leute vom Gerichtsmedizinischen Institut später den Leichnam untersuchten, fanden sie eine von Grelles Kugeln im Herzen der toten Frau, die zweite einen Zentimeter weiter rechts. Einen Moment zuvor hatte der Präfekt den Präsidenten fest am Arm gepackt, in den Innenhof zurückgedrängt und in den Elysee-Palast zurückgebracht, ohne davon Notiz zu nehmen, was Florian sagte. Jetzt strömten Wachtposten mit automatischen Waffen auf die Straße. Viel zu spät.

Grelle selbst entfernte die Automatik aus der Hand der toten Frau. Er hob die Waffe vorsichtig am Lauf auf, um die Fingerabdrücke zu erhalten. Es war eine Bayard 9 Millimeter mit kurzem

Lauf aus der kleinen belgischen Waffenfabrik in Hertal. Sie war zwar klein genug, um in eine Handtasche zu passen, aber alles andere als eine Damenwaffe. Aus kürzester Entfernung abgefeuert – und das wäre hier der Fall gewesen –, wäre das Ergebnis fatal gewesen. Daran zweifelte Grelle keinen Augenblick. Wenige Minuten später kam sein Stellvertreter, Generaldirektor André Boisseau von der Police Judiciaire, in einem Polizeiwagen mit heulenden Sirenen in der inzwischen abgeriegelten Straße an.

»Mein Gott, ist es wahr?«

»Ja, es ist wahr«, bellte Grelle. »Sein Beinahe-Mörder, eine Frau, wird gerade in den Krankenwagen dort drüben getragen. Florian ist unverletzt – zurück im Elysee. Von jetzt an wird alles anders sein. Wir werden ihn vierundzwanzig Stunden am Tag unter strengster Bewachung halten. Er muß bewacht werden, wohin er auch geht – ich werde ihn morgen früh aufsuchen, um seine Zustimmung zu bekommen . . .«

»Und wenn er nicht zustimmt?«

»Wird er meinen sofortigen Rücktritt erhalten . . .«

Unterdessen war die Presse angekommen. Die Reporter versuchten, sich mit Gewalt einen Weg durch das Gewimmel von Gendarmen zu bahnen, und einer der Zeitungsleute rief dem Präfekten etwas zu. »Die Hyänen sind da«, murmelte Grelle mit zusammengebissenen Zähnen, aber es war wichtig, sie sofort aufzuklären. Sie hatten gerade noch Zeit, ihre Berichte für die Titelseiten der morgigen Ausgaben einzureichen. Er gab Anweisung, sie durchzulassen. Sie umringten den schlanken, athletischen Mann, der von allen Anwesenden der ruhigste war. Es war natürlich der Reporter der *L'Humanité* – ›dieses kommunistische Dreckblatt‹ nannte der Präfekt diese Zeitung –, der die Frage stellte: »Sie sagen, der Attentäter sei eine Frau gewesen? Hat der Präsident sie gekannt?«

Die Anspielung war grob und mehr als deutlich angesichts der Gerüchte über Florians gespannte Beziehungen zu seiner Frau und über seine Affären mit anderen Frauen. *L'Humanité* witterte einen pikanten Skandal von internationalen Ausmaßen. Grelle, der Politiker verabscheute, verstand etwas von Politik. Er schwieg kurz, um die Aufmerksamkeit aller auf sich zu ziehen, um eine Spannung zu erzeugen, die er lösen konnte.

»Der Präsident hat diese Frau nicht gekannt. Er hatte sie noch nie gesehen. Er hat mir das gesagt, als ich ihn in den Elysee-Palast zurückdrängte . . .«

»Er hat sie also deutlich gesehen?« insistierte der Reporter.

»Der Zufall wollte es, daß er sie direkt ansah, als sie die Waffe auf ihn richtete . . .«

Kurz nach diesem Wortwechsel brachte er die Journalisten zum Schweigen und ließ sie die Straße hinunter hinter den Sicherheitskordon zurückschicken. Er wußte, daß sie bald ihre Redaktionen anrufen mußten. Der Krankenwagen war weggefahren. Polizeifotografen machten Aufnahmen von dem Abschnitt des Bürgersteigs, in dem es passiert war. Grelle ließ einen hohen Polizeioffizier zurück, um die Formalitäten zu Ende zu führen, und bestieg den Wagen seines Stellvertreters Boisseau, der sie zur Präfektur auf der Ile de la Cité zurückfuhr.

Auf dem Weg dorthin untersuchte der Präfekt die Handtasche der toten Frau, die er in die Tasche seines Regenmantels gesteckt hatte. Der übliche Inhalt: Lippenstift, Kompaktpuder, ein Schlüsselring, Kamm, einhundertsiebenundfünfzig Franc in Scheinen und Münzen sowie ein Personalausweis. Die Frau, die versucht hatte, den Präsidenten von Frankreich zu töten, nannte sich Lucie Devaud. Zu dieser Zeit maß Grelle diesem Namen keinerlei Bedeutung bei. Er sah auch nichts Bezeichnendes darin, daß sie im Departement Lozère geboren war.

In bestimmten Augenblicken der Geschichte ist es ein einziger Vorfall, der eine ganze Reihe weiterer Ereignisse auslöst, was auf verschiedenen Kontinenten Räder zum Rollen bringt, die sich immer schneller und schneller drehen. Lucie Devauds Versuch, Guy Florian zu töten, war so ein Zwischenfall. Er ereignete sich in einem kritischen Moment der europäischen Geschichte.

Die Welt war gerade dabei, sich von der unheilvollen Weltwirtschaftskrise zu erholen, die 1974 eingesetzt hatte. Überall herrschten wieder Hoffnung und Optimismus. Die Luftverkehrsgesellschaften verfrachteten eine ständig wachsende Zahl von Touristen an weit entfernte und exotische Ferienorte; die Aktienbörsen der Welt zeigten eine stetig steigende Tendenz – der Dow-Jones-Index hatte gerade die 1500er-Marke passiert –, und die Schrecken der Inflation waren jetzt nur noch Erinnerung. Und, wie das amerikanische Hudson Institute vorhergesagt hatte, war Frankreich der Staat, der die übrige Welt durch seinen mächtigen wirtschaftlichen Aufschwung mitriß. Frankreich war aus verschiedenen Gründen zur mächtigsten Nation Westeuropas geworden und hatte selbst die Bundesrepublik Deutschland überholt; der Präsident der Französischen Republik, Guy Florian, war folglich der mächtigste Staatsmann zwischen Moskau und Washington. An der politischen Front sah die Szene weniger beruhigend aus.

Während der großen Wirtschaftsrezession hatte die Sowjetunion ihren Einflußbereich beträchtlich erweitert. Portugal war jetzt ein kommunistischer Staat. Die dortige Kommunistische Partei hatte sich durch Wahlschiebungen an die Macht gebracht. In Griechenland hatte ein kommunistischer Staatsstreich die Regierung gestürzt. Und Spanien befand sich nach einer langen Zeit des Chaos fest in der Hand einer von Kommunisten beherrschten Koalitionsregierung. Sowjetische Kriegsschiffe lagen im Athener Hafen Piräus vor Anker, ebenso vor Barcelona. Der Hafen von Lissabon diente den Sowjets als Marinebasis. Das Mittelmeer war beinahe ein sowjetischer Binnensee geworden. Überdies hatten die letzten amerikanischen Truppeneinheiten Europa verlassen, da der amerikanische Kongreß eine Politik des ständig fortschreitenden Isolationismus verfolgte.

Dies alles – im Verein mit der wachsenden wirtschaftlichen Macht – bedeutete, daß Frankreich in Westeuropa eine Schlüsselposition innehatte. Es war mit der Bundesrepublik Deutschland verbündet und stellte den entscheidenden Faktor dar, der ein weiteres Vordringen der Sowjets verhinderte. Dies war die Situation, in der die Nachricht um die Welt ging, Lucie Devaud habe versucht, Präsident Guy Florian zu töten. Die Französin hatte es nicht geschafft, auf den Abzug ihrer 9-mm-Automatik zu drücken, aber sie hatte unabsichtlich eine andere Art von Auslöser betätigt.

In kürzester Zeit beeinflußte ihr Tod das Leben folgender Männer: der erste war Alan Lennox, ein Engländer mit Wohnsitz in London; ferner waren es David Nash, ein in New York lebender Amerikaner; Peter Lanz, ein Deutscher mit Wohnsitz in Bayern; Oberst René Lasalle, ehemaliger stellvertretender Leiter der Gegenspionage der französischen Armee, der jetzt in der Bundesrepublik Deutschland im Exil lebte, sowie bestimmte andere Leute, die sich gegenwärtig in der Tschechoslowakei aufhielten. Die erste Reaktion kam von Oberst Lasalle, der sofort eine weitere seiner Hetzsendungen in den Äther gehen ließ, und zwar über den Sender Europa, der im Saarland sendet.

»Wer war diese mysteriöse Frau, diese Lucie Devaud?« fragte Lasalle in seiner Nachtsendung am 8. Dezember. »Was war ihr Geheimnis? Und welches Geheimnis verbirgt sich in der Vergangenheit eines führenden Pariser Politikers, das um keinen Preis gelüftet werden darf? Und warum läßt Marc Grelle über Nacht ein Netz von Sicherheitsmaßnahmen über mein Land legen, das Frankreich in einen Polizeistaat verwandelt? Gibt es eine Verschwörung . . .?«

Auszüge dieser Sendung wurden in den Nachrichtensendungen von Fernsehstationen in der ganzen Welt wiedergegeben. Lasalles Rundfunksendung – die bislang giftigste von allen – enthielt alle Elemente, mit denen sich Spekulationen anheizen lassen. »Das Geheimnis in der Vergangenheit eines führenden Pariser Politikers . . .« Dieser Satz wurde von den ausländischen Korrespondenten aufgegriffen. Gab es etwa, so spekulierten sie, irgendwo in Paris eine hochgestellte Persönlichkeit – vielleicht sogar einen Minister –, die insgeheim gegen Präsident Florian arbeitete? Wenn das der Fall war – wer war diese Figur im dunkeln? Die wildesten Gerüchte wurden in die Welt gesetzt – es wurde sogar behauptet, eine rechtsstehende Verschwörergruppe unter Führung des unbekannten Ministers sei für den Attentatsversuch verantwortlich; diese Männer hätten versucht, Florian umzubringen, bevor er am 23. Dezember seinen historischen Staatsbesuch in der Sowjetunion antrat.

In einem Apartment im achten Stock eines Hauses in der East 84th Street in New York tat David Nash das Gerücht von einer Verschwörung als dummes Zeug ab. Nash, fünfundvierzig Jahre alt, ein kleiner und gutgebauter Mann mit klugen grauen Augen und sich lichtendem Haar, arbeitete für eine Sonderabteilung des State Department, die noch von keinem Kongreßausschuß durchleuchtet und damit unbrauchbar gemacht worden war. Offiziell hieß es, er sei mit politischen Fragen beschäftigt – ›dem unbestimmtesten Begriff des Wörterbuchs‹, wie er einmal bemerkte; in Wahrheit befaßte er sich mit Gegenspionage auf höchster Ebene. Und da er sich bemühte, in der Hauptstadt möglichst wenig in Erscheinung zu treten, war sich die Presse seiner Existenz kaum bewußt. Am Nachmittag des Tages nach dem Ausbruch Lasalles über den Sender Europa Nummer Eins saß er in seinem Apartment und las eine Übersetzung der Sendung. Mit ihm am Tisch saßen zwei Männer, die soeben aus Washington nach New York geflogen waren.

»So wie die Dinge liegen«, bemerkte Nash, »jagt es mir kalte Schauer über den Rücken, daß Florian um ein Haar ermordet worden wäre. Wenn Frankreich gerade in diesem Augenblick in ein Chaos gestürzt würde, dann weiß nur Gott allein, wie die Sowjetunion versuchen könnte, sich die Situation zunutze zu machen. Wir müssen herausfinden, wer hinter diesem Attentatsversuch stand . . .«

Andrew MacLeish, Nashs offizieller Vorgesetzter, ein dünner, streng aussehender Fünfziger, unterbrach ihn gereizt. Er haßte New York und buchte jede dort verbrachte Minute als für sein Leben verloren ab. »Sie glauben, daß dieser Strohkopf Lasalle weiß, wovon er redet? Für mich steht fest, daß er Florian bis aufs Messer reizen will und daß es ihm einfach nur Spaß macht, nach Belieben zu stänkern. Nach meiner Zählung ist dies die zehnte Anti-Florian-Sendung in sechs Monaten . . .«

»Die zehnte«, bestätigte Nash. »Übrigens habe ich seine Einladung angenommen, mich mit ihm zu treffen.«

»Welche Einladung?« wollte MacLeish wissen. »Ich höre jetzt zum erstenmal, daß Sie mit diesem Psychopathen Kontakte gehabt haben . . .«

»Selbst Psychopathen wissen gelegentlich das eine oder andere«, bemerkte Nash. »Oberst Lasalle hat sich heute vormittag – unserer Zeit – über die Brüsseler Botschaft an mich gewandt. Er sagte, er habe einige höchst wichtige Informationen über das, was wirklich in Paris vorgeht, daß er aber nur mit einem Regierungsvertreter aus Washington sprechen werde – unter vier Augen. Und wir müßten über diese Angelegenheit strikt schweigen . . .«

»Ich glaube nicht, daß wir uns mit exilierten Psychopathen einlassen sollten«, wiederholte MacLeish. Er sah aus dem Fenster; durch das Stahlskelett eines neuen Wolkenkratzers konnte er noch einen Teil der Triborough Bridge erkennen. Sie diskutierten noch über eine Stunde über das geplante Treffen, aber am Ende setzte Nash sich durch. In seinen Augen war es Washington, das anfing, psychopathische Züge zu zeigen; da das Militär und der überwiegende Teil der Administration gegen den Rückzug der amerikanischen Truppen aus Europa waren, den der Kongreß ihnen aufgezwungen hatte, wurde es nur noch wichtiger zu wissen, was wirklich in Europa vorging, und die Ex-Alliierten der USA vor möglichen gefährlichen Entwicklungen zu warnen, die sie aufdecken könnten. Am folgenden Tag flog Nash nach Europa, um den Mann zu treffen, den Guy Florian ruiniert hatte.

Oberst René Baptiste Lasalle, ehemaliger stellvertretender Leiter der militärischen Gegenspionage Frankreichs, war von Guy Florian vor kurzem als ›erloschener Vulkan‹ bezeichnet worden, aber für einen Mann, dessen Karriere abrupt beendet worden war, als es fast gewiß zu sein schien, daß man ihn zum General befördern würde, blieb der Vulkan noch bemerkenswert aktiv. Das Grollen des Obersten Lasalle war in Paris ganz gewiß deutlich zu vernehmen.

Sechs Monate bevor Lucie Devaud versuchte, Guy Florian in der Rue du Faubourg St. Honoré zu ermorden, hatte Lasalle einen heftigen Streit mit dem Präsidenten gehabt und über Nacht aus Frankreich fliehen müssen; es ging das Gerücht um, man habe ihn wegen Beteiligung an einer gegen den Präsidenten gerichteten Verschwörung verhaften wollen. Lasalle flüchtete mit seinem eigenen Wagen. Um vier Uhr morgens durchbrach er einen Grenzkontrollposten östlich von Metz und bat in der Bundesrepublik um politisches Asyl. Vom ersten Augenblick seiner Ankunft in der Bundesrepublik an begann er mit dem Organisieren einer Gerüchtekampagne, um den Mann zu diskreditieren, der ihn ruiniert hatte. Als Instrument wählte er Europa Nummer Eins, die unabhängige Rundfunkstation, die vom Saarland aus sendet.

Zu dem Zeitpunkt, als David Nash aus New York abflog, um sich heimlich mit ihm zu treffen, war Oberst Lasalle fünfundfünfzig Jahre alt. Klein, kompakt und mit einem hageren Gesicht, schlug er sich jetzt mit nur noch einem Arm durchs Leben; sein linker Arm war ihm 1962 in Algerien durch eine Landmine direkt an der Schulter abgerissen worden. Der damalige Hauptmann der militärischen Gegenspionage hatte sich bei der Vernichtung arabischer Untergruppenführer als fähigster Offizier der französischen Armee erwiesen. Keine vierundzwanzig Stunden nach dem Verlust seines Arms verlor er auch seine Familie: Ein Terrorist warf eine Bombe ins Wohnzimmer seiner Villa und tötete seine Frau und seinen siebenjährigen Sohn. Lasalle lag im Lazarett, als ihm die Nachricht überbracht wurde. Seine Reaktion war bezeichnend für ihn.

»Da mein Privatleben jetzt beendet ist, werde ich den Rest meines Lebens Frankreich widmen – damit mein Land seine Eigenart bewahren kann. Das ist alles, was mir noch geblieben ist . . .«

Sofort nach seiner Genesung kehrte er von Marseille nach Nordafrika zurück. Als er entdeckte, daß sein Gleichgewichtssinn gestört war, begann Lasalle, mit einem Spazierstock in den Estoril-Bergen zu wandern. Er sprang oft über tiefe Felseinschnitte, um ein neues Gleichgewichtsgefühl zu finden. »Wenn es ums Überleben geht«, sagte er später, »paßt der Körper sich wundervoll an . . .« Er kam gerade rechtzeitig nach Algerien zurück, um den bislang entschlossensten Attentatsversuch gegen General de Gaulle zu ermitteln und zu vereiteln. Dann, Jahre später, kam der Zusammenstoß mit Florian.

Jetzt, in seinem Exil im Saarland, lebte er in einem Bauernhaus in der Nähe von Saarbrücken – und nahe der französischen Grenze. Über Europa Nummer Eins, den Rundfunksender auf deutschem Boden, den Millionen Franzosen hörten, hielt er regelmäßig seine Sendungen ab. Der Verlust seines Arms schien die ungeheure Energie dieses kleinen Mannes nur noch vergrößert zu haben, der sich rühmte, während seines bisherigen Lebens noch keinen Tag müßig gewesen zu sein. Zielscheibe seiner aggressiven Rundfunkkampagne war Guy Florian.

»Warum besucht er am 23. Dezember die Sowjetunion? Welches Motiv steht wirklich hinter diesem Besuch? Warum reist er ausgerechnet dorthin, zu einer Zeit, in der Europa durch den drohenden Schatten der Roten Armee stärker gefährdet wird als je zuvor. Wer ist der Minister, über den sich in Paris die Gerüchte verdichten . . .?«

Lasalle nannte Florian nicht einmal beim Namen. Der Ex-Oberst sprach immer nur von ›ihm‹, ›diesem Mann‹, bis in Paris allmählich die Erkenntnis dämmerte, daß Lasalle nicht nur ein exzellenter Abwehroffizier war; er hatte sich jetzt auch zu einem Meister der heimtückischen politischen Propaganda entwickelt, der die Grundlagen des Florianschen Regimes zu erschüttern drohte. Dies war der Mann, der den Amerikanern in

aller Stille zu erkennen gegeben hatte, daß er einen vertrauens-
würdigen Abwehrbeamten zu sprechen wünsche.

Am späten Abend des 9. Dezember, einem Donnerstag, am sel-
ben Tag, an dem in New York David Nash MacLeish über seinen
bevorstehenden Flug nach Europa und das Gespräch mit Oberst
Lasalle informierte, erschien in der Rue du Faubourg St. Honoré
ein kleiner, schäbig angezogener grauhaariger Mann und postierte sich gegenüber dem Elysee-Palast. Er stand genau an der
Stelle des Bordsteins, an der vor vierundzwanzig Stunden Lucie
Devaud im Rinnstein zusammengebrochen war, nachdem Marc
Grelles Kugeln sie in die Brust getroffen hatten. Niemand nahm
Notiz von dem Mann, und wenn der uniformierte Wachtposten
der Garde Républicaine überhaupt einen Gedanken an ihn ver-
schwendete, dürfte er ihn allenfalls für einen dieser Voyeure gehalten haben, die ein makabres Vergnügen daran finden, am
Schauplatz eines versuchten Verbrechens zu gaffen. Der schäbig
gekleidete Mann kam um 19.30 Uhr an, als es bereits dunkel war.
Er war etwa Mitte Sechzig. Sein Gesicht war von tiefen Falten
zerfurcht und verbraucht. Er trug einen struppigen grauen
Schnurrbart. Um 20.30 Uhr stand er noch immer dort, als er wie
benommen, ohne zur Seite zu blicken, auf die Straße trat. Der
Wagen, der nur wenige Meter entfernt war und ziemlich schnell
fuhr, konnte nicht mehr bremsen. Der alte Mann mußte urplötzlich vor der Windschutzscheibe des heranfahrenden Wagens
aufgetaucht sein. Das Fahrzeug versetzte dem Fußgänger einen
schrecklichen Schlag, überfuhr ihn, beschleunigte und verschwand in Richtung Madeleine. Fünfzehn Minuten später raste
ein Krankenwagen mit heulenden Sirenen zum Hôtel-Dieu auf
der Ile de la Cité, um den Verletzten einzuliefern. Nach der Ankunft untersuchte ein Arzt den Patienten und sagte, er müßte
unwahrscheinliches Glück haben, wenn er die Nacht noch über-
stehen würde.

Am Donnerstag, dem 9. Dezember, nachdem er seine Besucher
aus Washington losgeworden war, vertiefte sich David Nash in
eine Straßenkarte von Westeuropa. Er prüfte die Entfernungen
und entschloß sich sofort, noch in derselben Nacht über den Atlantik zu fliegen. Wenn er den Pan Am Flug Nr. 92 erwischte, der
17.45 Uhr in New York abging, würde er am nächsten Morgen in

Brüssel sein und somit genug Zeit haben, zu dem verabredeten Treffen nach Luxemburg zu fahren, wie es mit Lasalle vereinbart worden war, und nach Brüssel zurückzufliegen. Nash erreichte die Maschine mit knapper Not. Als die Boeing 707 über der Küste von Long Island allmählich die Flughöhe von dreißigtausend Fuß erreichte, lehnte er sich behaglich in seinem Erster-Klasse-Sitz zurück.

Nash hatte einen gedrängten Zeitplan vor sich. Ihm stand nicht nur das Treffen mit Lasalle auf dem neutralen Boden Luxemburgs bevor, sondern auch eine Begegnung mit seinem deutschen Kollegen Peter Lanz, mit dem ihn eine enge und herzliche Freundschaft verband. Immerhin residierte der geflüchtete französische Ex-Oberst in Deutschland. Es hatte zu den delikateren Aufgaben von Peter Lanz gehört, diesen energiegeladenen Gast im Auge zu behalten, der das Territorium des engsten Verbündeten der Bundesrepublik verlassen hatte, um nach Deutschland zu flüchten.

Die Ankunft von Oberst Lasalle war von den deutschen Behörden mit sehr gemischten Gefühlen aufgenommen worden. Sie gaben ihm Asyl – Paris hatte keinerlei Anklage gegen ihn erhoben –, und der Polizeichef von Saarbrücken war angewiesen worden, den Flüchtling nicht zu genau zu überwachen. Lasalle, der einen Entführungsversuch befürchtete, hatte um Polizeischutz nachgesucht, der ihm unter der Voraussetzung gewährt worden war, daß die Öffentlichkeit nichts davon erfahre. Im Lauf der Zeit – Lasalle hielt sich jetzt schon sechs Monate in der Bundesrepublik auf – wurde die Überwachung gelockert.

Peter Lanz hatte Lasalle mehrere Male besucht und ihn gebeten, einen gemäßigteren Ton in seinen Rundfunksendungen anzuschlagen. Lasalle hatte erwidert, daß er es sich überlegen werde. Danach setzte er sich meist in den Wagen, fuhr zum Funkhaus und überschüttete Florian mit einem neuen Sortiment von Verbalinjurien. Da Lasalle gegen kein Gesetz verstieß, konnte Lanz sich nur mit einem Achselzucken hinsetzen und die Übersetzung des jüngsten Ausbruchs lesen.

Lanz war mit seinen zweiunddreißig Jahren außergewöhnlich jung für den Posten des stellvertretenden Leiters des Bundesnachrichtendienstes. Seine rasche Beförderung verdankte er seiner Qualifikation und der Tatsache, daß zahlreiche ältere Kollegen den Dienst hatten quittieren müssen, nachdem Franz Hauser, der neue Bundeskanzler, drei Monate nach dem Amts- antritt Guy Florians gewählt worden war. »Ich wünsche dort keine Intriganten«, hatte Hauser bündig erklärt, »ich will dort junge und energische Männer sehen, die mit diesem verdamm- ten Job fertig werden . . .«

Dieser sehr junge Vize des BND war ein mittelgroßer, schlan- ker Mann mit sich lichtendem braunen Haar. »Wenn ich in die- sem Job bleibe, bin ich mit vierzig kahl«, pflegte er oft zu sagen. »Stimmt es eigentlich, daß Frauen nach kahlköpfigen Männern verrückt sind?« Gewöhnlich blickte er ernst drein, aber er hatte eines mit Guy Florian gemeinsam: Wenn er lächelte, konnte er mit seinem Charme fast jeden dazu bringen, ihm zuzustimmen. Ihm oblag die Aufgabe, potentiell gefährliche Situationen für die Bundesrepublik Deutschland vorherzusehen und zu verhindern – er mußte politisch brisante Entwicklungen im voraus erkennen und abwehren. Die Ankunft Oberst Lasalles auf deutschem Bo- den war ein klassischer Fall. »Nicht gerade einer meiner größten Erfolge«, bekannte Lanz einmal, »aber dafür wissen wir auch nicht, wohin diese Geschichte noch führen wird, nicht wahr? Lasalle weiß etwas – vielleicht erzählt er mir eines Tages, was er weiß . . .«

Nash traf Lanz in Lüttich in Belgien. Früher an diesem Mor- gen, nachdem er um 8.30 Uhr in Brüssel gelandet war, hatte der Amerikaner sich am Flughafen unter dem falschen Namen Char- les Wade einen Wagen gemietet. Dies war sein Pseudonym auf dieser Dienstreise. Nach der Ankunft in Lüttich verbrachte Nash eine halbe Stunde mit Lanz in der anonymen Atmosphäre des Bahnhofsrestaurants und fuhr dann in südlicher Richtung nach Clervaux in den Ardennen weiter. Das geheime Treffen mit Oberst Lasalle war sorgfältig geplant worden – Clervaux liegt weder in Deutschland noch in Belgien. Diese kaum bekannte Stadt liegt hoch oben im Mittelgebirge des nördlichen Luxem- burg.

Die Geheimhaltung des Nashschen Trips nach Europa war für das Überleben Lasalles als glaubwürdige politische Figur uner- läßlich; wenn es Paris gelingen sollte, seine Verbindungen mit Washington nachzuweisen, würde man ihn leicht als Werkzeug Washingtons diskreditieren können. In dem ruhigen Hotel Cla- ravallis in Clervaux, in einem Zimmer, das auf den Namen Charles Wade bestellt worden war, sprachen Nash und Lasalle zwei Stunden lang völlig ungestört miteinander. Danach verließ Lasalle sofort das Hotel und fuhr nach Deutschland zurück. Nash nahm einen schnellen Lunch ein und fuhr dann direkt nach Belgien zurück, wo er Peter Lanz, der in Lüttich auf ihn gewartet hatte, Bericht erstattete. Eine halbe Stunde später befand sich Nash auf dem Rückweg nach Brüssel, wo er die Nachtmaschine nach New York bestieg. Während seiner Blitzreise nach Europa unter dem Pseudonym Charles Wade hatte Nash sich keinen Augenblick in die Nähe der amerikanischen Botschaft in Brüssel gewagt. Sein Abendessen nahm er im Flugzeug ein wobei er Tierbilder auf ein Blatt Papier kritzelte und sie dann ausradierte. Bilder vom Kopf eines Leoparden.

2

David Nash befand sich auf dem Weg zu seinem ersten Treffen mit Peter Lanz irgendwo auf der Straße zwischen Brüssel und Lüttich, als Marc Grelle in Paris einen Anruf erhielt, der zunächst eine Routineangelegenheit zu sein schien. Das weitläufige Büro des Polizeipräfekten liegt im ersten Stock der Präfektur; von den Fenstern des holzgetäfelten Raums blickt man auf den Boulevard du Palais; zum Schutz vor Einblick sind die Fenster mit Netzgardinen verhängt. Wie gewöhnlich trug Grelle Hosen und einen Rollkragenpullover, als er hinter seinem Schreibtisch saß und die allmorgendliche Papierarbeit erledigte, die er nicht ausstehen konnte.

Der in Metz geborene Grelle war Lothringer. Die Lothringer gelten in Frankreich als die am wenigsten französischen Franzosen. Meist stämmig gebaut und durch nichts aus der Ruhe zu bringen, stehen sie in dem Ruf, vernünftig und in Notlagen zuverlässig zu sein. Grelle hatte einen langen Weg zurückgelegt, um von Metz nach Paris zu gelangen. Vor achtzehn Monaten, als Florian zum Präsidenten gewählt worden war, war Marc Grelle Polizeipräfekt von Marseille gewesen und hätte durchaus nichts dagegen gehabt, seine Karriere in dieser verlotterten Hafenstadt zu Ende zu führen. »Sehen Sie doch mal, wohin der Ehrgeiz die Leute bringt«, pflegte er zu sagen. »Nehmen Sie jeden beliebigen Minister. Sie nehmen Pillen, um schlafen zu können, sie nehmen Aufputschmittel, um sich bei den Kabinettssitzungen mittwochs wachhalten zu können. Sie heiraten reiche Frauen, um ihre Karriere zu fördern, dann geben sie das Geld ihrer Frauen für Freundinnen aus, die sie sich zulegen, um nicht durchzudrehen. Was soll das alles?«

Grelle gab nur nach langem Zögern Florians dringender Aufforderung nach, nach Paris zu kommen. »Ich brauche wenigstens einen ehrlichen Mann um mich«, hatte Florian gedrängt. Sein Gesicht hatte sich zu dem berühmten Lächeln in Fältchen gelegt. »Wenn Sie nicht annehmen, werde ich den Posten vakant lassen müssen!« Also war Grelle nach Paris gegangen.

Er setzte seufzend seinen Namenszug unter ein Dokument

und wandte sich einem anderen Papier zu, als das Telefon läutete. Am Apparat war André Boisseau, sein Stellvertreter.

»Ich bin im Hôtel-Dieu, Chef, gleich um die Ecke. Ich finde, Sie sollten sofort herkommen. Hier liegt ein Mann im Sterben, und da ist irgend etwas komisch an der Sache.«

»Sie sagten, er stirbt?«

»Er wurde gestern abend in der Rue du Faubourg St. Honoré von einem Wagen überfahren; der Fahrer hat Fahrerflucht begangen. Das war an genau derselben Stelle, an der Lucie Devaud gestorben ist . . .«

Boisseau wollte am Telefon nicht mehr sagen. Grelle zog also seinen Ledermantel an, verließ das Gebäude und ging die kurze Strecke zu dem großen Krankenhaus am rechten Seineufer zu Fuß. Es goß in Strömen, aber er haßte es, kurze Entfernungen mit dem Wagen zurückzulegen – ›Bald werden die Kinder mit Rädern statt mit Beinen auf die Welt kommen‹ war einer seiner Lieblingsaussprüche. Boisseau erwartete ihn im Erdgeschoß des düsteren Gebäudes. »Tut mir leid, daß Sie klatschnaß geworden sind, Chef, aber er will mit niemand anderem sprechen als mit dem Polizeipräfekten. Der Mann heißt Gaston Martin. Er ist gerade aus Guyana zurückgekehrt – zum erstenmal seit dreißig Jahren, stellen Sie sich das mal vor . . .«

Später fügte Grelle die bizarre Geschichte zu einem Ganzen zusammen. Guyana ist das einzige überseeische Departement in Lateinamerika, das noch immer zu Frankreich gehört. Früher war Guyana der Öffentlichkeit vor allem wegen des berüchtigten Straflagers auf der Teufelsinsel bekannt; später war es aus den Schlagzeilen verschwunden und gehörte seitdem zu den verschlafeneren Teilen des riesigen amerikanischen Subkontinents. Gaston Martin, ein Mann Ende Sechzig, hatte seit dem Zweiten Weltkrieg sein gesamtes Leben an diesem abgelegenen Ort verbracht. Dann, zum erstenmal seit mehr als dreißig Jahren, war er an Bord eines Frachters heimgekehrt, der am 9. Dezember in Le Havre festgemacht hatte – weniger als vierundzwanzig Stunden nach dem versuchten Attentat auf Guy Florian. Nach Paris war er mit der Bahn gekommen und hatte seinen kleinen Handkoffer im Cécile gelassen, einem schmierigen kleinen Hotel der Rive Gauche. Danach war er zu einem Spaziergang aufgebrochen. Dabei war er schließlich zum Elysee-Palast gelangt, wo er Punkt 20.30 Uhr beim Betreten der Fahrbahn von einem Wagen überfahren worden war.

Als Grelle Boisseau in einen Raum folgte, der nur mit einem Patienten belegt war, wußte er noch nichts von all dem. Der Präfekt rümpfte die Nase, als er Antiseptika roch. Als kerngesunder Mann verabscheute er Krankenhausgerüche.

Gaston Martin lag in dem einzigen Bett des Zimmers. Daneben standen eine Schwester und ein Arzt, der den Kopf schüttelte, als Grelle nach dem Befinden des Patienten fragte. »Ich gebe ihm noch eine Stunde«, flüsterte der Arzt. »Vielleicht weniger. Der Wagen ist direkt über ihn hinweggerollt . . . Die Lungen sind verletzt. Nein, es ändert nichts, wenn Sie ihm Fragen stellen, aber es kann sein, daß er nicht antwortet. Ich werde Sie jetzt ein paar Minuten mit ihm allein lassen . . .« Er runzelte die Stirn, als Boisseau auch einen Wunsch äußerte. »Die Schwester auch? Wie Sie wünschen . . .«

Warum sehen so viele Krankenzimmer wie Todeszellen aus, fragte sich Grelle, als er ans Bett trat. Martins Kopf war mit strähnigem grauen Haar bedeckt; unter seiner hervorspringenden Hakennase hing ein Schnauzbart herab. Mehr Charakter als Grips, stellte Grelle fest, während er einen Stuhl ans Bett zog. Boisseau eröffnete die Unterhaltung. »Dies ist der Polizeipräfekt von Paris, Marc Grelle. Sie wollten ihn sprechen . . .«

»Ich habe ihn . . . in den Elysee gehen sehen«, sagte Martin mit bebender Stimme.

»Wen gesehen?« fragte Grelle leise. Der Mann aus Guyana streckte den Arm aus und ergriff die Hand des Präfekten, was bei Grelle ein komisches Gefühl hervorrief, ein Gefühl der Hilflosigkeit. »Wen gesehen?« wiederholte er.

»Den Leoparden . . .«

In Grelle drehte sich etwas, dann fiel ihm etwas anderes wieder ein, und er fühlte sich besser. In den wenigen Sekunden, bevor er antwortete, ging ihm der Inhalt wer weiß wie vieler Akten durch den Kopf, die er irgendwann einmal gelesen hatte. Er versuchte, sich an exakte Details zu erinnern. Er wußte sofort, wen dieser Mann meinte, und als Grelle die zweite Einzelheit einfiel, wurde ihm klar, daß Martin fantasieren mußte.

»Ich weiß nicht, wen Sie meinen«, sagte Grelle vorsichtig.

»Kommunistischer Résistance-Führer . . . im Departement Lozère.« Martin packte Grelles Hand und kämpfte, um sich auf dem Kissen abzustützen. Sein Gesicht war mit Schweißperlen bedeckt. Boisseau versuchte, ihn davon abzuhalten, aber Grelle sagte, er solle den Mann lassen. Grelle verstand die verzweifelte Reaktion: Martin versuchte nur, noch ein wenig länger am Leben zu bleiben; er fühlte, daß er dies nur schaffen würde, wenn er sich aus seiner liegenden Stellung befreite.

»Kommunistenführer der Kriegszeit . . .«, wiederholte Martin. »Der . . . jüngste . . . der Résistance . . .«

»Sie können ihn nicht in den Elysee gehen gesehen haben«, sagte Grelle ihm sanft. »Da sind Wachen postiert, Wachtposten am Eingangstor . . .«

»Sie haben salutiert . . .«

Grelle spürte den Schock, als hätte er einen Schlag in den Magen bekommen. Trotz aller Anstrengungen machte sich in seiner Hand ein leichtes Zittern bemerkbar, und Martin fühlte es. Seine fiebrigen Augen öffneten sich zu einem Starren. »Glauben Sie mir«, keuchte er. »Sie müssen mir glauben . . .«

Grelle wandte sich an Boisseau und flüsterte seinen Befehl. »Niemand darf hier herein – nicht einmal der Arzt. Auf dem Weg herein habe ich in der Nähe des Eingangs einen Gendarmen gesehen – holen Sie ihn, postieren Sie ihn vor dieser Tür und kommen Sie dann wieder . . .«

Grelle blieb zwanzig Minuten bei dem sterbenden Martin. Der Präfekt wußte, daß sein Verhör den Tod des armen Teufels beschleunigte, er wußte aber auch, daß es Martin nichts ausmachte. Dieser wollte nur reden und seine Botschaft weitergeben, bevor er starb. Boisseau kehrte wenige Minuten später ins Krankenzimmer zurück, nachdem er den Gendarmen angewiesen hatte, vor der Tür Posten zu beziehen. Einmal wollte ein Priester sich mit Gewalt Zutritt verschaffen, aber Martin gab zu verstehen, daß er Agnostiker sei, und wurde so aufgeregt, daß der Geistliche sich zurückzog.

Für Grelle war das Ganze eine Qual; zu versuchen, den Mann dazu zu bringen, zusammenhängend zu sprechen, zu beobachten, wie Martins Haut unter dem Schweißfilm immer grauer wurde, zu spüren, wie Martins Hand seine eigene ergriff, um die Verbindung zu den Lebenden und zum Leben aufrechtzuerhalten. Am Ende der zwanzig Minuten war das, was Grelle aus Martin herausgebracht hatte, meist nur unzusammenhängendes Gestammel, eine Folge von Sätzen ohne jede Beziehung zueinander, aber dennoch zog sich so etwas wie ein Faden durch die wie im Delirium gemurmelten Sätze. Dann starb Martin. Die Hand in Grelles Hand wurde schlaff wie die eines schlafenden Kindes. Der Mann, der Paris seit mehr als dreißig Jahren nicht gesehen hatte, war zurückgekehrt, um dort innerhalb von achtundvierzig Stunden nach seiner Ankunft in Frankreich zu sterben.

Nach der Rückkehr in die Präfektur mit Boisseau verschloß Grelle die Tür und sagte seiner Sekretärin am Telefon, er könne im Augenblick keine Gespräche mehr annehmen. Dann trat er ans Fenster und starrte auf die regennasse Straße hinunter. »Falls mir etwas zustoßen sollte«, erklärte er, »muß irgendein anderer über diese Sache Bescheid wissen – jemand, der die Ermittlungen weiterführen kann. Obwohl ich noch immer bete, daß Martin sich geirrt hat, daß er nicht wußte, wovon er sprach . . .«

»Wovon hat Martin denn gesprochen?« fragte Boisseau diplomatisch.

»Das wissen Sie genausogut wie ich«, entgegnete Grelle brutal. »Er hat gesagt, daß jemand, der gestern abend den Elysee-Palast besucht hat, jemand, der wichtig genug ist, um von den Wachen gegrüßt zu werden – es muß sich also um ein Kabinettsmitglied handeln –, ein kommunistischer Spitzenagent ist . . .«

Auf Grelles Anweisung schickte Boisseau ein Blitztelegramm an den Polizeichef von Cayenne, Guyana, mit der dringenden Bitte um Übermittlung sämtlicher Informationen über Gaston Martin. Danach versuchten sie, Klarheit in die verworrene und über weite Strecken unzusammenhängende Geschichte zu bringen, die Martin ihnen erzählt hatte.

Martin hatte etwa eine Stunde lang in der Nähe des Elysee-Palasts gestanden – wahrscheinlich zwischen 19.30 Uhr und 20.30 Uhr, manchmal an der Stelle des Bordsteins, an der Lucie Devaud erschossen worden war, manchmal war er zum Place Beauvau hinaufgegangen und dann wieder zurück. Zumindest waren sie sich der Zeit 20.30 Uhr sicher, als ein Wagen ihn überfahren hatte, denn dieser Vorfall war von einem der Wachtposten des Elysee-Palasts beobachtet worden. »Zum Teil beobachtet«, erklärte Boisseau. »Ich habe den Inspektor angerufen, der für diesen Fall zuständig ist, während Sie auf dem Weg zum Krankenhaus waren. Dieser Dummkopf von Wachtposten ist sich nicht einmal sicher, von welcher Marke der Wagen ist, der Martin überfahren hat . . .«

Martin hatte geschworen, er habe zu einem bestimmten Zeitpunkt in dieser Stunde gesehen, wie der ihm früher als der Leopard bekannte Mann in den Elysee-Palast hineinging und von den Wachen salutiert wurde. Es war diese kurze Aussage, die Grelle so viel Kopfzerbrechen machte. »Sie haben salutiert . . .«

Martin hatte nur eine vage Beschreibung des Mannes abgegeben; zu der Zeit, als Grelle dazu gekommen war, nach dem Aussehen des Mannes zu fragen, war der sterbende Mann immer schwächer geworden. Zudem war er oft – wohl weil er Grelles Frage vergessen hatte – abgeschweift.

»Martin zufolge aber war dieser Mann sehr hochgewachsen – über einsachtzig«, betonte der Präfekt. »Das hat er dreimal gesagt – das mit der beachtlichen Körpergröße.«

»Das führt uns mehr als dreißig Jahre in die Résistancezeit während des Krieges zurück«, protestierte Boisseau. »Das heißt, wenn wir Martin überhaupt glauben können. Wie zum Teufel soll er einen Mann wiedererkannt haben, den er in all den Jahren nicht mehr gesehen hat? Die Menschen verändern sich unglaublich . . .«

»Er hat darauf bestanden, den Leoparden gesehen zu haben. Er hat gesagt, der Leopard habe sich nicht sehr verändert, daß ihm – Martin – zuallererst der Gang des Mannes aufgefallen sei – und dann konnte ich ihn nicht dazu bringen, den Gang des Leoparden zu beschreiben.«

»Das klingt höchst unwahrscheinlich . . .« Boisseau hatte jetzt die Krawatte abgelegt und saß in Hemdsärmeln da. Man hatte ihnen Kaffee gebracht, und der Raum war voller Qualm, da Grelle eine Zigarette nach der anderen rauchte. Der Regen peitschte immer noch gegen die Fenster.

»Das tut es«, stimmte Grelle zu, »aber ich war derjenige, der jedes Wort anhörte, und ich muß sagen, er hat mich erschreckt. Ich glaube, ich kann beurteilen, wann ein Mann die Wahrheit sagt und wann nicht . . .«

»Und dieser Hinweis auf den Leoparden – glauben Sie, er hat da wirklich die Wahrheit gesagt?« Der kleine, kompakte Boisseau gab sich keinerlei Mühe, die Skepsis in seiner Stimme zu verbergen. Unter dichten Augenbrauen sahen seine mandelförmigen Augen Grelle fragend an. »Ich persönlich habe noch nie von ihm gehört . . .«

»Sie sind auch jünger als ich.« Der Präfekt zündete sich eine neue Zigarette an. »Über den Leoparden gibt es eine Akte, eine jetzt schon sehr alte und verstaubte Akte. Und, ja, ich glaube tatsächlich, daß Gaston Martin die Wahrheit gesagt hat – jedenfalls das, was er für die Wahrheit hielt.«

»Was etwas völlig anderes sein könnte . . .«

»Durchaus. Sehen Sie, es gibt da etwas, was Sie nicht wissen. Der kommunistische Résistance-Führer, der während des Krieges als der Leopard bekannt war, ist tot.«

Am Samstagmorgen, dem 11. Dezember, flog David Nash, der soeben mit der Nachtmaschine aus Brüssel zurückgekehrt war, von New York nach Washington, um mit Andrew MacLeish im State Department eine rasch anberaumte Krisenbesprechung abzuhalten. Die beiden Männer schlossen sich in einem kleinen Raum im zweiten Stock ein. MacLeish hörte fünfzehn Minuten zu, ohne ein Wort zu sagen; es war eine seiner Stärken, konzentriert zuzuhören und einen mündlichen Bericht ohne Unterbrechung des Vortragenden in sich aufzunehmen; er sog die Informationen auf wie ein Schwamm.

»Und Lasalle hat wirklich nicht den kleinsten Hinweis auf die Identität dieses mysteriösen Kabinettmitglieds gegeben, das ein kommunistischer Geheimagent sein könnte?« fragte er schließlich. »Dieses Mannes, den er den zweiten Leoparden nennt – weil er den Decknamen des verstorbenen kommunistischen Résistance-Führers der Kriegszeit angenommen hat?«

»Nicht den geringsten«, erwiderte Nash sofort. »Er war mit Informationen sehr zurückhaltend. Er hat mir aber gesagt, daß er glaubt, zum Zeitpunkt seines Riesenkrachs mit Florian kurz davor gewesen zu sein, die Identität des Agenten aufzudecken – nach der Auseinandersetzung mit Florian aber mußte er aus Frankreich fliehen. Seitdem hat er seine Ermittlungen nicht weiterführen können, und er hat eine höllische Angst, daß für den Zeitpunkt des Florianschen Staatsbesuchs in Moskau ein Staatsstreich geplant sein könnte. Er hat den Verdacht, daß die Russen den Präsidenten in die Sowjetunion eingeladen haben, damit er im entscheidenden Moment nicht in Paris ist. Der Attentatsversuch hat Lasalle bewogen, mit mir Kontakt aufzunehmen. Er ist ziemlich sicher, daß der Staatsstreich sofort erfolgt wäre, wenn der Anschlag gelungen wäre – unter Führung des zweiten Leoparden.«

»Er will also, daß wir die Ermittlungen weiterführen, mit denen er begonnen hat . . .«

»Er hat eine Liste mit den Namen der drei Augenzeugen, die während des Krieges mit dem echten Leoparden zusammengearbeitet haben . . .«

»Eine Liste, die er Ihnen nicht geben wollte«, fauchte MacLeish.

»Daraus kann ich ihm kaum einen Vorwurf machen«, entgegnete Nash. »Ihm geht Sicherheit über alles, und das mag ich. Er wird die Liste nur dem Agenten aushändigen, den wir stellen, um nach Frankreich zu gehen und diese Leute dort zu befragen . . .«

»Was zum Teufel können diese drei sogenannten Augenzeugen uns denn schon erzählen?« wollte MacLeish gereizt wissen. »Wenn der echte Leopard tot ist, dann sehe ich nicht, wo da die Verbindung sein soll . . .«

»Lasalle glaubt, daß jemand, der in der Kriegszeit zur Widerstandsgruppe des Leoparden gehörte, sich nach dem Krieg schlauerweise den Decknamen angeeignet hat, unter dem die Russen ihn gekannt haben und wiedererkennen würden. Um diesen kommunistischen Spitzenagenten zu finden, müssen wir also in der Vergangenheit graben; dann können wir herausfinden, wer in Frage kommt. Wenn wir herausbekommen, wer er im Jahre 1944 war, wissen wir, wer er heute ist.«

MacLeish, dessen zweite Stärke darin bestand, schnelle Entscheidungen treffen zu können, trommelte mit seinen dicken Fingern wie ein Klavierspieler auf den Tisch. »Der Stichtag ist also der 23. Dezember, wenn Florian nach Moskau aufbricht. Das läßt uns genau elf Tage. Sie werden verdammt schnell arbeiten müssen . . .«

»Ich kann also jemanden losschicken?« warf Nash ein.

»Sie können jemanden auf die Reise schicken«, entschied MacLeish, »aber keinen Amerikaner. Wenn Florians Sicherheitsapparat ihn erwischt, wird das für die Franzosen ein Festessen sein. Ich kann schon jetzt Florians nächste antiamerikanische

Rede hören – Yankee-Agent bei dem Versuch geschnappt, einen Pariser Minister zu verleumden . . . Dieses Risiko können wir uns nicht leisten. Ein Agent ja, aber es darf kein Amerikaner sein«, wiederholte er.

»Aber keinen Amerikaner . . .«

Es war noch immer Samstagmorgen, als Nash seinem Assistenten Ward Fischer die Anweisung erteilte. Sie befanden sich im dritten Stock, in der Flucht von Büroräumen, die Nashs Stab beherbergte. Unter normalen Umständen wären an einem Samstag alle außer Fischer zu Hause gewesen, aber Nash hatte vor dem Antritt seines Flugs von New York nach Washington telefonisch Anweisung gegeben, daß alle Mitarbeiter bei seiner Ankunft im Büro zu sein hätten. Als Nash sich noch in der Luft befand, füllte sich das Büro mit den eilig zusammengerufenen Männern.

»Das engt das Feld ziemlich ein«, bemerkte Fischer.

»Engen Sie's auf Null ein. Finden Sie den Mann«, bemerkte Nash gereizt. »Innerhalb von zwei Stunden«, fügte er hinzu. Fischer ging in das angrenzende Büro. Innerhalb von fünf Minuten war sein Stab dabei, die Akten nach einem geeigneten Namen durchzusehen. Die besonderen Merkmale des Mannes, der nach Frankreich gehen würde, um Lasalles Augenzeugen zu befragen, waren zwingend vorgeschrieben. Er mußte absolut zuverlässig sein und durfte kein Sicherheitsrisiko darstellen; er mußte Französisch fließend genug sprechen, um als Franzose durchzugehen; mußte sich in Abwehrdingen bestens auskennen; und er mußte ein kühl kalkulierendes, vorsichtiges Temperament besitzen, ein Mann sein, auf den man sich in einer Notsituation verlassen konnte und der in der Lage war, allein auf sich gestellt zu operieren. Was die Nationalität anging, durfte er weder Amerikaner noch Franzose sein.

Dieses letzte Erfordernis hatte Nash persönlich hinzugefügt, was Fischer dazu brachte, blumig zu fluchen, als er das Büro seines Chefs verließ. »Diese gottverdammte Personenbeschreibung schreit nach einem Franzosen«, beklagte er sich bei einem Mitarbeiter, »also müssen Sie jetzt einen Franzosen finden, der kein Franzose ist. Machen Sie sich an die Arbeit . . .« Nash hatte sehr gute Gründe für diese letzte Bedingung. Weil Frankreich ein ganz besonderes Land ist und viele seiner Bewohner ein waches politisches Bewußtsein haben, hatte Nash das Gefühl, daß es gefährlich wäre, einen Franzosen als Spion auf seine Landsleute anzusetzen. Außerdem war er sich ziemlich sicher, daß Oberst Lasalle seine Bedenken teilen würde.

Während Fischer und sein Stab die Akten durchforsteten, ging Nash in Gedanken die Reihe der Männer durch, die er gekannt – oder von denen er gehört hatte. Ein Name fiel ihm sehr schnell ein, aber er verwarf ihn: Diesen Mann würde er nie überreden können, den Job zu übernehmen. Nash saß am Schreibtisch, die stämmigen Hände im Nacken gefaltet, und befragte sein Gedächtnis. Er verwarf einen Kandidaten nach dem anderen. Am Ende kam er auf den Mann zurück, an den er zuerst gedacht hatte.

Um halb zwei nachmittags betrat Fischer sein Büro mit zwei Akten. »Dies sind die beiden einzigen Männer, die auf die Beschreibung passen«, sagte er müde. »Wir haben am Schreibtisch gesessen und gearbeitet, seit ich Ihr Zimmer verlassen habe. Daß es kein Franzose sein darf, hat die Sache nur noch schwieriger gemacht . . .« Nash warf einen Blick auf die beiden Akten. Einer der Namen war Jules Beaurain, ein Belgier. »Belgien ist nicht Frankreich«, sagte Fischer hoffnungsvoll. Der zweite Name war der, an den Nash selbst gedacht hatte.

»Wir werden Druck ausüben müssen, um diesen Mann zu bekommen«, sagte Nash nachdenklich. »Es kann sein, daß mir gerade eingefallen ist, wie das am besten zu bewerkstelligen ist. Bringen Sie mir Einzelheiten über alle Bewerbungen von Ausländern um Sicherheitskontrakte in den USA. Bringen Sie sie gleich . . .«

»Es ist Samstag . . .«

»Das sehe ich auf dem Kalender. Rufen Sie die Leute zu Hause an und bringen Sie sie auf Trab. Sagen Sie, es sei ein Notfall – und grüßen Sie schön von mir . . .«

»Das werden sie zu schätzen wissen«, sagte Fischer und verließ das Büro, um seine Frau anzurufen. Auch sie würde es zu schätzen wissen, da war er völlig sicher.

Nachdem er in seinem Büro wieder allein war, zog Nash einen Kugelschreiber aus der Tasche und gab sich seiner Vorliebe für das Kritzeln von Porträts hin. Aus dem Gedächtnis zeichnete er eine Brustbild-Skizze von einem Mann, den er einmal gut gekannt und trotz einiger Meinungsverschiedenheiten respektiert hatte. Als die Skizze fertig war, fügte er eine Bildunterschrift hinzu. Alan Lennox. Abwehrexperte. Brite.

Viertausendachthundert Kilometer entfernt, auf der anderen Seite des Atlantik, in London, war es Samstagabend, als Alan Lennox den Schlüssel in dem Chubb-Sicherheitsschloß umdrehte, prüfend an die Türklinke zu seinem Büro griff und einen Augenblick sinnend das Schild an der Wand anstarrte. *Lennox Security Company Limited*. An der Börse waren die Aktien auf dreieinhalb Pfund pro Stück geklettert, und es sah so aus, als würden sie noch weiter steigen; Gesellschaften, die Sicherheit verkauften, erlebten gerade einen kleinen Boom. Der Himmel mochte wissen, weshalb, aber die City machte seit kurzem einen Kult aus ihnen. Vielleicht weil sie ›exportorientiert‹ waren, wie die weisen, kleinen Männer das nannten, die Börsenempfehlungen veröffentlichten. In der ganzen Welt waren große Industriekonzerne dazu übergegangen, Briten mit der Bekämpfung von Industriespionage und der Entwicklung von Sicherheitskonzepten zu betrauen. Briten, so meinte man, seien unbestechlich. Auch eine Glaubensvorstellung. Lennox überlegte, ob es nicht ein guter Moment zum Verkaufen war – wenn er erst einmal den großen Vertrag mit dem amerikanischen Ölkonzern unter Dach und Fach hatte, um den er sich bemühte. Mit dem Vertrag in der Tasche würden die Aktienkurse in den Himmel gehen.

Er war der einzige Mann, der sich im Gebäude aufhielt – samstags pflegten nur Geschäftsführer zu arbeiten. Er fuhr mit dem Fahrstuhl zur Leadenhall Street hinunter und ging in das Unwetter hinaus, das über London losgebrochen war. Er holte seinen Citroën DS 23 aus der Tiefgarage und fuhr durch dichte Regenschleier zu seiner Wohnung am St. James' Place. Dabei sagte er sich, daß dieser Abend nicht dazu angetan sei, einen alleinstehenden Mann zum Ausgehen zu ermuntern. Nach der Ankunft in seiner mit antiken Möbeln eingerichteten Wohnung zog Lennox seinen Zweihundert-Guineen-Mantel aus und goß sich einen großen Scotch ein. Sein nächstes Problem: Er mußte entscheiden, ob er essen gehen oder sich ein Steak aus dem Kühlschrank grillen sollte.

Lennox war fünfunddreißig Jahre alt und Geschäftsführer des erfolgreichsten internationalen Sicherheitsunternehmens in London. Er war ein mittelgroßer, gut gebauter Mann, der sich mit täuschender Langsamkeit bewegte; wenn es sein mußte, reagierte er schnell wie ein Fuchs. Er war dunkelhaarig und trug sein Haar kürzer, als es Mode war; seine kräftigen Augenbrauen waren ebenfalls dunkel. Seine Augen waren sein auffallendstes Merkmal: dunkel und träge, blickten sie dennoch wachsam in die Welt und nahmen nichts als selbstverständlich hin. »Es liegt in der Natur meines Jobs, mißtrauisch zu sein«, sagte er einmal. »Ein Mann namens Marc Grelle hat mir in Marseille einmal gesagt, ich hätte den Kopf eines Polizisten; ich nehme an, er hatte recht . . .«

Lennox war in Paris geboren. Seine Mutter war Französin gewesen, sein Vater ein kleiner Beamter in der britischen Botschaft in der Rue Faubourg St. Honoré. Die ersten zehn Jahre seines Lebens hatte Alan Lennox in Frankreich verbracht. Bevor er in der Schule sein Englisch vervollkommnete, hatte er fließend Französisch gesprochen. Von dem Vorschlag seines Vaters, er solle in den diplomatischen Dienst gehen, hielt er nichts – ›nachdem ich achtzehn geworden war, entdeckte ich, daß wir uns nichts mehr zu sagen hatten‹ – und begann statt dessen bei einer großen internationalen Ölgesellschaft. Weil er fließend Englisch, Französisch, Deutsch und Spanisch sprach, wurde er der Sicherheitsabteilung zugeordnet. Fünf Jahre später war er deren Leiter.

»Ich hatte Glück«, erinnerte sich Lennox später. »Es war der richtige Zeitpunkt. Sicherheit war der Schlüssel zum Überleben geworden. Man kann Tanker kaufen und neue Ölfelder anbohren – aber wo bleibt der Gewinn, wenn Terroristen nicht aufhören, alles in die Luft zu jagen?«

Lennox' Karriere nahm einen kometenhaften Aufstieg, als arabische Terroristen dazu übergingen, die Bohrtürme auf nicht-arabischen Ölfeldern in die Luft zu sprengen – um die wirtschaftliche Macht des Nahost-Öls zu stärken. Wenn Not am Mann ist, wenden sich Direktoren an den Mann, der sie retten kann; sie wandten sich an Lennox. Von da an unternahm er weite Reisen und organisierte neue Sicherungssysteme für Ölfelder, Tanker und Raffinerien auf vier Kontinenten. Er kam schon bald zu dem Schluß, daß defensive Maßnahmen nicht genügten; wer gewinnen will, muß den Krieg auf feindliches Territorium tragen.

Lennox tauchte in der zwielichtigen Welt der Gegenspionage

unter und blieb oft monatelang fort. Er drang in die Terroristenbanden ein, ortete ihre Lager im Libanon und noch weiter zurück in Syrien. Zu dieser Zeit beschäftigte er ein reiches Sortiment dubioser Leute, denen er große Summen an steuerfreien
Geldern zahlte – was die pedantischen Buchhalter in der Zentrale auf die Palme brachte. Einer seiner erfolgreichsten Anti-
Terroristen-Trupps rekrutierte sich aus Mitgliedern der Union
Corse – der französischen Mafia –, die beunruhigt war, weil ara-
bisches Geld einige Pariser ›Schutz‹-Organisationen aufgekauft
hatte, die bis dahin alle von der Union kontrolliert worden
waren.

Kurze Zeit darauf machte ›die Blutnacht des 14. Juli‹ in aller
Welt Schlagzeilen.

Lennox wartete, bis er bereit war, wartete monatelang gedul-
dig, bis er über eine intime Kenntnis der Terroristenbanden verfügte. Am 14. Juli schlug er zu. Das Team der Union Corse – natürlich perfekt in Französisch, der zweiten Sprache im Libanon –
wurde teils von Hubschraubern abgesetzt, teils von Booten an
abgelegene Strände gebracht. Innerhalb von acht Stunden ver-
nichteten die Korsen drei größere Terroristenbanden, wobei
mehr als zweihundert Männer getötet wurden. Nur Korsen hatten so schnell und unerbittlich töten können. Von jener Nacht an
fiel die Sabotage von Einrichtungen der Ölgesellschaften auf
fünf Prozent des früheren Volumens.

Während dieser Jahre war Lennox mit führenden Abwehrleu-
ten und Polizeichefs von Tokio bis Washington in Verbindung
gekommen, unter anderem auch mit Männern wie David Nash
und Peter Lanz und Organisationen wie dem FBI und der Sûreté
Nationale; einem Mann, der zu den äußersten Mitteln greifen
konnte, was ihnen selbst verwehrt war, boten sie alle diskrete
und inoffizielle Hilfe. Später verbrachte Lennox vier Jahre bei einem amerikanischen Unternehmen, einschließlich einiger ge-
fahrvoller Monate an der mexikanischen Grenze, über die Terroristen zusammen mit mexikanischen Bauern, die in den USA
Arbeit finden wollten, in die Staaten einsickerten. Danach kündigte Lennox ohne Vorwarnung und machte sich selbständig.
Sein Privatleben war weniger erfolgreich. Er war zweimal ver-
heiratet gewesen. Beide Frauen hatte er an andere Männer verloren, die jeden Abend nach Hause kamen. »Zu mir nach Hause«,
wie er zynisch bemerkte. In beiden Fällen hatte er sich scheiden

lassen, obwohl eine seiner Frauen ihn gedrängt hatte, die Allein-
schuld am Scheitern der Ehe auf sich zu nehmen. »Du hast gewußt, wie mein Leben aussieht, bevor wir geheiratet haben«,
hatte er ihr grob gesagt. »Ich habe dich immer und immer wieder
gewarnt – und wenn es etwas gibt, was ich nicht ausstehen
kann, dann sind es Leute, die Verträge nicht einhalten . . .« Im
Augenblick tröstete Lennox sich ohne große Begeisterung mit
seiner dritten Freundin. Er wußte, wo sein Problem lag: Drei
Jahre nach der Gründung seines eigenen Unternehmens hatte er
wieder einmal das Gefühl, das erreicht zu haben, was er sich
vorgenommen hatte. Also verlor er allmählich das Interesse.
»Ich langweile mich zu Tode«, sagte er sich beim Scotch. »Ich
brauche irgend was Neues . . .« Er hob sein Glas in Richtung Telefon. »Los, klingeln«, befahl er, »her mit einem Anruf von sehr
weit weg . . .«

Er hatte seinen Whisky ausgetrunken und holte gerade das
Steak aus dem Kühlschrank, als das Telefon klingelte. In dem
Wissen, daß da jemand falsch verbunden war, nahm er den Hö-
rer ab. Die Telefonistin der Auslandsvermittlungsstelle hatte
eine verführerische Stimme. »Mr. Alan Lennox?« fragte sie.
»Anruf für Sie aus Übersee. Voranmeldung für Sie persönlich.
Aus Washington . . .«

Zwei Männer standen in dem von Mauern umgebenen Pariser
Garten und unterhielten sich. Zum Schutz gegen den naßkalten
Dezemberwind hatten sie die Mantelkragen hochgeschlagen.
Einer der Männer war schlank und hochgewachsen, der andere
kurz und gedrungen gebaut. Die Sprache, in der sie sich unter-
hielten, war Französisch.

Der hochgewachsene und schlanke Leopard schüttelte zweifelnd den Kopf, als sein Begleiter mit Nachdruck das gleiche Ar-
gument vorbrachte.

»Wir halten es für unerläßlich, Oberst Lasalle zu liquidieren.
Wir haben Leute, die es wie einen Unfall aussehen lassen können, Leute, die in diesem Augenblick auf das Startzeichen warten . . .«

»Es könnte ein Fehler sein . . .«

»Es könnte ein Fehler sein, nichts zu tun, untätig zu bleiben.
Diese Leute, die sich der Sache widmen würden, sind kompe-
tent, das versichere ich Ihnen . . .«

Sie fuhren fort, das Problem zu erörtern, während die Dunkelheit hereinbrach und jenseits der Mauern der Pariser Verkehr der Rush-hour einen Höhepunkt erreichte. Keine zwanzig Meter von dem Platz entfernt, an dem die beiden Männer standen, ging das normale großstädtische Leben der Hauptstadt weiter. Einige Menschen machten sogar Weihnachtseinkäufe.

3

Karel Vanek fuhr den Citroën DS 21 mit hoher Geschwindigkeit auf die massige Gestalt zu, die mitten auf der Betonfahrbahn stand. Das Licht war schlecht; es war spät am Nachmittag des 11. Dezember kurz vor Einbruch der Dunkelheit. Durch die Windschutzscheibe sah Vanek die Gestalt schnell näher kommen; als der Wagen bei neunzig Stundenkilometern mit ihr zusammenprallte, verschwamm sie und wurde durch die Wucht des Aufpralls in die Luft geschleudert. Als Vanek weiterfuhr und der Wagen die Gestalt überrollte, bebte der ganze Wagen. Wenige Meter danach hielt der Wagen mit kreischenden Reifen an. Vanek blickte über die Schulter, legte den Rückwärtsgang ein und fuhr dann mit großer Geschwindigkeit rückwärts.

Der Körper lag in der Dämmerung noch auf der Fahrbahn, ein unförmiger Klumpen, auf den Vanek immer schneller zufuhr. Vanek fühlte sich nie wohler als hinter dem Lenkrad eines Wagens; er empfand sich als Erweiterung des Fahrzeugs, hatte das Gefühl, daß der Schalthebel ein zusätzlicher Arm sei, die Bremse ein dritter Fuß. Es war aufregend. Er jagte im Rückwärtsgang weiter. Er hatte perfekt gezielt. Zum zweitenmal spürte er das Schwanken und Beben, als die Räder des Citroën über den auf der Straße liegenden Klumpen hinwegrollten. Dann fuhr Vanek weiter, setzte in einer scharfen Kurve zurück, bremste, fuhr wieder vorwärts, riß das Lenkrad herum, bis er mit hoher Geschwindigkeit in der Gegenrichtung davonfuhr.

»Fünfunddreißig Sekunden«, sagte der stille Mann auf dem Rücksitz, nachdem er auf die Stoppuhr gedrückt hatte.

Vanek trat mit einem Ruck auf die Bremse, der den Mitfahrer auf dem Beifahrersitz beinahe durch die Windschutzscheibe geschleudert hätte. Vanek lachte, als Walther Brunner fluchte. »Müssen Sie das wirklich so dramatisch machen?« wollte Brunner wissen, als er sich in seinen Sitz zurückfallen ließ.

»Reaktion – Reaktion . . .« Vanek schnipste mit den Fingern. »Nur darum geht's bei dieser Sache. An dem Tag, an dem wir Lasalle besuchen, werde ich vielleicht gerade das tun müssen – man muß vorbereitet sein . . .«

Sie stiegen aus dem Wagen und gingen zu Fuß auf der verlassenen Rennstrecke zurück, die vor den Toren der tschechischen Stadt Tábor liegt, sechzig Kilometer südlich von Prag. Michail Borisov, der Russe, der dieses Trainingszentrum leitete, war in der Dämmerung und bei der Entfernung nur als massiger Schatten zu erkennen. Er beugte sich über die auf der Straße liegende Gestalt, eine Gestalt mit Gliedern, Rumpf und Kopf aus Sackleinen und Stroh. Eine starke Feder hatte das Phantom aufrecht gehalten, bis Vanek es überfahren hatte. »Gut so?« fragte Vanek, als er Borisov erreicht hatte. »Keine Verzögerung bei der zweiten Anfahrt – ich habe sofort den Rückwärtsgang eingelegt und bin sofort über ihn weggefahren . . .«

Borisov, ein dicker Mann, der sich zum Schutz gegen die durchdringende Kälte in einen Pelzmantel gehüllt hatte und einen Hut trug – der Prager Rundfunk hatte Schneefall vorhergesagt –, betrachtete den Tschechen mit saurer Miene. Vanek war zu selbstsicher, zu arrogant, als daß er ihn je würde leiden können, und ärgerlich war, daß Vanek recht hatte: Es war eine perfekte Fahrt gewesen. Der verdammte Tscheche übte alles, was er tat, bis zur Perfektion. »Wir laufen ins Trainingszentrum zurück«, sagte Borisov abrupt. »Ich werde jemanden herschicken, um den Wagen zu holen . . .« Borisov hatte Französisch gesprochen; seit Beginn ihres Übungsprogramms hatten sie sich ausschließlich in dieser Sprache unterhalten.

Sie rannten durch die kühle Dämmerung, die jetzt schon fast Dunkelheit geworden war, über die Fahrbahn zurück. Vanek hielt sich mit voller Absicht einige Schritte vor den anderen drei Männern, um zu demonstrieren, daß er topfit war. Als sie eine unter einem Tannendickicht versteckte Betonhütte betraten, schlug ihnen die Wärme eines bullernden Ofens entgegen. Borisov, der älteste der Männer, der die Hütte als letzter betrat, knallte die Tür zu, um die Wärme drinnen zu halten. Sie zogen die Mäntel aus, zündeten sich Zigaretten an – Gauloises – und ließen sich auf Stühle fallen, die um einen Tisch standen. Eine Karte von Frankreich und Deutschland in großem Maßstab bedeckte eine Wand; an einer anderen hing ein Stadtplan von Paris. Verschiedene Reiseführer, darunter Kursbücher, der *Michelin* und der *Guide Bleu*, lagen auf einem Regal aus Holz. Am meisten sprang ein großes Foto von Oberst René Lasalle ins Auge.

»Das genügt für heute«, verkündete Borisov, als er sich aus einer Flasche französischen Cognac eingoß. »Sie machen sich«, fügte er widerwillig hinzu.

Mit einer für ihn typischen, prahlerischen Geste hob Vanek sein Glas in Richtung auf das Foto an der Wand. »Auf unsere Begegnung, mein lieber Oberst . . .«

Karel Vanek war einunddreißig Jahre alt, ein hochgewachsener, hagerer Mann mit einem knochigen Gesicht, sehr dunklem Haar und einem gepflegten dunklen Schnurrbart. Er war ein geborener Athlet, und seine flinken dunklen Augen starrten den Russen frech an, als dieser ihn musterte. Vanek wußte, daß er seinen Job beherrschte, daß der Russe ihn nicht mochte, aber seine Fähigkeiten auch anerkannte, was alles nur noch besser machte; die richtige Methode, Borisov auf Abstand zu halten, bestand darin, das Training noch mehr zu forcieren, als der Russe es wünschte. »Wir werden die Nachtübung wiederholen«, sagte Vanek plötzlich. »Einen Mann im Dunkeln zu überfahren, ist noch schwieriger.«

Die Russen haben ein Wort für die Tschechen, das soviel bedeutet wie ›die cleveren Leute, die ein bißchen zu schlau sind . . .‹ Dieser Begriff faßte sehr gut zusammen, was der russische Schulungsleiter über seinen Schützling dachte. Andererseits, überlegte Borisov, war Vanek genau der richtige Mann, dieses sowjetische Kommando zu führen; er besaß sämtliche Qualifikationen. Fünf Jahre zuvor war Vanek der Geheimdienstabteilung bei der Pariser tschechischen Botschaft in der Avenue Charles Floquet in der Nähe des Eiffelturms zugeteilt worden. Wie so viele Tschechen war Vanek sehr sprachbegabt, er beherrschte Französisch, Deutsch und Englisch. Und wenn dieses Dreier-Team das Signal zur Abfahrt in den Westen erhalten würde, würden die Männer als Franzosen reisen, Französisch sprechen und mit französischen Papieren ausgestattet sein.

Daneben verfügte Vanek noch über andere brauchbare Fähigkeiten – außer denen des perfekt gedrillten Mörders, die er sich in dem Trainingszentrum angeeignet hatte. Er war ein gutaussehender Mann, der kühn und selbstbewußt auftrat. Das machte den Tschechen für Frauen attraktiv, was sich gelegentlich als sehr brauchbar erwies. Und schließlich, dachte Borisov, während er seine Gauloise rauchte, war Vanek von einer Gefühlskälte, die es ihm ermöglichte, einen Mann kaltblütig zu töten und danach ruhig zu schlafen. Das hatte sich gezeigt, als man ihn nach Istanbul geschickt hatte, um einen sowjetischen Dechiffrierbeamten zu töten, der einen unziemlichen Appetit auf amerikanische Dollars entwickelt hatte. Vanek hatte den Mann erdrosselt und ihn dann in dunkler Nacht von einem Balkon in den Bosporus geworfen.

Obwohl es ihm sehr gegen den Strich ging, mußte der Russe Borisov zugeben, daß die drei von Vanek geführten Tschechen ein ideales Mörderkommando bildeten. Und obwohl Borisov das nicht wissen konnte, waren die Anforderungen, die an den Leiter des Kommandos gestellt wurden, denen nicht unähnlich, die David Nash für den Mann festgelegt hatte, der nach Frankreich gehen sollte. Fließende Beherrschung des Französischen, Kenntnis Frankreichs, die Fähigkeit, als Franzose durchzugehen – und während Nash darauf bestanden hatte, daß es kein Amerikaner sein dürfe, hatten die drei Mitglieder des sowjetischen Politbüros, welche die Mission sanktioniert hatten, ihre eigene Bedingung gestellt: Die Männer des Kommandos dürfen keine Russen sein. Wenn etwas schiefging, durfte die Macht, die hinter dem Unternehmen stand, auf keinen Fall bloßgestellt werden.

»Wann zum Teufel fahren wir endlich los, um diesen Oberst Lasalle zu besuchen?« verlangte Vanek zu wissen.

»Bald«, erwiderte Borisov, »das Startzeichen wird bald kommen . . .«

An demselben Abend, an dem Alan Lennox in London den Anruf von David Nash erhielt, saß Marc Grelle gut dreihundert Kilometer entfernt in seiner Pariser Junggesellenwohnung auf der Ile St.-Louis und las in einer alten und verstaubten Akte. Es war die Akte über den Leoparden.

André Boisseau, der in der Rue Monge wohnte, verbrachte den ersten Teil des Abends bei dem Präfekten. Da er die Akte bereits kannte, verglichen sie ihre Notizen. Während des Zweiten Weltkriegs hatte jeder Angehörige der Résistance unter einem falschen Namen gearbeitet – um Familie und Freunde zu schützen. Normalerweise wurde ein beliebiger anderer französischer Nachname gewählt; mitunter war ein Mann unter einem falschen Vornamen bekannt; einige hohe Armeeoffiziere operierten unter geometrischen Begriffen, etwa ›Hypotenuse‹. Der

Leopard war aber etwas anderes: Er hatte den Namen eines Raubtiers angenommen, um seine Sonderstellung zu betonen.

»Meiner Meinung nach deutet die Wahl dieses Namens auf ein unwahrscheinliches Selbstbewußtsein hin«, bemerkte Boisseau. »Einer von diesen Leuten, die sich einreden, sie seien vom Schicksal auserwählt . . .«

Der Leopard hatte zweifellos eine bemerkenswerte – wenn auch kurze – Karriere hinter sich gebracht. Mit Anfang Zwanzig – das war eine der wenigen Tatsachen über diese schattenhafte Gestalt, die gesichert war – hatte er im Massif Central eine der mächtigsten Résistance-Gruppen befehligt, die in den Departements Lozère und Haute-Loire operiert hatten. Von den übrigen Résistance-Führern unterschied er sich durch seine Brillanz und seine Unerbittlichkeit; an seiner Art, aus dem Nichts über den Feind herzufallen, ihn zu vernichten, und dann wieder zu verschwinden, war etwas fast Napoleonisches gewesen.

Der außerordentliche Erfolg des Leoparden hatte auf einem weitverzweigten Geheimdienstsystem beruht. Er hatte überall Agenten sitzen gehabt – bei der Polizei der Vichy-Regierung, in den Fernsprechämtern, wo Telefonistinnen sich in die Gespräche des Feindes einschalteten, bei der Bahn, wo Beamte über die Bewegungen von Munitions- und Truppentransporten berichteten, sowie in der *Milice*, einer Vichy-Organisation von Schlägern und Kollaborateuren. Er hatte sogar einige Leute in die deutsche Abwehr einschleusen können.

»Vielleicht sollten wir nach einem Experten für Abwehr- und Sicherheitsorganisationen Ausschau halten«, schlug Boisseau vor.

Der Präfekt grunzte und las weiter. Die dicke Akte schien endlos; es ging weiter mit Beschreibungen der Leistungen des Leoparden. Vertrackt war nur, daß sich kaum ein Hinweis auf sein Aussehen fand. Dafür hatte es gute Gründe gegeben. Der kommunistische Widerständler hatte zu außergewöhnlichen Maßnahmen gegriffen, um sicherzustellen, daß niemand – nicht einmal seine engen Mitarbeiter – eine Vorstellung von seiner Erscheinung gewinnen konnte. Es gab eine Ausnahme: einen Stellvertreter, mit dem Codenamen Petit-Louis. Dieser hatte den Leoparden überallhin begleitet und dessen Anweisungen weitergegeben, während der Chef selbst sich außer Sichtweite gehalten hatte.

»Er war über einsachtzig groß und damals kaum älter als zwanzig. Er dürfte heute also Anfang Fünfzig sein, wenn er noch am Leben ist«, betonte Grelle. »Und das ist alles, was wir über dieses Gespenst wissen . . .«

»Petit-Louis dürfte gewußt haben, wie er aussah«, bemerkte Boisseau.

Im Herbst 1944 nahmen die Dinge eine ernstere Wendung. Um die Zeit der zweiten Landung der Alliierten – im August im Süden Frankreichs – stand der Süden für kurze Zeit fast völlig unter der Kontrolle der Résistance. Dies war eine Periode, über die in späteren Jahren niemand viel sprach: Die Aussichten waren zu erschreckend gewesen. Dies war die Zeit gewesen, in der die Kommunisten im Süden Frankreichs um ein Haar eine Sowjetrepublik errichtet hätten.

Die Pläne lagen bereits in den Schubladen. Das Signal für die Errichtung der République Soviétique du Sud sollte die Einnahme der wichtigen Städte Limoges und Montpellier durch die Kommunisten sein. Man hatte sich ausgerechnet, daß die Alliierten, die noch gegen den gemeinsamen Feind kämpften, die Sowjetrepublik akzeptieren würden, falls man sie vor eine vollendete Tatsache stellte. Der führende Kopf hinter diesem Plan war der Leopard persönlich. Nur das rasche und unerwartete Auftauchen de Gaulles im Süden vereitelte den Plan. Kurz darauf starb der Leopard.

Sein Tod war in der Akte sorgfältig dokumentiert. Er war am 14. September in einer Lyoner Straße von einem feindlichen Heckenschützen erschossen worden. Voller Trauer über den Tod ihres Anführers und in der Sorge, eine Bande von Vichy-Schlägern könnte das Grab schänden, hatte ein kleiner Trupp von Kommunisten den Leichnam beiseite geschafft und mitten in einem Wald in aller Stille beigesetzt. Petit-Louis, der Stellvertreter des Leoparden, hatte der Beerdigung nicht beigewohnt. Kurz vor dem Ende der Akte waren in einem Anhang einige kleine Details festgehalten, die Grelle interessant fand. So war der Leopard auf Schritt und Tritt von einem riesigen und angriffslustigen Wolfshund namens César bewacht worden, der selbst zuverlässige Freunde auf Distanz hielt.

»Um sicherzustellen, daß ihnen sein Aussehen unbekannt blieb«, kommentierte Grelle. »Was mag wohl aus dem Hund geworden sein?«

Die deutsche Abwehr hatte offensichtlich auch eine detaillierte Akte über ihren mysteriösen Feind angelegt. Der Offizier, der sich dieser Aufgabe unterzogen hatte, war ein gewisser Dieter Wohl gewesen, der damals dreißig gewesen war. »Also müßte er jetzt in den Sechzigern sein«, meinte Grelle. »Ob er den Krieg überlebt hat?«

Der Schock traf Grelle erst, nachdem Boisseau zu seiner Frau und seinen zwei Kindern nach Hause gegangen war. Am Ende der Akte fand Grelle einen mitgenommenen und abgegriffenen Umschlag, der ein Foto von Petit-Louis enthielt, dem Stellvertreter des Leoparden. Zunächst war Grelle seiner Sache nicht sicher. Er nahm den sepiafarbenen Abzug also zu seinem Schreibtisch hinüber und prüfte ihn unter der Lampe. Der Abzug war besser erhalten, als er befürchtet hatte. Ihn starrte ein Gesicht an, ein Gesicht, das vor mehr als dreißig Jahren auf den Film gebannt worden war. Das Alter verändert einen Mann, besonders, wenn sein Leben hart gewesen ist, aber wenn der Knochenbau kräftig ist, läßt die Zeit Merkmale, die immer da gewesen sind, mitunter nur noch deutlicher hervortreten. Das Gesicht von Petit-Louis war das Gesicht von Gaston Martin, des Mannes aus Guyana.

4

Zum zweitenmal innerhalb von zweiundsiebzig Stunden hatte David Nash den Atlantik überquert. Am Sonntagabend um 21.40 Uhr verließ er die Maschine des Pan Am-Flugs 100 auf dem Flughafen Heathrow, nur zehn Tage vor Guy Florians Staatsbesuch in Moskau. Nash nahm ein Taxi zum Ritz, ließ seine Reisetasche im Hotelzimmer und ging zu Fuß zu Lennox' Wohnung am St. James' Place. Beim Eintreten überreichte er dem Engländer eine Flasche Moët & Chandon.

»Wenn die Griechen kommen und Geschenke tragen . . .«, begrüßte Lennox ihn zynisch und legte die Flasche in den Kühlschrank. »Die heben wir uns für später auf – ich nehme an, daß wir die halbe Nacht aufbleiben werden?«

»Das ist das mindeste«, versicherte ihm der Amerikaner. »Wir haben einen Stichtag im Nacken; von heute an sind es noch zehn Tage . . .«

»*Sie* haben einen Stichtag im Nacken«, korrigierte ihn Lennox. »Ich habe Sie schon am Telefon gewarnt – auf Ihre Art Job kann ich sehr gut verzichten . . .«

Sie sprachen bis drei Uhr morgens, wobei Nash zwei Schachteln Zigaretten aufrauchte. Er erzählte dem Engländer von seinem kürzlichen Zusammentreffen mit Peter Lanz und Oberst Lasalle, von der ungeheuren Sorge in Washington, irgendein großer Coup der Kommunisten könne unmittelbar bevorstehen, daß René Lasalle möglicherweise – aber nur möglicherweise – in der Lage sein könne, den Schlüssel zur Identifizierung des unbekannten sowjetischen Agenten in Paris zu liefern. »Er ist überzeugt, daß der Schlag erfolgen wird, wenn Florian nach Moskau abfliegt«, sagte Nash und nippte an seinem Champagner. »Uns bleibt also gar keine Zeit mehr, diese drei Leute in Frankreich auszuhorchen, von denen Lasalle glaubt, sie könnten die Antwort geben . . .«

»Ich habe bisher die vielleicht kuriose Vorstellung gehabt, daß Washington Präsident Guy Florian auf den Tod nicht ausstehen kann«, bemerkte Lennox.

Nashs Lippen preßten sich zusammen. »Mag durchaus sein.

Die verdammte Wahrheit ist aber, daß wir diese Kröte schlucken müssen – so wie wir de Gaulle schlucken mußten. In der Politik kommt es vor, daß man sich seine Bettgenossen nicht aussuchen kann, aber schlafen muß man trotzdem mit ihnen. Präsident Florian von Frankreich und Bundeskanzler Hauser von Deutschland sind alles, was zwischen der Sowjetunion und der Kanalküste steht – jetzt, wo der Kongreß sich entschlossen hat, Europa den Rücken zu kehren – es ist übrigens auch Ihre Kanalküste«, fügte er hinzu.

»Und wo kommt da der Leopard ins Bild? Nichts von dem, was Sie sagen, hat Hand und Fuß«, bemerkte Lennox grob. »Der Leopard ist tot – er wurde 1944 in Lyon erschossen. Ich glaube, Lasalle will nur ein bißchen Dreck aufrühren, weil er hofft, daß er an seinem alten Feind Guy Florian kleben bleibt. Ihr französischer Oberst ist ein Fanatiker.«

»Auch Fanatiker erfahren manchmal etwas«, beharrte Nash. »Wir kaufen ihm diese Geschichte vom Leoparden nicht voll und ganz ab, aber wir glauben doch, daß er damals vor sechs Monaten, kurz bevor Florian ihn aus Frankreich hinauswarf, über irgend etwas gestolpert ist. Er hat von irgendeiner geheimen Verbindung mit den Sowjets auf hoher Ebene erfahren – und vergessen Sie nicht, daß Lasalle der beste Abwehrmann war, den die Franzosen je in der Armee hatten . . .«

»Aber diese Liste sogenannter Augenzeugen wollte er Ihnen nicht geben – falls es sie überhaupt gibt . . .«

»Ich bin sicher, daß es sie gibt«, fauchte Nash. »Er ist sehr auf Sicherheit bedacht und wird die Liste also nur dem Mann aushändigen, der nach Frankreich geht, um die Leute zu befragen . . .«

»Warum kommen Sie dann zu mir?«

Nash schluckte den Rest seines Champagners hinunter und ließ sich mit der Antwort Zeit. »Weil Sie der richtige Mann sind«, sagte er ruhig. »Es kann nämlich durchaus sein, daß diese Zeugen sich nur einem Franzosen offenbaren werden. Lanz hat zugesagt, Papiere für einen Decknamen zu liefern. Um dem französischen Sicherheitsapparat zu entgehen, muß der Mann sich wie ein Fisch im Wasser bewegen können. Sie könnten das, Alan. Sie sind in Paris geboren und aufgewachsen. Als Sie in den Staaten waren, haben wir Ihnen vertraut und Sie zum Geheimnisträger gemacht. Und, weiß Gott, in Untergrundarbeit sind Sie erfahren. Das hat die Blutnacht im Libanon bewiesen. Sie sind für den Job wie geschaffen«, fuhr der Amerikaner fort. »Wir brauchen Sie. Sie brauchen uns . . .«

»Und weshalb brauche ich Sie, wenn ich fragen darf?« fragte Lennox ruhig.

»Weil Sie die Zustimmung der amerikanischen Regierung brauchen, um den Zuschlag für einen größeren Sicherheitskontrakt zu bekommen, um den Sie sich bei einem amerikanischen Unternehmen beworben haben, einem Unternehmen übrigens, das auch bestimmte Projekte für das Verteidigungsministerium abwickelt. Im Vertrauen: Ihr Angebot war das niedrigste und ist annehmbar – vorausgesetzt, Washington setzt seinen Stempel darunter . . .«

In diesem Augenblick kam die Explosion. Lennox begann, ohne Punkt und Komma zu reden, erlaubte Nash keine Unterbrechung, während er ihm sagte, was er von der Politik und von Politikern hielt. »Ihre eigenen Leute machen genau das gleiche . . .«, warf Nash ein und verstummte dann unter dem Wortschwall, der aus Lennox herausbrach. »Sie üben Druck auf mich aus«, sagte Lennox aufgebracht. »Sie setzen mir die Pistole auf die Brust, und Sie wissen genau, wie ich darauf reagiere . . .« Das Wortgefecht ging bis kurz vor drei Uhr morgens weiter. Die Luft wurde vom Zigarettenrauch zum Schneiden dick, sie tranken Scotch, und jetzt ging der inzwischen ohne Krawatte und in Hemdsärmeln dasitzende Nash zum Gegenangriff über. Dann, ohne Vorwarnung, änderte der Engländer seine Meinung.

»Also gut«, sagte er beim Auffüllen der Gläser, »ich werde fahren und diesen Lasalle treffen und mit ihm sprechen – aber nur unter der Voraussetzung, daß ich mich erst nach diesem Gespräch entscheide, ob es sich lohnt, nach Frankreich zu gehen . . .«

»Das ist großartig . . .«

»Einen Moment, da sind noch ein paar Bedingungen. Wenn ich den Auftrag übernehme, müssen Sie persönlich dafür einstehen, daß mein Vertrag mit Amerika genehmigt wird. Sie müssen auch dafür garantieren, daß nur MacLeish von meiner Zusage erfährt – diese Sache muß unter allen Umständen völlig geheim bleiben. Schließlich werden Sie mir ein Honorar von zwanzigtausend Dollar zahlen . . .«

»Um Himmels willen«, protestierte Nash, »Sie kriegen doch den Vertrag . . .«

»Was das mindeste ist, was mir zusteht, da mein Angebot das niedrigste ist. Die zwanzigtausend Dollar sind eine Gefahrenzulage. Glauben Sie etwa, es wäre ein Picknick, heute mit falschen Papieren nach Frankreich zu gehen?« wollte Lennox wissen. »Himmel noch mal, bevor Sie kamen, hörte ich mir gerade die Nachrichten an – seit dem versuchten Anschlag auf Florian geht es bei der französischen Abwehr zu wie in einem Bienenhaus. Ich riskiere, Grelles Leuten über den Weg zu laufen, der Bande von der Abwehr, vielleicht sogar den Schlägern der CRS. MacLeish bekommt für zwanzigtausend einen sehr preiswerten nichtamerikanischen Laufburschen.«

»Wer hat etwas von einem Nicht-Amerikaner gesagt?« fragte Nash sanft.

»Sie haben das getan, als Sie von Washington aus anriefen und dann höchstpersönlich herübergeflogen sind . . .«

Kurz nach drei Uhr morgens wurden sie handelseinig. Nash goß einen letzten Schluck von dem guten Scotch hinunter, besprach noch bestimmte Einzelheiten mit Lennox und ging dann durch den Regen zum Ritz zurück. Er war durchaus zufrieden und dachte mit grimmigem Vergnügen an Lennox' Unnachgiebigkeit wegen des Honorars. Sollte MacLeish ruhig die zwanzigtausend aushusten und woanders an seinem Budget sparen.

In seiner Wohnung wusch Lennox erst die Gläser ab und machte sich dann ans Packen. Er war wie Nash eine Nachteule, und wie Nash war auch er zufrieden. Der Vorschlag hatte ihn vom ersten Augenblick an interessiert, denn er sagte ihm zu. Diese Aufgabe gab ihm etwas Neues, wo er seine Nase hineinstecken konnte; sie sicherte ihm den Vertrag mit Amerika, und außerdem hatte er noch mit seiner Härte ein Geschäft durchgesetzt. Das Herauskitzeln der zwanzigtausend aus MacLeish war ein Bonus, der seinem Hauptgrundsatz entsprach: Tu nie etwas umsonst.

Paris, Montagmorgen, 13. Dezember. Grelle und Boisseau waren der Lösung des Rätsels um die seltsam zufällige Ankunft Gaston Martins wenige Stunden nach dem versuchten Attentat auf Florian noch kein Stück nähergekommen. Detektive hatten das Hotel Cécile besucht, in dem Martin nach der Ankunft mit der Bahn aus Le Havre seine Reisetasche gelassen hatte. Seine wenigen ärmlichen Habseligkeiten waren in die Präfektur gebracht worden. Eine kleine Reisetasche mit Kleidung – das war alles. »Und das ist alles, was er nach einem sechzigjährigen Leben aufzuweisen hatte«, bemerkte der Präfekt. »Es ist schon traurig, wie manche Menschen leben – und sterben . . .«

»Diese Zeitung, die wir in seinem Zimmer gefunden haben, ist interessant«, erwiderte Boisseau. »Sie erklärt das Rätsel, weshalb er an der Stelle stand, an der Lucie Devaud starb . . .«

Die Ausgabe von *Le Monde* vom 9. Dezember hatte eine jener ›Tatortskizzen‹ enthalten, mit denen Zeitungsredakteure ihre Berichte so gern schmücken; diese zeigte eine Sektion des achten Arrondissements. Ein Kreuz markierte die Stelle, an der Lucie Devaud erschossen worden war. Martins Zeitungsexemplar, das er sich in Le Havre nach dem Verlassen des Frachters gekauft hatte, war so zusammengefaltet, daß die Skizze deutlich zu sehen war, als hätte er sich mit ihrer Hilfe orientiert. »Sie haben in der Skizze sogar angegeben, wo das Pelzgeschäft liegt«, erklärte Boisseau. »Es war also leicht für ihn, die Stelle zu finden . . .«

»Das sagt uns noch lange nichts darüber, ob er mit dieser Devaud in irgendeiner Verbindung gestanden hat«, versetzte Grelle. »Wir haben ihre Spur zu einer teuren Wohnung am Place des Vosges verfolgt, aber dort scheint niemand etwas über sie zu wissen . . .«

Um neun Uhr morgens kam das Telex aus Cayenne, Guyana – die Antwort auf Grelles Bitte um Informationen. Es war ein sehr langes Fernschreiben. Grelle ergänzte es später durch einen Anruf beim Polizeichef von Cayenne. Die in dem Telex erzählte Geschichte war recht übel. Während des Krieges hatte Gaston Martin mit der vom Leoparden befehligten Résistance-Gruppe im Lozère gekämpft. Er hatte seinen eigenen Angaben zufolge – die er erst vor wenigen Wochen dem Polizeichef von Cayenne gemacht hatte – eng mit dem Leoparden zusammengearbeitet und war dessen Stellvertreter gewesen. Er hatte sogar den bissigen Wolfshund César erwähnt, der den kommunistischen Widerstandschef überallhin begleitet hatte.

Bei Kriegsende – noch immer überzeugter Kommunist – hatte Martin sich beim Parteihauptquartier in Paris gemeldet, wo er einer besonderen politischen Abteilung unterstellt wurde. Dann, im Juli 1945, nur zwei Monate nach dem Ende der Kämpfe in Frankreich, betraute man Martin mit einer Mission: Er sollte nach Guyana in Südamerika gehen, um dort in der Hafenarbeitergewerkschaft eine geheime Parteizelle zu gründen. »Wenn wir die Häfen im Westen kontrollieren«, sagte man ihm, »dann werden wir den Westen kontrollieren . . .«

Martin hatte sich mit großer Begeisterung auf die Reise begeben; er nahm ein Schiff von Le Havre nach Cayenne. Er war stolz, daß man für diese wichtige Arbeit gerade ihn ausgewählt hatte. Nach der Ankunft in dem tropischen Slum, der Cayenne nun einmal war, hatte sich seine Begeisterung ein wenig abgekühlt, aber er stürzte sich schon bald in die Welt der Intrigen und der Untergrundaktivitäten. Seine Befehle erhielt er von einem Mann namens Lumel; Lumel, halb Franzose, halb Indio, war in Guyana geboren. Dann kam der Schlag. Über Nacht lag Martins Welt in Trümmern. Eines Abends in einer Hafenbar wurde er Augenzeuge eines Streits unter Betrunkenen. Ein amerikanischer Seemann wurde erstochen. Die Polizei, die durch einen anonymen Anruf informiert worden war, kam am nächsten Tag, um Martin festzunehmen. Die Mordwaffe fanden die Beamten hinter einem Schrank in der Hütte versteckt, in der Martin wohnte.

Lumel stellte Martin einen Anwalt, der sich vor Gericht als ein Stümper erwies. Martin wurde zu zwanzig Jahren Zwangsarbeit auf der Teufelsinsel verurteilt. In den ersten paar Monaten seines Aufenthalts in dem gefürchteten Straflager hielt Martin die Hoffnung aufrecht, daß Lumel bald einen Weg finden werde, ihn freizubekommen; im Verlauf der Jahre jedoch erstarb diese Hoffnung. Lumel, der ihn vergessen zu haben schien, ließ nichts von sich hören. Als das Lager auf der Teufelsinsel 1949 geschlossen wurde, verlegte man Martin in eine andere Strafanstalt, die aber nicht weniger düster war.

Bei guter Führung – und Martin war ein Musterhäftling – hätte er 1963 entlassen werden sollen. Ende 1962 aber kam es in der Anstalt, in die Martin verlegt worden war, zu einem Zwischenfall. Ein Wärter wurde hinterrücks erstochen. Die Mordwaffe wurde in dem Verschlag gefunden, in dem Martin sein hölzernes Eßgeschirr aufbewahrte. Es war eine Wiederholung des Mordes in Cayenne vor sechzehn Jahren. Was sofort als verdächtig hätte auffallen müssen, dachte Grelle grimmig beim Lesen.

Offensichtlich war der Leiter der Strafanstalt ein nicht ganz einwandfreier Typ, der die Sache schnell geklärt wissen wollte. Martin wurde angeklagt, vor Gericht gestellt und zu weiteren zwanzig Jahren verurteilt. Um diese Zeit etwa dämmerte Martin die Erkenntnis, daß irgend jemand versuchte, ihn für ewig hinter Gittern zu halten. Er saß den größten Teil der neuen Strafe ab. Dann geschah etwas Seltsames. Lumel wurde auf der Straße zufällig überfahren. Der Fahrer beging Fahrerflucht. Als Lumel im Sterben lag, ließ er den Cayenner Polizeichef holen. »Der Fahrer dieses Wagens hat mich mit voller Absicht überfahren«, versicherte er. »Sie haben versucht, mich umzubringen . . .« Bevor er starb, diktierte er ein Geständnis, das er noch unterschrieb.

Der Befehl, Gaston Martin aus dem Verkehr zu ziehen, hatte Lumel 1945 schon vor dem Eintreffen Martins in Cayenne erreicht. »Er kam von der Kommunistischen Parteizentrale in Paris«, erklärte Lumel in seinem Geständnis. »Ich hätte ihn natürlich auch töten lassen können, aber so wollten sie die Sache nicht geregelt haben . . .«

»Ich weiß, warum«, sagte Grelle zu Boisseau, der seine Pfeife rauchte, während Grelle den Bericht las. »Es waren schon zu viele Menschen getötet worden, die den Leoparden hätten identifizieren können . . .«

»Das ist eine Vermutung, Chef.«

»Darauf verwette ich meine Pension . . .«

Lumel gab zu, den Mord in der Hafenbar organisiert und den Verdacht auf Martin gelenkt zu haben. Er gestand auch, viele Jahre später den Mord an dem Wachbeamten in der Strafanstalt in Szene gesetzt zu haben, in die Martin verlegt worden war. Nach Lumels Tod wurde Martin vom Cayenner Polizeichef persönlich vernommen, einem anständigen Mann, wie Grelle dem Tenor des Berichts entnahm. Durch Lumels Geständnis und die langen Jahre der Haft total desillusioniert, hatte Martin dem Polizeichef seine ganze Geschichte erzählt. »Ich glaube, ihm war klar geworden, daß er sein ganzes Leben für eine Illusion weggeworfen hatte – für die Illusion der kommunistischen Ideale«, bemerkte der Polizeichef in seinem Bericht. »Ich habe seine sofortige Entlassung veranlaßt. Es wird vermutlich für immer ein Geheimnis bleiben, warum Gaston Martin dazu verdammt war, den größten Teil seines Lebens wie ein Tier dahinzuvegetieren . . .«

Grelle ließ den Bericht auf den Schreibtisch fallen. »Der Bastard«, sagte er leise. »Um seine Identität auch weiterhin geheimzuhalten, ließ er Leute umbringen und einen Mann lebenslang in dieser schwarzen Dschungelhölle einsperren. Der Himmel weiß, wie viele andere arme Teufel noch um seiner Sache willen sterben mußten – in dem Bericht über den Leoparden habe ich gelesen, daß einige seiner engeren Mitarbeiter noch vor Kriegsende umgekommen sind. Dieser Mann hat wirklich eine blutige Spur hinter sich gelassen . . .«

Der Präfekt ging mit den Händen in den Hosentaschen in seinem Büro auf und ab. Boisseau hatte seinen Chef selten so aufgebracht gesehen. »Denken Sie immer daran, Boisseau«, fuhr Grelle fort. »Tun Sie Ihren Job, aber widmen Sie Ihr Leben nie einer sogenannten Sache. Sie würden sich in die Hände von Abschaum begeben . . .«

»Das alles, um den Leoparden zu schützen? Einen toten Mann?«

»Wir werden sehen.« Grelle zog seinen Ledermantel an. »Ich gehe in den Elysee. Wenn jemand nach mir fragt, wissen Sie nicht, wo ich bin.«

»Ich begreife es noch immer nicht«, beharrte Boisseau. »Die Akten beweisen, daß der Leopard 1944 gestorben ist. Gaston Martin, von dem wir heute wissen, daß er Petit-Louis war, die rechte Hand des Leoparden, sagt, er habe ihn in den Elysee-Palast gehen sehen . . .«

»Wenn zwei Hinweise sich gegenseitig ausschließen, muß man sie prüfen. Genau das werde ich tun«, sagte Grelle brüsk.

Der direkte Weg zum Elysee-Palast hätte über die Rue St. Honoré und die anschließende Rue du Faubourg St. Honoré geführt, aber wegen des Einbahnstraßensystems fuhr Grelle über den Place de la Concorde, die Avenue Gabriel entlang an der amerikanischen Botschaft vorbei und dann die Avenue Marigny hinauf, in der rechts der große ummauerte Garten des Elysee-Palasts liegt. Am Palast angekommen, wartete er, während ein Wachtposten die weißgestrichene Kette zur Erde ließ, und fuhr dann in den Innenhof. Er stieg aus dem Wagen und ging sofort zum Wachhaus.

»Kann ich einmal die Besucherliste sehen?« fragte der Präfekt beiläufig.

Der diensttuende Offizier zeigte ihm das Buch, in dem Datum des Besuchs, Ankunftszeit und Identität jedes Besuchers im Elysee festgehalten werden. Grelle interessierte die Seite, auf der die Namen der Besucher vom Donnerstag, dem 9. Dezember, notiert worden waren – dem Tag, an dem Gaston Martin vor dem Palast gestanden hatte. Er prüfte die Liste der Besucher, die zwischen 19.30 Uhr und 20.30 Uhr angekommen waren; dann, um den Wachoffizier von der Fährte abzulenken, sah er sich noch ein paar weitere Seiten an. »Ich danke Ihnen«, sagte er, ging auf den Hof und ging die sieben Stufen hinauf, die zu den Glastüren des Haupteingangs führen.

Nicht einmal ein Minister hätte so formlos den Palast betreten können, aber Marc Grelle genoß die ganz besondere Achtung Guy Florians. »Er hat keinen politischen Ehrgeiz«, bemerkte der Präsident einmal zu einem Minister, um dessen übermäßigen Ehrgeiz er wußte. »Ich mußte ihn aus Marseille förmlich nach Paris schleppen. Manchmal habe ich das Gefühl, er ist der einzige ehrliche Mann in Frankreich. Ich würde ihm mein Leben anvertrauen . . .«

Guy Florian hatte Grelle tatsächlich sein Leben anvertraut. Solange der Präsident sich innerhalb der Stadtgrenzen von Paris aufhält, liegt die Verantwortung für seine Sicherheit – und die der Kabinettsmitglieder – in den Händen des Polizeipräfekten. Am Morgen nach dem Attentatsversuch hatte Florian angeordnet, daß seine persönliche Sicherheit von nun an in ganz Frankreich in den Händen von Marc Grelle liege. Mit einem Federstrich hatte Florian den Präfekten zum zweitmächtigsten Mann der Französischen Republik gemacht – es lag bei Grelle, ob er sich dieser Macht bedienen wollte oder nicht.

»Der Präsident wird Sie empfangen«, informierte ein uniformierter Palastdiener Grelle, als dieser in der Halle mit dem Marmorfußboden wartete. Nur in der Mitte der Halle lag ein Teppich. Das Gespräch würde im Arbeitszimmer des Präsidenten im ersten Stock an der Rückfront des Elysee stattfinden, einem Raum mit hohen Fenstern, von dem aus man den ummauerten Garten mit seinen Rasenflächen und Kieswegen überblicken kann. Wenn der Präsident an seinem Louis-Quinze-Schreibtisch sitzt, sieht er auf einen Gobelin mit einer Darstellung ›Don Quijotes, der durch Weisheit vom Wahnsinn geheilt ist‹. Auf dem Schreibtisch stehen zwei Telefone, ein schwarzes und ein weißes. Ein drittes befindet sich auf einem Nebentisch in der Nähe der rechten Hand des Präsidenten. Als die Tür sich hinter ihm schloß, hörte Grelle das Schlagen einer der einhundertsiebenunddreißig Uhren, mit denen der Elysee-Palast ausgestattet ist. Elf Uhr. Ein großer Schäferhund sprang durch den Raum, stellte sich auf die Hinterbeine und ließ die Vorderpfoten auf die Schultern des Präfekten fallen.

»Kassim, runter mit dir, du Biest«, knurrte Grelle freundlich. Der Präfekt, der Hunde mochte, hatte den Hund auf Bitten Florians kurz nach dessen Wahl zum Präsidenten persönlich ausgesucht. Im Elysee hieß es, daß nur zwei Menschen es wagten, das Tier zu berühren: Grelle und der Präsident. Der Präfekt schob die Vorderpfoten des Hundes beiseite, verneigte sich leicht und setzte sich dann dem mächtigsten Staatsmann Westeuropas gegenüber. Typischerweise wartete Florian, bis er das Wort ergriff.

»Es hat mich sehr beunruhigt zu sehen, daß Sie am Abend des 9. Dezember schon wieder zu Fuß vom Place Beauvau zurückgegangen sind«, begann Grelle. »Und das nur vierundzwanzig Stunden nach dem schrecklichen Zwischenfall . . .«

Florian senkte den schmalen, intelligenten Kopf wie ein kleiner Junge, der in Nachbars Apfelgarten erwischt worden ist. Diese Gebärde eines Präsidenten hätte die meisten Männer entwaffnet, aber Grelles Gesichtsausdruck blieb ernst. »Es wird nicht wieder vorkommen«, versicherte Florian. »Sie haben natürlich die Bilder in den Freitagszeitungen gesehen?«

»Ich war wie vom Donner gerührt.«

»Aber Sie sind kein Politiker, mein Freund. Auf der Straße wimmelte es von Bewachern – in diskreter Entfernung, damit die Fotografen sie nicht mit aufs Bild bekamen! Das ist aber gute Politik, verstehen Sie – schon einen Tag nach dem Zwischenfall geht der Präsident wieder auf der Straße spazieren!« Florian grinste schelmisch. »Es ist natürlich alles lächerlich. Sagen Sie, haben Sie mir vergeben?«

Grelle kehrte mit der Gewißheit in die Präfektur zurück, daß der Präsident jetzt hinter dem Schutzwall bleiben würde, der zu seiner Sicherheit errichtet worden war. Es blieb nur eine Frage: War dieser Schutzwall auch wirklich sicher?

»Kommen Sie herein, machen Sie die Tür zu und schließen Sie ab«, sagte Grelle zu Boisseau, während er sich auf die Schreibtischkante setzte. Wenn der Präfekt aufgeregt war, hatte er es sich angewöhnt, sich auf eine Tischkante zu setzen, damit er jederzeit aufspringen und im Raum auf und ab wandern konnte. Boisseau setzte sich auf einen Stuhl, holte seine Pfeife hervor, machte es sich bequem, wartete. Er verfügte über weniger nervöse Energie als sein Chef und sah aus wie ein geduldiges Eichhörnchen. Genauso nannten ihn auch seine Mitarbeiter – hinter seinem Rücken. André, das Eichhörnchen.

»Ich habe mir die Besucherliste des Elysee vom Abend des 9. Dezember für die Zeit zwischen 19.30 Uhr und 20.30 Uhr angesehen«, sagte Grelle urplötzlich. »Bevor ich fortfahre: Vergessen Sie nicht, daß die einzige Beschreibung vom Äußeren des Leoparden seine Länge betrifft – über einsachtzig . . .«

»Sie haben etwas gefunden?« fragte Boisseau.

»Jemanden – mehr als einen, übrigens. Florian selbst kam um acht zu Fuß vom Place Beauvau – das wird übrigens nicht wieder vorkommen. Interessant ist aber, daß noch drei Minister zu Fuß kamen – sie kamen von der Sitzung im Innenministerium . . .«

Die beiden Männer lächelten zynisch. Normalerweise wären alle in ihren jeweiligen Dienstwagen vom Place Beaubau zurückgekommen, aber weil der Präsident zu Fuß gegangen war, hatten sie sich verpflichtet gefühlt, gleichfalls ihre Beine zu gebrauchen. »Und natürlich haben sie auch gehofft, sich in den Zeitungen wiederzusehen«, bemerkte Grelle. »Sie wußten, daß sich am Place Beauvau Fotografen aufhielten.«

»Wer kam noch zurück?« fragte Boisseau ruhig.

»Erstens Pierre Rouget – den können wir natürlich streichen.« Sie lächelten wieder. Rouget war dem Namen nach Ministerpräsident, der Mann, den Journalisten ›Florians Pudel‹ nannten. Er war ein liebenswürdiger Mann – ›mit einem Rückgrat aus Gummi‹, wie Grelle mitunter bemerkte –, von dem niemand sehr viel Notiz nahm. Es ging das Gerücht, daß er bald durch einen neuen Mann ersetzt werden sollte. Jedenfalls war er keine einsachtzig groß. »Zwischen 20.15 Uhr und 20.30 Uhr«, fuhr Grelle fort, »kamen zwei weitere Männer an und betraten den Elysee-Palast – und verließen ihn getrennt mit wenigen Minuten Abstand. Einer von ihnen war mein Boß, der Innenminister, Roger Danchin. Der andere war Verteidigungsminister Alain Blanc. Wie Sie wissen, sind das die beiden längsten Männer des Kabinetts, beide rund einsfünfundachtzig . . .«

Boisseau nahm die erkaltete Pfeife aus dem Mund und starrte den Präfekten an. »Das glauben Sie doch nicht im Ernst? Danchin, Blanc – die beiden starken Männer der Regierung? Martin muß Halluzinationen gehabt haben.«

»Ich glaube gar nichts«, erwiderte Grelle kühl. »Ich tue nichts weiter, als die Fakten zu prüfen und zu sehen, wohin sie führen – wie wir es bei jeder Ermittlung tun. Aber wie vereinbart, erzähle ich Ihnen alles, wie absurd es auch scheinen mag.«

»Absurd? Es ist nicht zu glauben.«

»Natürlich.« Grelle nahm einen Bericht vom Schreibtisch und sprach beim Lesen der ersten Seite weiter. »Es ist noch etwas geschehen, David Nash, der Amerikaner, ist heute morgen bei der Ankunft am Flughafen Roissy von einem Mann der Sûreté gesehen worden. Außerdem habe ich für heute abend eine dringende Einladung zu einem Empfang in der amerikanischen Botschaft erhalten. Glauben Sie an Zufälle, Boisseau?«

André, das Eichhörnchen antwortete nicht. Er blickte ins Leere, als bemühte er sich, eine Tatsache zu begreifen, die jenseits seiner Vorstellungskraft lag. »Danchin oder Blanc?« murmelte er.

Roger Danchin hatte es sich schon als junger Mann zum Ziel gesetzt, Innenminister zu werden. An der École Normale d'Administration hatte er endlose Stunden über seinen Büchern verbracht. Diese besondere Hochschule war von de Gaulle gegründet worden; an ihr sollten die führenden Persönlichkeiten der Französischen Republik ausgebildet werden. Und während Guy Florian und Alain Blanc – an der École Polytechnique – die beiden Hasen waren, die sich durch ihre Brillanz rasch emporarbeiteten, war Danchin die Schnecke, die mit ihrer Beharrlichkeit am Ende auch das Ziel erreicht. Manchmal überlebt die Schnecke die Hasen.

Um die Zeit, zu der man ihm den Posten des Innenministers anbot, wußte der Geheimdienstexperte Roger Danchin wahrscheinlich mehr über das französische Geheimdienstsystem als jeder andere. Er war wie Alain Blanc über einsfündundachtzig groß und hatte sich wie so viele hochgewachsene Männer eine leicht gebeugte Haltung angewöhnt. Er war zweiundfünfzig Jahre alt, mager und hatte ein hageres Gesicht. Er war ein Mann mit einer Leidenschaft für Geheimhaltung und ein Mann, der die Macht liebte. Blanc, der ihn nicht mochte, faßte Danchins

Charakter in einer beißenden Bemerkung zusammen: »Danchin würde seine eigene Großmutter verhören, wenn er den Verdacht hätte, sie könnte ihr Testament geändert haben – und nach drei Stunden unter den Bogenlampen würde sie ihm ihr gesamtes Geld vermachen . . .« Danchin befand sich auf der Höhe seiner Macht, als er Grelle – der gerade die Besucherliste des Elysee geprüft hatte – zu sich bitten ließ.

Als der Präfekt das Büro des Ministers im ersten Stock betrat, stand Danchin am Fenster, von dem aus man auf einen schönen, von Mauern umschlossenen Garten an der Rückfront des Gebäudes hinuntersieht, auf einen Garten, den die Allgemeinheit nie zu sehen bekommt. »Setzen Sie sich, Grelle«, sagte Danchin, der noch immer in den Garten hinunterstarrte. »Aus Roissy höre ich, daß David Nash, der Amerikaner, soeben in Paris angekommen ist. Was hat das zu bedeuten? Was meinen Sie?«

»Sollte es etwas bedeuten?« fragte Grelle zurück. Er hatte allmählich begriffen, wie das Hirn dieses verschlagenen Mannes arbeitete; Danchin stellte selten eine direkte Frage, sondern versuchte, seine Gesprächspartner aus der Reserve zu locken, während er zuhörte.

»Es ist etwas im Gange, Grelle, ich spüre es. Es ist auch merkwürdig, daß er so kurz nach dem versuchten Attentat auf den Präsidenten hier aufkreuzt . . .«

»Ich sehe keine Verbindung«, mauerte Grelle. »Aber ich habe für heute abend eine Einladung in die amerikanische Botschaft . . .«

»Sie wollen hingehen?« unterbrach Danchin scharf.

»Warum nicht, Herr Minister? Ich könnte etwas Interessantes aufschnappen. Zumindest sollte ich in die Lage kommen, Ihnen zu sagen, warum er nach Paris gekommen ist . . .«

»Und diese Frau, Lucie Devaud – hat Boisseau etwas mehr über sie herausgefunden? Mit der Ankunft von Nash kann man sie nicht irgendwie in Verbindung bringen, nehme ich an?«

»Sie können doch nicht annehmen, daß die Amerikaner hinter dem Attentatsversuch gestanden haben?« protestierte Grelle. »Die Amerikaner tun manchmal seltsame Dinge, aber . . .«

»Ich sondiere nur, Grelle, weiter nichts . . .« Danchin kehrte plötzlich hinter seinen Schreibtisch zurück. Er bewegte sich so geräuschlos, daß Grelle nicht merkte, daß der Minister seinen Platz am Fenster verlassen hatte. Das war eine weitere unangenehme Angewohnheit Danchins, über die sich sein Referent, Merlin, einmal bei Grelle beklagt hatte. »Er taucht ohne Vorwarnung wie ein Gespenst auf und steht plötzlich hinter einem. Wußten Sie schon, daß Danchin in der Mittagszeit durch die Büros schleicht, um sich die Papiere auf den Schreibtischen der Leute anzusehen? Um sich zu vergewissern, daß sie nichts tun, wovon er nichts weiß? Die Atmosphäre in diesem Haus ist schrecklich, kann ich Ihnen sagen. Schrecklich!«

Grelle verließ Danchins Büro so rasch wie möglich. Im Hinuntergehen wischte er sich die Stirn. Endlich wieder frische Luft. In diesem Haus möchte ich nicht für eine Million im Jahr arbeiten, dachte er, als er sich hinters Lenkrad seines Wagens setzte. Tief aufatmend fuhr er los, als wollte er seiner Erleichterung Ausdruck geben. Nicht für zehn Millionen Francs!

Alain Blanc war in eine Welt der Schlösser und des Geldes, der erlesenen Weine und des guten Essens hineingeboren worden. Außerdem verfügte er über ein Gehirn, das in späteren Jahren die Details eines Abkommens über das Verbot von Kernwaffenversuchen in einem Drittel der Zeit aufnehmen konnte, die Róger Danchin dazu gebraucht hätte. Mit den Ländereien und Weingärten der Familie im Rücken hätte Blanc, der aus der Auvergne kam, in seinem Leben nicht einen Tag zu arbeiten brauchen. Er verwarf aber den Gedanken an ein Leben im Müßiggang und stürzte sich statt dessen in fieberhafte Arbeit.

Er war ein Mann von ungeheurer Vitalität und gewaltiger Arbeitslust. Mit der Zeit wurde er eine der Schlüsselfiguren im Kabinett Florian, der Mann, den Botschafter fremder Länder in aller Stille konsultierten, wenn sie an Florian nicht herankamen. Er war einer der Männer mit dem ›X‹, dem Zeichen, das das Wappen der École Polytechnique (zwei gekreuzte Kanonen) symbolisiert; an dieser Hochschule, an der Geld kein Ersatz für Gehirn ist, hatte er seine Studien als einer der fünf Besten seines Jahrgangs abgeschlossen. Sein enger Freund Guy Florian hatte seine Examina als Bester einer Reihe brillanter Männer absolviert. Jahre später, nachdem er sich in der französischen Politik fest etabliert hatte, war es Alain Blanc, der geschickte Manipulator, der Florians Aufstieg ins Präsidentenamt vorbereitete und steuerte.

Der über einsfünfundachtzig große, vierundfünfzig Jahre alte ehemalige Fallschirmspringer Blanc war schwer gebaut; er hatte ein breites Gesicht und gelichtetes Haar; er hatte den Kopf eines Kapuzinermönchs. Als Mann mit einer starken Persönlichkeit stand er in dem Ruf, mit seiner Herzlichkeit und seiner jovialen Aggressivität jeden auf seine Seite bringen zu können. Vor allem Frauen fanden ihn attraktiv – er war so lebhaft. »Er nimmt sich selbst nicht ernst«, bemerkte seine Geliebte, Gisèle Manton, einmal, »aber dafür nimmt er Frauen ernst – oder gibt es jedenfalls vor . . .«

Seine Beziehungen zu Marc Grelle waren vorzüglich: Der Präfekt verstand den Verteidigungsminister und ließ sich von Blanc nie überrumpeln. Wenn sie argumentierten, was oft vorkam, geschah dies mit einer wilden Lust am Wortwechsel, und Blanc wußte, wann er geschlagen war. »Das Schlimme an Ihnen ist, Grelle«, sagte er einmal dem Präfekten, »daß Sie nichts von Politikern halten . . .«

»Tut das überhaupt jemand?« erwiderte Grelle.

Blanc suchte den Präfekten am Nachmittag auf, kurz nachdem Grelle von seiner Unterhaltung mit Danchin zurückgekehrt war. Es war typisch für Blanc, daß er mit seinem Lamborghini zur Präfektur fuhr, statt Grelle zu sich ins Ministerium kommen zu lassen, und noch typischer war, daß er auf der Treppe mit Grelles Sekretärin flirtete. »Ich werde Sie entführen müssen, Viviane«, sagte er dem Mädchen. »Für Polizisten sind Sie viel zu appetitlich!« Er stürmte ins Büro des Präfekten und lächelte breit, als sie sich die Hand gaben. »Welche politischen Implikationen hat dieser Attentatsversuch?« fragte er und machte es sich in einem Sessel bequem. Die Beine legte er auf die Armlehne.

»Wir hätten beinahe einen Präsidenten verloren«, erwiderte Grelle.

»Ich spreche von dieser Lucie Devaud«, sagte Blanc barsch. »Wenn bewiesen werden kann, daß sie den Präsidenten gekannt hat – wenn auch nur flüchtig –, dann wird die Presse uns zerfetzen. Kann sie das?«

»Da fragen Sie besser den Präsidenten . . .«

»Das habe ich. Er sagt, er habe sie noch nie gesehen. Er könnte sich aber irren. Der Himmel weiß, wie viele Menschen er im Lauf der Jahre kennengelernt hat – oder denen er kurz begegnet ist. Was ich sagen möchte: Wenn Ihre Ermittlungen eine Verbindung ergeben, würden Sie mich dann bitte informieren?«

»Selbstverständlich . . .«

Kurz darauf verließ Blanc das Büro. Grelle lächelte grimmig, als er vom Fenster aus sah, wie der Wagen mit überhöhter Geschwindigkeit auf das rechte Seine-Ufer zufuhr. Eigentlich durfte alles, was ans Licht kam, nur seinem Chef, Roger Danchin, berichtet werden, aber jedermann wußte, daß Blanc Auge und Ohr von Florian war, der Mann, der ein Problem löste, wenn eins auftauchte. Boisseau, der das Büro betreten hatte, als Blanc es verließ, sah dem Wagen nach. »Es ist unmöglich, einen solchen Mann zu verdächtigen«, bemerkte er.

»Wenn der Leopard existiert«, erwiderte Grelle, »dann nur deshalb, weil er eine Position erreicht hat, welche die Leute dazu bringt zu sagen: ›Es ist eigentlich unmöglich, einen solchen Mann zu verdächtigen . . .‹«

Eine 9-mm-Luger-Pistole, ein Fernglas, drei gefälschte Führerscheine und drei Sätze gefälschter französischer Ausweispapiere – für jeden Angehörigen des sowjetischen Kommandos eine komplette Ausstattung mit Papieren. Walther Brunner, das zweite Mitglied des Teams, saß allein in der Hütte am Rande der Rennstrecke. Er hatte eine französische Brille auf, als er die Ausweise prüfte. Die Ausrüstung, die sie mitnehmen würden, war weiß Gott dürftig, aber dafür waren auch die Zeiten längst vorbei, in denen sowjetische Kommandos mit exotischen Waffen wie etwa Pistolen mit Zyanidkugeln, die wie Zigarettenschachteln aussahen, in den Westen reisten. Das Handwerk des diskreten Mordens war inzwischen erheblich verfeinert worden.

Brunner, in Karlsbad, dem heutigen Karlovy Vary, geboren, war vierzig Jahre alt; er war der älteste der drei Männer und hatte gehofft, die Führung übernehmen zu können, bis Borisov sich für Karel Vanek entschieden hatte. Er war kleiner als Vanek und schwerer gebaut und besaß ein weniger sprunghaftes Temperament; er war rundköpfig und würde bald kahl sein. Er glaubte zu wissen, daß es seine äußere Erscheinung gewesen war, die Borisov veranlaßt hatte, dem jüngeren Mann den Vorzug zu geben. Immerhin rangierte er als Nummer zwei des Kommandos, als Stellvertreter Vaneks. Wenn diesem etwas zustoßen sollte, solange sie im Westen waren, würde Brunner die Führung übernehmen. Seltsamerweise spielt die Rangordnung in kommunistischen Kreisen eine wichtige Rolle.

Brunner war der Planer des Kommandos, der Mann, der die Reisewege und Zeitpläne – und Fluchtwege – ausarbeitete, bevor die eigentliche Mission begann, der Mann, der die gefälschten Papiere besorgt hatte und der später am Bestimmungsort entscheiden sollte, welche Art ›Unfall‹ inszeniert werden sollte. »Man muß immer drei verschiedene Pläne parat haben«, sagte Brunner gern. »Wenn man an Ort und Stelle ist, sucht man sich den geeignetsten aus . . .« Sein Lieblingsgetränk war Bier, und anders als Vanek hielt er Frauen für eine gefährliche Ablenkung. Sein auffallendstes Merkmal waren seine großen Hände, ›Würgerhände‹, wie Vanek sie grob nannte. Diese Kennzeichnung war nicht ganz ungerechtfertigt; wenn Oberst Lasalle im Bad würde sterben müssen, würde Brunner das erledigen.

Dies war der Schwerpunkt der Ausbildung an der verlassenen Rennstrecke außerhalb der mittelalterlichen Stadt Tábor; hier vervollkommneten die drei Tschechen des Kommandos ihre Fähigkeit, ›Unfalltod‹ zu arrangieren. Das Überfahren eines Menschen mit dem Wagen war Borisovs bevorzugte Methode. Die in einem separaten Bau untergebrachte Forschungsabteilung, die eng mit dem Kommando zusammenarbeitete, hatte die Statistiken untersucht: In Westeuropa war der Tod durch Verkehrsunfall die häufigste ›unnatürliche‹ Todesursache. An zweiter Stelle standen tödliche Unfälle im Haushalt. Daher Brunners besonderes Interesse für Ertrinken im Bad, das in einem dritten Bau an lebenden ›Modellen‹ geübt worden war. Es ist eine im Westen weithin unbekannte Tatsache, daß kein Mordkommando das von den Sowjets kontrollierte Territorium ohne ausdrückliche Billigung durch drei Mitglieder des Politbüros in Moskau verläßt. Diese drei Männer entscheiden allein. Selbst 1956 – als das Kommissariat für Staatssicherheit auf dem Gipfel seiner Macht stand – mußte das nach Westberlin entsandte Kommando, das Dr. Linske entführen (oder notfalls töten) sollte, von drei Politbüromitgliedern genehmigt werden (eines davon war Molotov).

Der Grund für diese Politik ist einleuchtend. Wenn die Aktionen irgendeines Kommandos bekannt werden, wird das internationale Ansehen der Sowjetunion befleckt – denn im Westen weiß die Öffentlichkeit, daß in der Sowjetunion nichts gegen den Willen der Regierung geschieht. Das Politbüro ist sich dieser Tatsache bewußt, so daß ein Mordkommando nur dann auf die Reise geschickt wird, wenn es keine andere Möglichkeit gibt, ein

Problem zu lösen. Vaneks Kommando war vom Generalsekretär der KPdSU sowie zwei weiteren Mitgliedern des Politbüros gebilligt worden; jetzt wartete es nur noch auf grünes Licht. Die Männer würden mit französischen Papieren reisen, die in der Bundesrepublik jeder Prüfung standhalten konnten. Brunner hatte gerade seine Inspektion der Ausweise und Pässe beendet, als Borisov mit der Nachricht die Hütte betrat.

»Die Hinrichtung Lasalles ist verschoben worden . . .«

»Verdammt!« Brunner war wütend. »Und das, wo wir gerade in bester Form sind . . .«

»Haben Sie Geduld, Sie hitziger Tscheche«, sagte Borisov. »Sie müssen jederzeit auf ein neues Signal gefaßt sein. Es kann sein, daß Sie jeden Augenblick losfahren müssen.«

5

Am Montagmorgen, dem 13. Dezember, an dem Marc Grelle das
Fernschreiben aus Guyana mit Informationen über Gaston Martin erhielt, flog Alan Lennox nach Brüssel. Die Maschine der Sa-
bena mit der Flugnummer 602 landete um 10.30 Uhr in der belgischen Hauptstadt. Von Heathrow aus hatte Lennox seine Assistentin in London angerufen und gesagt, es habe ihn eine dringende Anfrage vom Kontinent erreicht und er fliege jetzt los, um
die Einzelheiten des Vertrags zu besprechen. Während des kurzen Gesprächs erwähnte er beiläufig, er fliege nach Dänemark.
»Wann werden Sie zurück sein, wenn überhaupt?« hatte Miß
Thompson munter gefragt.

»Wenn sie mich sehen, bin ich wieder da . . .«

Jetzt ist es Zeit, den Laden zu verkaufen, dachte Lennox, als er
an Bord der Maschine ging. Er hatte das Unternehmen so gut organisiert, daß er ihm jetzt über längere Zeit fernbleiben konnte.
Der Apparat lief von allein. Damit habe ich mich wieder einmal
um einen Job gebracht, sagte er sich, während die Boeing 707 die
Wolkendecke durchbrach und in einen strahlend blauen Himmel hineinflog, der immer da war, selbst über England – wenn
seine Bewohner ihn nur sehen könnten. Der Hinweis auf Dänemark war eine Vorsichtsmaßnahme gewesen; wenn jemand im
Büro nach ihm fragte, würde Miß Thompson den Mund halten;
wenn aber ein besonders cleverer Besucher sie einwickeln würde, sollte man ihn ruhig in Kopenhagen suchen. Am Brüsseler
Flughafen mietete er sich einen Mercedes 230 SL. Man bot ihm
einen cremefarbenen Wagen an, aber er entschied sich für einen
schwarzen; Schwarz ist unauffälliger, weniger leicht zu verfolgen. Lennox fuhr zunächst nach Lüttich und sah oft in den Rück-
spiegel. Er wollte sichergehen, daß ihm kein Wagen oder Laster
folgte. Das war zwar wenig wahrscheinlich, aber nicht ausge-
schlossen. Es konnte sein, daß David Nash seit seinem Spaziergang vom Ritz zu Lennox' Wohnung verfolgt wurde, und daß
der Verfolger sich nunmehr dem Mann zugewandt hatte, um
dessentwillen Nash einen Flug über den Atlantik auf sich genommen hatte.

In Lüttich, wo Nash nur drei Tage vorher zweimal mit Peter Lanz vom BND zusammengetroffen war, ergriff Lennox eine weitere Vorsichtsmaßnahme. Er fuhr zur Niederlassung von Hertz und erfand eine Beschwerde über den Mercedes, den er gegen einen blauen Citroën DS 21 eintauschte, seine Lieblingsmarke. Danach fuhr er in südöstlicher Richtung weiter, auf die Ardennen zu. Das war nicht der direkte Weg nach Deutschland. Mitunter ist es möglich, einen Mann auch aus der Ferne zu verfolgen – man beobachtet die Strecke, die er fährt und telefoniert dann voraus zum nächsten Posten. Dazu braucht man eine ganze Reihe von Männern, aber bei der letzten Zählung hatte Lennox erfahren, daß die Sûreté in Belgien mehr als einhundert Agenten unterhielt. Wenn die von Lüttich wegführenden Hauptstraßen jetzt auf einen schwarzen Mercedes hin überwacht wurden, würden die Beobachter wohl kaum von einem blauen Citroën Notiz nehmen.

Lennox aß während der Fahrt ein Sandwich, um keine Zeit zu verlieren. Bei der Ankunft in Saarbrücken setzte ein Wolkenbruch ein. Die Scheibenwischer kämpften vergeblich gegen den strömenden Regen an, während Lennox sich durch den Verkehr quälte. Der Regen schlug gegen die Scheiben und trommelte aufs Wagendach, während er seine Suche nach dem Hauptpostamt fortsetzte. Wenn man auf dem Kontinent telefonieren und nicht abgehört werden will, ruft man am besten von einem Postamt an.

Lennox betrat eine Zelle im Postamt und wählte die Nummer von Oberst Lasalle, die Nash ihm gegeben hatte. Als Lennox nach dem Oberst fragte, sagte der Mann am anderen Ende der Leitung auf französisch, er werde die Nachricht überbringen.

»Das werden Sie lassen«, bellte Lennox. »Verbinden Sie mich mit dem Oberst. Hier ist Edmond . . .«

»Welcher Edmond?«

»Nur Edmond. Und beeilen Sie sich. Er erwartet den Anruf.« Der Mann am anderen Ende – wahrscheinlich Hauptmann Paul Moreau, den Nash als Lasalles Assistenten erwähnt hatte, wußte offensichtlich nicht alles über die Arbeit des Obersten, was durchaus beruhigend war. Das ließ den Schluß zu, daß der Ex-Chef der militärischen Abwehr seine Fähigkeiten nicht verloren hatte. Der Codename Edmond, den Nash bestimmt hatte, brachte die Verbindung mit Lasalle. Der Franzose sagte, Lennox könne sofort kommen. »Ich werde auf Sie warten«, sagte er kühl und legte auf. Kein überflüssiges Wort, keine Fragen. Die Stimme hatte scharf und entschlossen geklungen.

Lennox brauchte eine Stunde, um in dem strömenden Regen den Weg zu dem abgelegenen Bauernhaus zu finden. Es war bereits dunkel, als die Scheinwerfer des Wagens ein altes Gartenhaus neben einem geschlossenen Tor erfaßten. Im Gartenhaus hatte Licht gebrannt, als Lennox es zuerst gesehen hatte, aber jetzt war das Haus dunkel. Er ließ den Motor laufen und wartete, und als niemand erschien, stieg er vorsichtig aus. Er ging gerade an den Scheinwerfern vorbei, als ein Fensterladen mit einem Knall aufging. Aus der Öffnung ragte die Mündung einer Le Mat-Maschinenpistole.

»Bleiben Sie, wo Sie sind – im Scheinwerferlicht«, rief eine Stimme auf deutsch.

»Sie erwarten mich«, rief Lennox auf französisch zurück. »Ich habe Sie von Saarbrücken aus angerufen. Um Himmels willen, machen Sie doch das verdammte Tor auf, ich werde noch klatschnaß . . .«

»Kommen Sie herein, zu Fuß . . .« Die Stimme sprach jetzt französisch. »Kommen Sie durchs Tor . . .«

Lennox öffnete das Gartentor, ging zum Gartenhaus hinauf, faßte an die Tür, öffnete sie, trat ein und blieb stehen. Er sah sich einem Mann in Zivilkleidung gegenüber, der noch immer die Maschinenpistole in der Hand hielt, die er aus kürzester Entfernung auf den Bauch des Engländers richtete. Dieser Mensch mit dem wilden Schnurrbart und dem glatten Gesicht, ein Mann Ende der Vierzig, mußte Hauptmann Paul Moreau sein. »Ich bin Edmond«, sagte Lennox nach einem Augenblick. »Müssen Sie mit dem Ding unbedingt auf mich zielen?«

»Irgendeinen Ausweis – auf den Tisch . . .«

»Ob das dem Obersten gefallen wird?«

»Auf den Tisch damit . . .«

Lennox zog seinen Reisepaß vorsichtig aus der Innentasche seines tropfenden Regenmantels und warf ihn wie beiläufig auf den Tisch. Um mit der rechten Hand nach dem Dokument greifen zu können, mußte der Mann mit der Waffe sich den Schaft unter den linken Arm klemmen; als er dies tat, stieß Lennox schnell die Mündung zur Seite, packte den Lauf und entwand dem Mann die Maschinenpistole. »Ich weiß nicht, wer Sie sind«, versetzte er, als der Franzose das Gleichgewicht wiedergewann und ihn anstarrte, »aber Sie könnten jemand sein, der den echten Pförtner gerade außer Gefecht gesetzt hat . . .«

»Pförtner? Ich bin Hauptmann Moreau, der Assistent des Obersten.« Der Mann war außer sich vor Zorn und untersuchte den Paß weit gründlicher, als eigentlich notwendig gewesen wäre. »Sie könnten sich als toter Mann wiederfinden – so blödsinnige Risiken einzugehen«, brummte er.

»Weniger riskant, als sich an diesem gottverlassenen Ort einem Unbekannten mit einer Waffe in der Hand gegenüberzusehen.« Lennox bestand darauf, Moreaus Ausweis einzusehen, bevor er die Waffe zurückgab. Zuvor aber legte er das vorstehende Magazin parallel zum Lauf um und machte die Maschinenpistole so für den Augenblick unbrauchbar. Nachdem die Dokumente ausgetauscht worden waren, sagte der Franzose dem Engländer knapp, er solle den Wagen stehenlassen und zum Haus hinaufgehen. »Sie können mich mal«, erwiderte Lennox nur. Er ging hinaus, stieg in den Wagen und fuhr durchs Tor auf das Haus zu. Als Lennox das Gartenhaus verlassen hatte, griff Moreau zu einem Telefon an der Wand, wohl um den Obersten anzurufen. Als Lennox langsam eine lange, geschwungene Auffahrt hinauffuhr, sah er, wie vernachlässigt das Anwesen war. Nasses Buschwerk, das im Scheinwerferlicht glänzte, war auf den Weg hinausgewuchert und an einigen Stellen fast zusammengewachsen, so daß der Wagen auf der Fahrt zu Lasalles Zufluchtsort das Gestrüpp streifte. Das Bauernhaus, ein langes, zweigeschossiges Gebäude, das hinter einer Biegung auftauchte, befand sich in einem ähnlich schlechten Zustand. Es war lange nicht gestrichen worden, Dachziegel fehlten. Es sah kaum bewohnbar aus. Geldmangel, vermutete Lennox: Geflüchtete Obersten sitzen selten auf fetten Banknoten.

Oberst René Lasalle begrüßte ihn an der Eingangstür. Der Franzose verschloß und verriegelte die schwere Tür, bevor er seinem Gast in ein großes, mit altmodischen Möbeln überladenes Wohnzimmer voranging. In der Halle hatte Lennox an der Tür neue, moderne Sicherheitsschlösser bemerkt. Der Oberst war in Deutschland zwar theoretisch sicher, hatte sich aber in einer kleinen Festung verbarrikadiert.

»Sie werden eines Tages kommen, um mich zu holen«, bemerkte Lasalle kurz. »Schäbige, kleine, korsische Banditen mit

Messern im Gürtel. Vielleicht werden sie versuchen, mich zu entführen – vielleicht werden sie kommen, um mich zu töten. Aber sie werden kommen.«

Der einarmige Oberst, dessen linker Ärmel wie der gebrochene Flügel eines Vogels flatterte, war klein und zierlich. Als er von einem Buffet Drinks holte, bewegte er sich mit elastischen Schritten. Lennox gewann augenblicklich den Eindruck von gewaltiger Energie, einer willensstarken Persönlichkeit, die wohl jede beliebige Gruppe von Menschen, der sie angehörte, beherrschen würde. Der fünfundfünfzigjährige Lasalle hatte scharfe, hagere Gesichtszüge und große, ruhelose Augen. Sein dünner Schnurrbart war kaum mehr als ein Strich. Er hatte noch immer volles, dunkles Haar. Sein auffälligstes Merkmal war seine Hakennase. In gewisser Weise erinnerte er Lennox an eine Miniaturausgabe von Charles de Gaulle. Der Oberst reichte ihm eine gutgefüllte Cognactulpe und hob sein Glas. »Auf die Vernichtung von Frankreichs Feinden!«

»Darauf trinke ich mit . . .« Lennox behielt den Obersten sorgfältig im Auge. »Wer immer sie sein mögen.«

»Die sowjetische Clique in Paris – angeführt vom Leoparden. Aber zuerst muß ich etwas über Sie erfahren, über Ihre Vergangenheit, Ihren Hintergrund . . .«

Fünfzehn Minuten lang verhörte er den Engländer nach allen Regeln der Kunst. Es war die ausgeklügeltste und durchdringendste Vernehmung, die Lennox je erlebt hatte. Der Franzose stellte Fangfragen, bohrte nach, sprang mit den Fragen vor und zurück, wobei er die Daten aus Lennox' Leben in sich aufnahm und immer weiter vordrang. »Sie haben Marc Grelle kennengelernt?« fragte er zu einem Zeitpunkt. »Dann sind Sie also ein persönlicher Freund des Polizeipräfekten?« Lennox versicherte ihm, daß dem nicht so sei, daß sie sich nur einmal begegnet seien, in Marseille, und sich nur eine Stunde unterhalten hätten, nämlich bei der Planung einer Abwehraktion gegen Terroristen. Am Ende der fünfzehn Minuten erklärte Lasalle, das genüge. »Sie können für mich nach Frankreich gehen«, sagte er im Ton eines Mannes, der eine hohe Auszeichnung verleiht.

»Ich freue mich, daß ich den Test bestanden habe«, erwiderte Lennox ironisch, »aber Ihnen ist vielleicht nicht klar, daß ich noch nicht weiß, was ich von Ihnen halten soll . . .«

»Ist das notwendig?«

»Das ist unerläßlich. Verstehen Sie – ich bin derjenige, der den Kopf auf den Richtblock legen soll . . .«

Léon Jouvel. Robert Philip. Dieter Wohl.

Dies waren die Namen der drei Zeugen, wie Lasalle sie beharrlich nannte. Diese drei Männer sollte Lennox besuchen und diskret befragen. »Ich bin überzeugt, daß einer dieser drei Männer – die während des Krieges alle mit dem Leoparden zu tun gehabt haben – Ihnen etwas sagen kann, was uns zu dem heutigen kommunistischen Agenten in Paris führen wird«, sagte der Franzose mit Nachdruck. »Jedenfalls sind sie, soweit mir bekannt, die einzigen Überlebenden, abgesehen von Annette Devaud – und die ist blind . . .«

»Devaud?« hakte Lennox nach. »Das war der Name der Frau, die Florian erschießen wollte . . .«

»Der Name ist nicht selten.« Lasalle zuckte die Achseln und machte eine ungeduldige Bewegung mit der rechten Hand. »Ich sehe keinen Grund, da eine Verbindung zu vermuten. Und Annette Devaud, die jetzt über siebzig sein muß, ist seit Ende des Krieges blind. Eine blinde Person kann niemanden mit Sicherheit identifizieren. Also . . .«

Es hatte vor achtzehn Monaten begonnen – ein Jahr vor der stürmischen Auseinandersetzung mit Präsident Florian, die mit der Flucht des Obersten aus Frankreich geendet hatte. Lasalle beschäftigte sich gerade damit, einen kommunistischen Agenten zu verhören, der in einer französischen Armeekaserne in der Nähe von Marseille Zuflucht gesucht hatte. »In der Gegend wimmelte es von diesem Ungeziefer«, bemerkte der Oberst. Lennox erfuhr, daß der Vernehmung eine ›physische Sitzung‹ vorausgegangen war, bei der man den Mann namens Favel zu einem stöhnenden Wrack zugerichtet hatte. »Beim Versuch, aus der Kaserne zu fliehen«, erklärte Lasalle, »hätte er versehentlich einen Sergeanten erschossen. Die Männer, die ihn vor mir vernahmen, waren die Freunde des Sergeanten. Folglich . . .«

Eine Stunde nach Beginn der Vernehmung Favels durch Lasalle, kurz vor Mitternacht, hatte Favel begonnen, sich über die Résistance der Kriegszeit zu verbreiten. Zunächst hatte Lasalle das für einen Trick gehalten, mit dem Favel das Verhör in andere Bahnen lenken wollte; später wurde sein Interesse geweckt, als Favel wiederholt den Namen des Leoparden nannte. Mit Unterbrechungen – das Verhör dauerte schon über zwölf Stunden – hatte der gebrochene Mann dann eine seltsame Geschichte von einem Mann erzählt, der eines Tages von den Toten auferstehen werde, um Frankreich von dem kapitalistischen Joch zu befreien. Dieser Mann sei tatsächlich schon auferstanden und bewege sich auf den Straßen von Paris.

»Lange Zeit erschien mir das als völliger Unsinn«, erklärte Lasalle. »Ich glaubte, es mit einem religiösen Eiferer zu tun zu haben – merkwürdig bei einem überzeugten Kommunisten –, und dann sagte er mir, er habe sich in der Kaserne versteckt . . .«

»Versteckt?« fragte Lennox.

»Er hatte sich vor seinen eigenen Leuten versteckt«, sagte Lasalle ungeduldig. »Ich hatte die Sache falsch verstanden – er spionierte nicht für die kommunistische Zelle in Marseille, sondern floh vor seinen eigenen Leuten. Und welches Versteck ist besser geeignet als eine Kaserne – so muß er wohl gedacht haben. Sie waren hinter ihm her und wollten ihn töten – ich glaube, weil er zuviel wußte.«

»Aber wußte er wirklich etwas?«

»Er sagte, er spreche nicht von einem gewöhnlichen Spion – nicht von einem dieser Beamten, die im Dunkel der Nacht geheime Dokumente fotografieren oder Mikrofilme in Zigarren übergeben und solche absurden Dinge treiben. Nein, Favel sprach von einem hochgestellten Mandarin nahe dem Zentrum der Macht. Von einem Mann, der jahrelang gewartet und beharrlich an seinem Aufstieg gearbeitet hat – ohne auch nur einen einzigen Kontakt zu irgendeiner kommunistischen Organisation. Das ist das Geniale an dem Plan – wenn er keine Kontakte zu Kommunisten hat, kann man ihn nicht aufspüren.«

»Hat Favel den Namen des Mannes genannt?«

Lasalle machte eine resignierende Handbewegung. »Er wußte nicht, wer es ist – nur, daß es ihn gibt. Was mich schließlich überzeugte, war eine Tragödie. Am Tag nach meinem Verhör brach Favel aus der Kaserne aus – vierundzwanzig Stunden später fand man ihn mit gebrochenem Genick am Fuß eines Felsens.«

»Seine sogenannten Freunde haben ihn erwischt?«

»Ich bin davon überzeugt«, erwiderte Lasalle. »Ich begann auf eigene Faust mit Nachforschungen, und schließlich hatte ich diese drei Namen auf der Liste beisammen. Ich habe einen der Männer besucht – Léon Jouvel in Straßburg –, aber ich habe das

Gefühl, daß meine Position ihn erschreckte. Ich ging mit dem Gefühl weg, daß er etwas weiß. Kurz darauf hatte ich meinen großen Zusammenstoß mit Florian und mußte aus meinem eigenen Land fliehen . . .«

Lennox stellte weitere Fragen. Sowohl Jouvel wie Philip, die beiden Franzosen auf der Liste der Zeugen, lebten im Elsaß. Ein Zufall? »Keineswegs«, erklärte Lasalle. »Der Leopard arbeitete in seiner Résistance-Gruppe am liebsten mit Elsässern zusammen. Er hielt sie für zuverlässiger als die mehr zum Aufbrausen neigenden Leute aus dem Süden.« Der Oberst lächelte sarkastisch. »Er ist wohl in allem Realist, glaube ich.«

»Aber der Leopard ist tot«, betonte Lennox. »Er ist 1944 in Lyon gestorben . . .«

»Das ist gerade das Schlaue an der ganzen Sache. Begreifen Sie nicht?«

»Offen gestanden nein«, erwiderte Lennox.

»Der Mann braucht für die wenigen Gelegenheiten, bei denen in sowjetischen Kreisen von ihm die Rede ist, einen Codenamen. Also haben sie ihm den Namen eines Menschen gegeben, den alle Welt für tot hält. Wie reagiert man unwillkürlich, wenn der Name fällt? Es muß Nonsens sein. Er ist ja tot! Mein Gott, wie haben Sie denn selbst reagiert?«

»Ich verstehe, was Sie meinen«, sagte Lennox langsam. »Sie wollen also sagen, es gibt . . .«

»Einen zweiten Leoparden – der irgendwie mit der Résistance-Gruppe des Leoparden zu tun gehabt hat. Diesem unbekannten Mann muß es leicht eingefallen sein, diesen Namen zu benutzen – wenn es so ist, daß er früher mit dem Mann zusammengearbeitet hat, dessen Namen er gestohlen hat. Einer dieser drei Zeugen auf dieser Liste sollte in der Lage sein, das Rätsel zu lösen . . .«

»Wer ist Dieter Wohl?« wollte Lennox wissen. »Wie ich sehe, lebt er heute in Freiburg. Er ist natürlich Deutscher?«

»Dieter Wohl war der Abwehroffizier, der den Leoparden während des Krieges aufzuspüren versuchte. Er wußte eine Menge über die Résistance im Lozère . . .«

Lasalle hatte mehr als einmal daran gedacht, selbst mit Dieter Wohl Kontakt aufzunehmen; es war dem Obersten zwar nicht möglich, nach Frankreich zu fahren, um die beiden Elsässer zu befragen, aber nach Freiburg hätte er ohne weiteres reisen kön-

nen. Er hatte den Gedanken aber verworfen, denn der BND
hätte von dem Besuch erfahren können. »Sie hätten mir Einmischung in die inneren Angelegenheiten der Bundesrepublik
vorwerfen können«, bemerkte er. »Ich kann es mir zum gegenwärtigen Zeitpunkt nicht leisten, aus Deutschland hinausge-
worfen zu werden. So, bitte, beantworten Sie mir jetzt eine Frage. Da Sie jetzt diese Namen und Adressen haben – werden Sie
nach Frankreich fahren?«

»Ja.«

Während Lennox in der Nähe von Saarbrücken mit Oberst Lasalle sprach, kam Marc Grelle rund dreihundert Kilometer weiter westlich, in Paris, gerade vor der amerikanischen Botschaft in
der Avenue Gabriel an. Punkt 18 Uhr ging er durch das
Einfahrtstor. Er war sich wohl bewußt, daß er in diesem Augenblick von Agenten der Direction de la Surveillance du Territoire –
der politischen Abwehr – fotografiert wurde. Er wußte sogar, wo
die Kamera mit dem Weitwinkelobjektiv versteckt war: im Innern des blauen Berliet-Lastwagens, der gegenüber der Botschaft am Bordstein geparkt war. In der Nähe des Lastwagens
gingen uniformierte Polizeibeamte auf und ab. Sie erweckten
den Eindruck einer Polizeireserve, die sich für den Bedarfsfall
bereit hielt. Am folgenden Morgen würde das Foto auf dem
Schreibtisch des Innenministers liegen. Dem Abzug würde ein
Formular mit den notwendigen Angaben beigeheftet sein. *18.00
Uhr. Besucher: Marc Grelle, Polizeipräfekt von Paris.* Man würde
auch genau vermerken, wann er die Botschaft verließ.

Grelle betrat das Botschaftsgebäude und trug sich ins Gäste-
buch ein. Anschließend ging er die Treppe hinauf, wo ihm ein
Mädchen mit texanischem Akzent den Regenmantel abnahm.
»Ich bin einmal in Dallas gewesen«, sagte er zu dem Mädchen,
»an dem Tag, an dem Präsident Kennedy ermordet wurde.« Er
betrat den großen Saal mit den Fenstern zum Place de la Concorde, in dem der Empfang gegeben wurde. Stimmengewirr und
blendendes Licht erfüllten den Raum. Man hatte die Vorhänge
zugezogen, wohl um den Raum gegen die aufdringliche Kame-
ralinse in dem Berliet-Laster abzuschirmen. Grelle hielt sich am
Rand der Menschenmenge, orientierte sich und achtete darauf,
wer anwesend war.

»Inzwischen muß Ihr Computergehirn wohl alle Gäste registriert haben«, meinte eine Stimme hinter ihm, »warum gehen wir also nicht in die Bibliothek, wo die wirklich guten Sachen stehen?« David Nash grinste und gab dem Präfekten die Hand, als dieser sich umdrehte. »Ich mußte ohnehin nach Paris, also . . .«

»Dachten Sie, wir könnten ein bißchen plaudern? Oder sind Sie nur nach Paris gekommen, um mich zu sprechen?« fragte Grelle auf englisch.

»Sie mit Ihrem Polizistengehirn!« Nash ging vor, verließ den Empfangssaal, überquerte den Korridor und betrat einen Raum mit Bücherwänden. Er schloß die Tür und drehte den Schlüssel herum, der bereits auf der Innenseite steckte. »Jetzt bleiben wir ungestört . . .« Nash goß einen großen Scotch ein und reichte dem Präfekten das Glas. Er führte ihn zu einem Lehnsessel und setzte sich auf die Lehne eines anderen Sessels. Er hob sein Glas. »Auf Frankreich. Möge es ewig leben, einschließlich der nächsten zwei Monate . . .«

»Warum sollte es nicht?« Grelle betrachtete den Amerikaner über den Rand seines Glases hinweg. »Oder ist das ein Staatsgeheimnis? Ich nehme an, daß Sie noch immer denselben Posten haben wie bei unserer letzten Begegnung?«

»Denselben Posten.« Nash beugte sich vor und sprach mit leiser Stimme weiter. »Ich komme als Freund und nicht als Beauftragter meiner Regierung. Auch als Freund Frankreichs. Marc, haben Sie jemals vom Leoparden gehört?«

Grelle war sich bewußt, daß Nash ihn fixierte; er nippte ruhig an seinem Scotch und verzog keine Miene. Er wischte sich die Lippen mit einem seidenen Taschentuch ab, bevor er antwortete. »Vom Leoparden? Das ist ein Tier mit geflecktem Fell, das gefährlich sein kann . . .«

»Dieser Leopard ist gefährlich«, stimmte der Amerikaner zu. »Er sitzt an einem Schreibtisch der Regierung, keine zwei Kilometer von hier entfernt. Ich muß Ihnen eine Geschichte erzählen . . .« Nash erzählte die Geschichte gut – von einem russischen Überläufer, der erst vor einer Woche in New York angekommen sei, den man vom Kennedy Airport sofort zu einem geheimen Lager in den Adirondacks gefahren habe, wo er – Nash – den Mann persönlich vernommen habe. Am folgenden Morgen – noch bevor die Vernehmung habe zu Ende geführt werden können – sei der Russe von einem Heckenschützen erschossen worden, der ein Gewehr mit Zielfernrohr gehabt habe. »Es passierte, als ich neben ihm ging«, fuhr der Amerikaner fort. »Erst ging er neben mir, und im nächsten Moment lag er mit einer Kugel im Schädel auf der Straße . . .«

Grelle nippte weiter an seinem Scotch und hörte mit demselben ausdruckslosen Gesicht zu, als der Amerikaner berichtete, wie der hochgestellte Russe ihm von einem französischen Agenten der Kommunisten erzählt habe – der unter dem Namen des Résistance-Führers Leopard operiere. Dieser Mann habe sich mehr als dreißig Jahre lang emporgearbeitet und sei jetzt einer der drei führenden Männer Frankreichs. »Jeder ihrer wichtigsten Minister könnte der Leopard sein«, schloß Nash. »Roger Danchin, Alain Blanc . . .«

Grelle trank den Rest seines Whiskys mit zwei Schlucken aus, stellte das leere Glas auf den Tisch und erhob sich. Seine Stimme war klar und kühl. »Die amerikanische Regierung ist in jüngster Zeit schon absurd weit gegangen, um unseren Präsidenten zu diffamieren, aber was Sie jetzt unterstellen, ist unglaublich . . .«

Nash erhob sich aus seinem Stuhl. »Marc, Sie brauchen nicht aus der Haut zu fahren . . .«

»Ihre sogenannte Geschichte ist von Anfang bis Ende ein einziges Lügengewebe«, fuhr Grelle eisig fort. »Sie versuchen offensichtlich, ein erlogenes Gerücht zu verbreiten, in der Hoffnung, es möge unserem Präsidenten schaden, nur weil Ihnen seine Reden nicht gefallen . . .«

»Marc«, warf Nash ruhig ein. »Ich sage Ihnen jetzt, daß Sie der einzige Mensch in dieser Botschaft sind, der zu hören bekommt, was ich soeben erzählt habe . . .«

»Warum?« fuhr Grelle fort.

»Weil Sie der einzige Franzose sind, dem ich dieses Geheimnis wirklich anvertrauen kann – Sie sind der einzige Verbindungsmann, den ich habe warnen wollen. Nur deshalb bin ich hier. Ich möchte Sie bitten, auf der Hut zu sein – außerdem haben Sie Mittel und Wege, meine Angaben zu prüfen, Mittel, die wir nicht einmal versuchsweise einsetzen könnten . . .«

»Sie würden sich eine blutige Nase holen, wenn Sie's versuchten!« Grelle bewegte sich mit hochrotem Gesicht auf die Tür zu. Dann schien er sich zu beruhigen und sprach mit dem Amerikaner einige Minuten über andere Dinge. Nachdem der Präfekt gegangen war, rekapitulierte Nash die Begegnung. Es war eine sehr geschliffene Vorstellung, sagte sich Nash: Zorn über die Unterstellung und dann ein kurzes Lösen der Spannung, um dem Amerikaner anzudeuten, daß sie auch künftig Freunde bleiben würden. Nash zündete sich eine Zigarette an und flanierte über den Flur zurück in den Empfangssaal. Er war mit dem Ergebnis seiner Reise nach Paris zufrieden. Trotz seines Aufbrausens würde Grelle der Sache nachgehen. Grelle war durch und durch Polizist. Grelle ging allem auf den Grund.

Um sich Zeit zum Nachdenken zu geben, fuhr Grelle in einem großen Bogen zur Präfektur zurück. Auf dem Weg dorthin kam er am Elysee-Palast vorbei. Vor der Einfahrt mußte er anhalten, während eine schwarze Zil-Limousine mit einem Fahrgast im Fond aus dem Hof des Palasts auf die Straße hinausfuhr. Leonid Vorin, der sowjetische Botschafter in Frankreich, fuhr nach einem seiner fast täglichen Besuche bei Guy Florian in seine Residenz zurück. Seitdem der Flug nach Moskau am 23. Dezember angekündigt worden war, hatte der sowjetische Botschafter sich oft mit dem Präsidenten beraten. Der schwarze Zil war auf dem Weg von der Botschaft in der Rue Grenelle zum Elysee und zurück oft gesehen worden. Leonid Vorin, klein und untersetzt, mit herabhängenden Mundwinkeln und einer randlosen Brille, saß im Fond und starrte nach vorn. Als der Wagen auf die Straße fuhr und in Richtung Madeleine davonfuhr, sah der Botschafter weder nach links noch nach rechts.

Der uniformierte Polizist, der Grelle angehalten hatte, salutierte und bedeutete ihm, weiterzufahren. Grelle fuhr fast automatisch. Ihm ging im Kopf herum, was Nash ihm erzählt hatte. Bis vor einer halben Stunde hatte sein Verdacht sich nur auf die eigenartige Geschichte Gaston Martins und auf den Bericht des Cayenner Polizeichefs stützen können. Das alles war zwar beunruhigend, aber keineswegs schlüssig bewiesen. Jetzt kam die gleiche Geschichte aus Washington. Bald würden die Gerüchte womöglich durch die Hauptstädte Europas schwirren. Wie Grelle später zu Boisseau sagte: »Ich glaube kein Wort von Nashs Märchen über einen russischen Überläufer – er hat seinen wirklichen Informanten geschützt –, aber dies ist eine Angelegenheit, der wir unter größter Geheimhaltung nachgehen müssen . . .«

Auf dem Pont Neuf herrschte dichter Verkehr. Auf seiner Weiterfahrt zur Ile de la Cité zitterte Grelle plötzlich; es war ein nervöses Zittern, das nichts mit der kalten Nachtluft zu tun hatte, die sich jetzt über Paris legte. Die Welt des Polizeipräfekten war plötzlich ins Schwanken gekommen wie tückischer Treibsand; darunter konnte alles mögliche verborgen liegen. »Roger Danchin . . . Alain Blanc . . .«, murmelte er vor sich hin. »Es ist undenkbar.«

Lennox verließ das abgelegene Bauernhaus etwa um die Zeit, zu der Grelle zur Präfektur zurückkehrte. Lennox fuhr jetzt durch dichte Regenschleier nach Saarbrücken zurück. In der Ferne grollte Donner durch die Nacht. Das Unwetter entsprach seiner Stimmung; auch er war durcheinander. An einem bestimmten Punkt der Unterhaltung hatte er den Obersten gefragt, wer die Liste mit Namen und Adressen getippt habe, die er jetzt in der Brieftasche trug. »Hauptmann Moreau, mein Assistent, natürlich«, hatte Lasalle erwidert. »Er ist der einzige Offizier gewesen, der Frankreich mit mir verlassen hat, und ich vertraue ihm vollkommen.«

»Sie haben ihm meinen wirklichen Namen aber erst kurz vor meiner Ankunft anvertraut«, hatte Lennox betont. »Als ich von Saarbrücken aus anrief, hatte er keine Ahnung, wer ich war . . .«

»Damit wollte ich Sie bis zu Ihrer Ankunft hier schützen. Ich habe Nash zu einer bestimmten Zeit in London angerufen, und er hat mir Ihren Namen gegeben, aber ich habe ihn Moreau vorenthalten. Wenn man meinen Assistenten während Ihrer Fahrt hierher gekidnappt hätte, hätte er sie selbst unter Druck nicht identifizieren können. Aus dem gleichen Grund weiß Moreau auch nicht, daß ich mit den Amerikanern in Verbindung stehe . . .«

Unter Druck . . . Lennox schnitt eine Grimasse, als er durch die regennasse Windschutzscheibe starrte. Was für ein Leben der Oberst seit seiner Flucht aus Frankreich führte! In einem deutschen Bauernhaus eingesperrt, am Tor bewacht von einem Mann mit Maschinenpistole, jederzeit darauf gefaßt, nachts von Eindringlingen überfallen zu werden, die mit Chloroform – oder einem etwas tödlicheren Stoff kommen könnten. Und morgen würde er, Lennox, selbst die Grenze zu Frankreich überschreiten – nach dem Treffen mit Peter Lanz vom BND.

Während Alan Lennox durch die Nacht zu einem Saarbrückener Hotel fuhr, war Marc Grelle von dem Empfang in der amerikanischen Botschaft in die Präfektur zurückgekehrt. Er widmete sich sofort den Papierstößen, die sich in seiner Abwesenheit angesammelt hatten. »Es gibt zu viele Schreibmaschinen in Paris«, brummte er, während er Schriftstücke Roger Danchins mit seiner Unterschrift versah und ein Sandwich aß, das ihm aus der nahegelegenen Brasserie gebracht worden war. Er wollte sein Büro gerade verlassen, als das Telefon läutete. »Scheiße!« murmelte er und nahm den Hörer ab. Es war Cassin, einer der Telefonisten im Sonderraum des Sûreté-Hauptquartiers.

»Von Hugon ist noch eine Meldung gekommen, Herr Präfekt.«

»Routine?«

»Nein. Da hat sich etwas entwickelt . . .«

Wieder fluchte Grelle in sich hinein. Am liebsten hätte er den Telefonisten gebeten, die Meldung am Telefon durchzugeben, aber das war unmöglich – er hatte selbst strikten Befehl gegeben, daß dies nie geschehen dürfe. Telefone lassen sich anzapfen: Man braucht nichts weiter als einen Fernmeldetechniker, der weiß, wie man einen privaten Anschluß abhört. Elektronische Wanzen sind dabei durchaus nicht nötig; das Anzapfen der richtigen Leitungen genügt. »Ich komme rüber«, sagte Grelle und legte auf.

Die Rush-hour war bereits vorüber, als er über regennasse Straßen fuhr, die im Schein der Straßenlaternen glänzten. Er bog in die Rue des Saussaies ein, in der die Zentrale der Sûreté einen Teil des riesigen Häuserblocks um das Innenministerium herum einnimmt. Er hielt kurz in der engen Straße, bis ein uniformierter Polizist die weiße Kette heruntergelassen hatte, und fuhr dann durch den Torbogen auf den Innenhof. Der Raum befand sich im vierten Stock. In dem düsteren Treppenhaus begegnete er zu dieser späten Stunde keiner Menschenseele. Er ging einen schwach beleuchteten Korridor hinunter und schloß die Tür mit seinem eigenen Schlüssel auf. Er machte die Tür zu und starrte Cassin an, der diese Nacht Dienst hatte. Der Raum roch nach Knoblauch. Der Telefonist hatte also gerade gegessen. Auf dem Tisch stand ein halbvolles Glas Rotwein, daneben das Tonbandgerät, das mit dem Telefon gekoppelt war. »Nun?« fragte der Präfekt.

»Hugon hat um 18.45 Uhr angerufen . . .« Cassin, ein magerer Mann von dreißig Jahren mit einem teigigen Gesicht, las in gelangweiltem Tonfall aus einem Notizbuch ab. »Ich habe die Meldung wie üblich aufgenommen. Sie ist auf Band.«

»Wie hat er geklungen?« Grelle quetschte sein Hinterteil auf die Tischecke. Er würde gleich hören, was Hugon gesagt hatte, aber eine Bandaufnahme entkleidet die Stimme eines Mannes jeglicher Emotion, glättet sie. Cassin hatte während der Aufnahme zugehört.

»Ein wenig nervös, aufgeregt – als hätte er nicht viel Zeit und Angst gehabt, gestört zu werden.«

»Das ist eine präzise Analyse.«

»Er wird etwas mit der Post schicken – eine Liste mit Namen und Adressen. Er wollte sie nicht telefonisch durchgeben. Sagte, das würde zu lange dauern . . .«

»Oder er war einfach nur vorsichtig«, meinte Grelle. »Hat er gesagt, wann er diese Liste abschickt?«

»Das hat er schon getan. Er rief vom Postamt aus an.«

»Sie sehen aus, als könnten Sie ein bißchen frische Luft vertragen, Cassin. Kommen Sie in fünfzehn Minuten wieder – ich bleibe hier und höre mir das Band an . . .«

Grelle hörte, wie der Telefonist von außen abschloß, dann setzte er sich auf einen Stuhl und zündete sich eine Zigarette an. Der Raum war schalldicht und wurde täglich auf Abhörgeräte untersucht. Man hatte jede Vorsichtsmaßnahme ergriffen, um Hugon zu schützen. Grelle drückte auf die Abspieltaste.

Das Band, das Cassins Gespräch mit Hugon aufgenommen hatte, lag abspielbereit in der Spule. Der Mann, dessen Stimme er gleich lauschen würde, hatte eine der Geheimnummern der Sûreté Nationale angerufen, die in keinem Telefonbuch stehen. Wenn jemand irrtümlich eine dieser Nummern wählte, ohne das korrekte Codewort zu nennen, meldete sich der Telefonist und sagte, hier sei die Vermittlung, der Anschluß bestehe nicht mehr. Das Tonbandgerät knackte.

»Welche Nummer haben Sie gewählt?« fragte Cassin.

»Hier Hugon. Ist dort das Polyphon-Institut? Gut, ich habe nicht viel Zeit . . .«

»Von wo rufen Sie an?«

»Vom Postamt Saarbrücken. Hören Sie, ich habe Ihnen doch gesagt . . .«

»Immer mit der Ruhe. Ich höre zu. Fangen Sie bloß nicht an zu stottern«, schnauzte Cassin.

Grelle war jetzt aufgestanden. Er lehnte sich gegen die Tischkante und sah zu, wie die Spulen sich langsam drehten. Er merkte sich jedes Wort, das das Tonbandgerät wiedergab. Cassin hatte recht gehabt: Hugons Aufregung war selbst aus dem Band herauszuhören.

»Der Oberst hat sich heute abend mit einem Engländer getroffen. Name Alan Lennox . . .« Hugon buchstabierte den Namen. »Fünfunddreißig, dunkelhaarig, glattrasiert, er trug . . .« Es folgte eine Beschreibung der Kleidung. »Sie haben im Bauernhaus miteinander gesprochen.«

»Wie ist dieser Lennox hingekommen? Mit einem Taxi? Im Wagen?«

»In seinem eigenen Wagen . . . Ich kann nicht lange hierbleiben. Es ist gefährlich, wie Sie wissen. Der Wagen war ein blauer Citroën DS 21. Kennzeichen BL 49120. Lennox war mit dem Obersten verabredet. Ich konnte zum Bauernhaus zurückgehen und ein paar Worte aufschnappen, aber es war gefährlich . . .«

»Das haben Sie schon gesagt. Wer ist dieser Lennox?«

»Ich habe keine Ahnung. Hören Sie auf, mich zu unterbrechen. Um Gottes willen, *hören Sie zu!* Als ich sie sprechen hörte, fragte Lennox gerade nach einem Mann, der der Leopard genannt wurde . . .«

Grelle erstarrte und schaltete das Tonbandgerät aus. Hugon hatte beim Drauflosplappern undeutlich gesprochen. Grelle ließ die Spule zurücklaufen und schaltete nochmals ein. Er hörte sorgfältig zu. Ja, tatsächlich, Hugon hatte ›der Leopard‹ gesagt. Das Band lief weiter.

». . . und da war noch etwas mit einer Liste von Zeugen. Ja, Zeugen. Wenn Sie mich nicht weitersprechen lassen, lege ich auf. Gestern morgen hat der Oberst mir eine Liste mit den Namen und Adressen von drei Männern diktiert. Ich glaube, sie haben über diese Liste gesprochen. Ich glaube, der Oberst hat Lennox diese Liste gegeben . . .«

»Wir brauchen diese Namen und Adressen«, warf Cassin ein.

»Scheiße!« Hugon sprach das Wort in einem giftigen Tonfall aus. »Ich wollte Ihnen doch gerade sagen – ich habe beim Tippen eine Kopie der Liste gemacht. Ich habe sie in einen Umschlag gesteckt und gestern an die Adresse geschickt, die Sie mir gegeben haben. Und, ja, Lennox ist wieder abgefahren. Nein! Ich habe keine Ahnung, wohin er gefahren ist. Ich kann mir vorstellen, daß er diese Männer auf der Liste besuchen wird . . .«

»In welchem Land leben diese Männer?«

»Zwei im Elsaß, einer in Deutschland. Auf Wiederhören!«

Der Präfekt schaltete das Gerät aus. Er saß noch immer mit einer vergessenen Gauloise im Mundwinkel auf der Tischkante. Guy Florian persönlich hatte Grelle ermächtigt, die Überwachung des Bauernhauses zu leiten, in dem Oberst Lasalle Unterschlupf gefunden hatte. Normalerweise wäre das eine Aufgabe für die Sûreté gewesen, aber der Präsident hatte Danchin gesagt, er wünsche, daß Grelle sich dieser Sache annehme. »Ich vertraue Grelle«, hatte er beiläufig bemerkt. Der Minister war zusammengezuckt.

Es war nicht allzu schwierig gewesen, das Unternehmen in die Wege zu leiten. Hauptmann Moreau, dem man den Codenamen Hugon gegeben hatte, war aus einem Impuls heraus mit Oberst Lasalle aus Frankreich geflüchtet; später, als die Monate verstrichen, als er sich als eine Art Kammerdiener des Obersten wiederfand, der sogar die Mahlzeiten kochen und das Haus sauberhalten mußte, war Moreaus Begeisterung fürs Exil rasch verflogen. Da er nichts als eine ungewisse Zukunft vor sich sah, hatte er Grelles diskretes Angebot, ihm monatlich viertausend Franc auf ein Pariser Bankkonto überweisen zu lassen, angenommen.

»Mit unziemlicher Hast«, wie der Präfekt damals säuerlich bemerkt hatte.

Als Cassin von seinem kurzen Spaziergang zurückkehrte, verließ Grelle die Sûreté und fuhr zu seiner Wohnung auf der Ile Saint-Louis zurück. Als nächstes würde er die Personenbeschreibung von Alan Lennox an alle französischen Grenzposten durchgeben.

6

Léon Jouvel. Robert Philip. Dieter Wohl.

Die Liste der Namen und Adressen sagte weder Grelle noch Boisseau etwas. Der Umschlag mit dem maschinengeschriebenen Bogen war am Dienstagmorgen, dem 14. Dezember, in der Präfektur angekommen. Der Briefumschlag war auf etwas verschlungenen Wegen in die Hand des Präfekten gelangt. Hugon-Moreau, der für den Fall, daß er etwas mit der Post schicken wollte, genaue Instruktionen erhalten hatte, hatte den Briefumschlag an eine Adresse in der Rue St. Antoine in der Nähe des Place de la Bastille geschickt. Die Rue St. Antoine liegt in einem der vielen ›dörflichen‹ Bezirke von Paris, welche die Stadt zu einer der komplexesten und vielgestaltigsten Großstädte der Welt machen. Der Brief war an den Inhaber einer kleinen Bar adressiert, der über seinem Lokal wohnte; dieser ehemalige Polizeisergeant besserte sein Einkommen ein wenig auf, indem er für die Sûreté als Briefkasten fungierte. Unter den gegebenen Umständen wäre es von Moreau wenig umsichtig gewesen, eine Nachricht direkt in die Rue des Saussaies zu schicken. Der Barbesitzer, dem der Brief vorher angekündigt worden war, hatte die Sûreté nach dessen Eintreffen sofort verständigt. Diese wiederum hatte den Präfekten telefonisch benachrichtigt. Um zehn Uhr morgens war ein Bote mit einem Brief zu Grelle gekommen.

»Diese Namen sagen mir gar nichts«, sagte Boisseau zu Grelle, als sie gemeinsam die Liste überflogen. »Glauben Sie, daß Hugon Informationen erfindet, um seine viertausend Franc im Monat zu rechtfertigen?«

»Nein, das tue ich nicht. Sehen Sie doch mal den deutschen Namen – Dieter Wohl. Ich habe in der Akte über den Leoparden von ihm gelesen. Er war der Abwehroffizier, der während des Krieges im Lozère gearbeitet hat. Wenn ich mich recht erinnere, hat er über die Tätigkeit des Leoparden eine Akte angelegt . . .«

»Wie dem auch sei«, sagte Boisseau, der an seiner erkalteten Pfeife sog. »Wie ich Ihnen immer wieder sage: Der Leopard ist tot . . .«

»Hören Sie, Boisseau. Wir haben zwei Angaben, die einander

81

ausschließen. Erstens: Petit-Louis, der Stellvertreter des Leoparden, von dem wir heute wissen, daß er in Wahrheit Gaston Martin hieß, hat mit aller Bestimmtheit ausgesagt, er habe den Leoparden vor fünf Tagen durch das Eingangstor zum Elysee gehen sehen. Das ist eine Tatsache – er hat diese Aussage gemacht. Tatsache Nummer zwei: Der Leopard ist tot – das steht in der Akte. Wie bringen wir diese beiden widersprüchlichen Angaben miteinander in Einklang?«

»Wir prüfen sie . . .«

»Genau. Ich möchte alles sehen, was über die Beisetzung des Leoparden im Jahre 1944 in den Akten festgehalten ist. Ich will wissen, wo sich das Grab befindet, ob ein Priester der Beerdigung beigewohnt hat, wer der Bestattungsunternehmer war, ob dieser noch am Leben ist – jedes kleine Detail, das Sie ausgraben können. Rufen Sie meinen Freund Georges Hardy an, den Polizeipräfekten von Lyon. Aber sagen Sie ihm, daß diese Nachforschungen unter uns bleiben müssen . . .« Sein Stellvertreter wollte gerade den Raum verlassen, als Grelle ihn zurückrief. »Noch eines, Boisseau, ich möchte die Information von gestern . . .«

Danach bat der Präfekt seine Sekretärin zu sich, der er eine vertrauliche Notiz an Roger Danchin mit dem jüngsten Bericht von Hugon-Moreau diktierte. Als sie geschrieben war, setzte er seine Initialen darunter und schickte sie sofort durch Boten zum Place Beauvau. Und wie das gelegentlich bei Untergebenen ist, die einem Vorgesetzten einen Bericht liefern müssen, so zensierte auch Grelle die Notiz – er ließ jeden Hinweis auf den Leoparden aus. Danchin las die Notiz noch vor Mittag.

Schon vorher, gleich nach der Ankunft im Büro, hatte der Präfekt die Maschinerie in Gang gesetzt, die innerhalb weniger Stunden dafür sorgen würde, daß sämtliche französischen Grenzkontrollstationen im Besitz des Namens und der Beschreibung von Alan Lennox waren. »Es ist merkwürdig«, sagte Grelle zu Boisseau, »ich habe einmal einen Mann mit diesem Namen kennengelernt. Ich war damals in Marseille. Lassen Sie jemanden mit dem richtigen Mann an unserer Botschaft in London telefonieren. Der soll versuchen, möglichst viel über Lennox in Erfahrung zu bringen – vor allem seinen gegenwärtigen Aufenthaltsort. Alan Lennox – das war ein international bekannter Sicherheitsexperte . . .«

82

Die Zentrale des Bundesnachrichtendienstes liegt in Pullach, rund zehn Kilometer südlich von München. An dem Morgen, an dem Grelle die von Hugon gelieferte Liste der Zeugen übergeben wurde, betrat Peter Lanz sein Büro in dem zweistöckigen BND-Gebäude, in dem man selbst zu so unchristlichen Zeiten wie fünf Uhr morgens schon leitende Mitarbeiter antreffen kann. Das frühe Aufstehen machte Lanz nichts aus. Er konnte leicht mit vier Stunden Schlaf auskommen. Er legte gerade einige Papiere von seinem Schreibtisch in eine Aktenmappe, als seine Sekretärin, Frau Schenker, eine hübsche junge Frau von siebenundzwanzig Jahren, Ehefrau eines Bundeswehroffiziers, den Raum betrat.

»Der Wagen ist da, Herr Lanz. Sie sagen, über dem Flugplatz liege dichter Nebel . . .«

»Die haben doch einen Leuchtpfad, verdammt noch mal!« Lanz grinste, um seinem Ausbruch die Spitze zu nehmen. »Ich habe noch keinen Kaffee gehabt, Sie müssen mich also entschuldigen. Sie können mich in Bonn bis neun Uhr anrufen – wenn es unbedingt sein muß!«

»Ich werde vergessen, daß Sie in Bonn sind«, erwiderte Frau Schenker. Sie war ein bißchen in ihren Chef verliebt, aber vernünftig genug zu wissen, woran das lag: Sie verbrachte den ganzen Tag mit ihm, und er war sehr aufmerksam. Immerhin half dieses leichte Verliebtsein über das Gefühl der Isolation hinweg, das die Arbeit in Pullach erzeugte; keiner der Mitarbeiter des BND durfte seine Freunde wissen lassen, welchem Job er wirklich nachging. Als Lanz zum Wagen hinunterging, blickte sie auf die Uhr. In dreißig Minuten würde er in der Luft sein.

Wie Lanz vorhergesehen hatte, mußten sie den Leuchtpfad einschalten, bevor seine Dienstmaschine starten konnte. Sie stieg steil durch den undurchdringlichen Nebel, was immer beunruhigend war: Man konnte das Gefühl nicht loswerden, daß irgendeine große Linienmaschine direkt auf einen zuflog. Um seine Angst zu unterdrücken, klappte Lanz die Tischplatte auf und las die Übersetzung von Lasalles jüngster Sendung in Europa Nummer Eins. Der Franzose hatte sich wieder selbst übertroffen.

»Der Falke in Paris macht sich zum Abflug bereit . . . Bald wird er in der Stadt des neuen Zaren aufsetzen, dessen Schatten schon heute auf die alten und berühmten Städte Athen, Rom und Lissabon fällt . . . Wird Paris die nächste Stadt sein, die im Dunkel dieses barbarischen Schattens verschwindet?«

Was im Klartext bedeutete, daß Paris bald einem kommunistischen Staatsstreich zum Opfer fallen könne. *Lächerlich.* Lanz kritzelte das Wort auf den Rand. Bundeskanzler Franz Hauser, den er jetzt im Kanzleramt aufsuchen wollte, würde über diesen jüngsten Ausbruch wütend sein. Lanz flog an jedem Dienstagmorgen nach Bonn, um Hauser über die neuesten Entwicklungen der internationalen Szene zu unterrichten und ihm die Interpretation des BND vorzutragen. Eigentlich wäre das die Aufgabe des BND-Präsidenten gewesen, aber dieser war heute kaum noch mehr als eine Galionsfigur. »Dieses leere alte Bierfaß«, wie Hauser ihn abschätzig nannte, aber nur, um sich noch abschätziger zu korrigieren. »Das ist natürlich falsch. Er ist ständig bis zum Rand voll Bier. Das ist ja das Ärgerliche . . .« Nachdem er die Übersetzung des Lasalle-Textes zu Ende gelesen hatte, prüfte Lanz seinen Terminkalender. Nach dem Vortrag beim Bundeskanzler würde er sofort nach Frankfurt fliegen, dort am Flughafen einen Wagen nehmen und über die Rheinbrücke nach Mainz ans Westufer des Flusses fahren. Alan Lennox hatte ihn am vorhergehenden Abend von Saarbrücken aus unter der Nummer angerufen, die David Nash angegeben hatte. Um zehn Uhr morgens war Lanz mit Lennox im Hotel Central in Mainz verabredet.

Die Unterredung fand nicht im Hotel statt. Als Lanz beim Empfang des Hotel Central eintraf und nach Alan Lennox fragte, überreichte man ihm einen versiegelten Umschlag. Der Umschlag enthielt einen Zettel. *Hauptbahnhofsrestaurant zweiter Klasse* stand darauf. Lanz eilte quer über den Vorplatz und fand den Engländer in die *Frankfurter Allgemeine Zeitung* vertieft.

»Ich ziehe die Anonymität von Bahnhöfen vor«, erklärte Lennox auf deutsch. »Wie geht es Ihnen?«

In den nächsten fünfzehn Minuten berichtete der Engländer dem BND-Vize von seinem Besuch bei Lasalle. Als er die Liste erwähnte und Lanz darum bat, sie einzusehen, schüttelte er den Kopf. »Wenn ich diese Männer besuchen soll, ist es besser, wenn möglichst wenige Leute Bescheid wissen. Wie Sie wissen, arbeite ich immer alleine – so kann ich mir nur selbst ein Bein stellen.«

»Das erleichtert mich«, sagte Lanz. »Das zeigt, daß Sie seit den Tagen im Libanon nichts von Ihrem alten Biß verloren haben. Ach, ja, wir werden Ihnen falsche Papiere geben – Reisepaß, Führerschein und so weiter. Auf den Namen eines Franzosen, sagten Sie?«

»Jean Bouvier«, erwiderte Lennox. »Ein vernünftiger Allerweltsname. Ihre Dokumentenabteilung kann mich als Journalisten ausgeben – ein nützlicher Beruf für einen, der herumreisen und Fragen stellen will . . .«

Sie verließen den Mainzer Hauptbahnhof. Lanz fuhr den Engländer in seinem Wagen zurück über den Rhein. Nachdem sie die Rheinbrücke hinter sich hatten und auf der Bundesstraße in Richtung Frankfurt fuhren, beschleunigte Lanz. »In der Nähe der Rheinbrücken gibt es Radarfallen«, erklärte er, als die Tachonadel höher kletterte. »Es wäre für mich nicht gut, wegen zu schnellen Fahrens gestoppt zu werden!« Auf dem Weg nach Frankfurt sprach er englisch. Er freute sich über jede Gelegenheit, sich in einer fremden Sprache zu unterhalten. Als sie Frankfurt erreichten, nahm Lanz den Fuß vom Gaspedal. Sie fuhren langsam um den Hauptbahnhof herum, überquerten eine Mainbrücke und fuhren in den alten Stadtteil Sachsenhausen. Die Kästen aus Glas und Beton, die das moderne Frankfurt ausmachen, wichen hier alten Häusern und Weinstuben aus den Tagen der ersten Rothschild. »Wir sind da«, verkündete Lanz. Das schäbige Fotostudio befand sich im ersten Stock eines alten Hauses; unter dem Studio lag eine Konditorei. Im übrigen beherbergte das Gebäude nur eine Reihe kleiner Firmen mit Einzimmerbüros. »Wenn uns jemand gefolgt ist«, erklärte Lanz auf der engen Treppe, »werden sie keinen Hinweis darauf finden, in welchem Büro wir verschwunden sind. Aber ich glaube nicht, daß uns jemand verfolgt hat . . .«

Die Aufnahme des Paßfotos nahm keine fünf Minuten in Anspruch. »Ein zu gutes Foto in einem Reisepaß würde sofort Verdacht erregen«, bemerkte der alte Fotograf mit einem trockenen Lächeln. Er trug eine dicke Hornbrille. Er versprach Lanz, die gefälschten Papiere seien in zwei Tagen abholbereit. Lennox, der den alten Mann skeptisch beobachtet hatte, forderte ihn in scharfem Ton auf, die Daten für die Personalbeschreibung aufzunehmen. »Sie werden sie für die Papiere brauchen«, betonte er. Der alte Mann grinste und tippte sich an die Stirn. »Ich hab' sie mir hier notiert. Braune Augen, schwarzes Haar, und Ihre Körpergröße habe ich festgestellt, als Sie vorhin an diesem Meßstab dort standen . . .«

Sie fuhren aus Sachsenhausen hinaus, als Lennox die Frage stellte: »Ich habe angenommen, Sie hätten eigene Abteilungen für die Herstellung gefälschter Papiere – oder hat Hauser Ihren Etat gekürzt?«

»Er hat unseren Etat kräftig erhöht. Und wir haben tatsächlich eigene Dokumentenabteilungen, wie Sie sehr richtig vermuten. Sie haben aber ein sehr delikates Unternehmen vor, und ich habe Befehl erhalten, Sie von jedem BND-Büro fernzuhalten. Joachim, bei dem wir gerade gewesen sind, und sein jüngerer Bruder sind die wohl besten Dokumentenfälscher Deutschlands. Selbst wenn die Sûreté Ihre Papiere unter die Lupe nehmen sollte, dürfte sie voll mit ihnen zufrieden sein. Übrigens, ich kenne hier ein vorzügliches Lokal . . .«

Lennox lehnte die Einladung zum Lunch ab. Er sagte, er habe noch einiges zu erledigen. Lanz fuhr ihn nach Mainz zurück und gab ihm beim Abschied eine Frankfurter Telefonnummer. Sobald er allein war, machte sich Lennox sofort auf den Weg zu der Garage, in der er seinen Citroën mit dem Kennzeichen BL 49120 untergebracht hatte, und fuhr anschließend aus der Stadt. Er fuhr auf derselben Route zur französischen Grenze, auf der er von Saarbrücken gekommen war. Unterwegs kaufte er sich einige belegte Brote und eine Flasche Bier. Er aß beim Fahren. Um Punkt drei Uhr erreichte er die französische Grenze. Der Grenzübertritt bereitete keinerlei Schwierigkeiten. Die Grenzbeamten nahmen kaum Notiz von ihm und winkten ihm nach einem flüchtigen Blick auf seinen britischen Paß zu, er solle weiterfahren. Von da an fuhr er schnell und hielt sich knapp unter den zugelassenen Höchstgeschwindigkeiten, bis er in Metz ankam, der ersten größeren Stadt seit der Grenze. Als er seinen Citroën parkte, fiel Lennox ein, daß Metz Marc Grelles Geburtsort war.

Lennox verbrachte eine Stunde in Metz mit Einkäufen. Er ging rasch von Geschäft zu Geschäft und kaufte in jedem Laden nur wenige Dinge ein. Als er um fünf die Stadt verließ, hatte er einen Koffer voll französischer Kleidungsstücke – neun Oberhemden, zwei Anzüge, Unterwäsche, Krawatten, Taschentücher, einen Regenmantel, einen schweren Mantel, einen Hut und verschiedene Kleinigkeiten, darunter zwei Kugelschreiber, eine Brieftasche und ein Notizbuch. Zahnbürste, Zahnpasta sowie französisches Rasierzeug hatte er ebenfalls erstanden.

Als er lange nach Einbruch der Dunkelheit zum Grenzkontrollpunkt zurückkehrte, bemerkte er sofort Anzeichen fieberhafter Aktivität. Jetzt waren weit mehr Grenzbeamte als vorhin zu sehen, die Papiere der Autofahrer wurden eingehender geprüft, und es hatte sich eine lange Schlange wartender Wagen gebildet. Als Lennox an der Reihe war, nahm der Grenzbeamte seinen Paß interessiert in Augenschein und sah sich jede Seite an, was sehr ungewöhnlich ist. »Sie verlassen Frankreich, Monsieur? Ist das richtig?« Er sprach Französisch.

»Verzeihung, wie bitte?« erwiderte Lennox auf englisch.

»Un moment . . .« Der Beamte verschwand in einem Wachhäuschen und nahm Lennox' Paß mit. Nach zehn Minuten kehrte er in Begleitung eines Beamten zurück, der Englisch sprach. Der zweite Mann, der jetzt den Paß in der Hand hielt, steckte den Kopf durchs Wagenfenster und starrte Lennox an. »Was war der Zweck Ihres Besuches in Frankreich, und wie lange sind Sie im Land gewesen?«

Lennox stellte den Motor ab, legte einen Ellbogen aufs Seitenfenster und setzte eine sehr geduldige Miene auf. Grenzbeamte sollte man nie provozieren; sie können einem die Hölle heiß machen. »Ich bin drei Stunden in Frankreich gewesen«, erklärte er. »Ich war vorhin nämlich in der Nähe der Grenze und entschloß mich kurzerhand, mal herüberzufahren, um mal wieder die gute französische Küche zu kosten. Die deutsche Küche finde ich nämlich nicht sehr aufregend«, log er sanft. »Können Sie das verstehen?«

»Bitte fahren Sie weiter!«

Was zum Teufel sollte das alles eigentlich? fragte sich Lennox, nachdem er sich auf deutschem Boden befand und beschleunigte. Warum interessieren die sich für einen Mann mit britischem Paß? Er fühlte sich erleichtert, die Grenzkontrolle hinter sich zu wissen; es hätte ihm nicht sehr gefallen, wenn sie seinen Koffer geöffnet und lauter nagelneue französische Kleidungsstücke darin gefunden hätten. Muß eine Stichkontrolle gewesen sein, dachte er, während er durch die Nacht in Richtung Mainz fuhr. Dort hatte er im Hotel Central ein Zimmer bestellt. Innerhalb der nächsten zwei Tage würde er zum zweitenmal mit Peter Lanz zusammentreffen, um seine französischen Papiere in Empfang zu nehmen. Dann würde er wieder die französische Grenze überschreiten, dieses Mal als Jean Bouvier, Zeitungsreporter.

Um sechs Uhr nachmittags, etwa zu der Zeit, als Lennox die Grenzkontrollstation erreichte, wurde Grelle ins Innenministerium gerufen. »Es wird schlimmer mit ihm«, sagte er zu Boisseau. »Bald werde ich ihn einmal die Stunde sehen. Bis nachher . . .«

Auf dem Weg zu Roger Danchin hatte er das Pech, mitten in die Rush-hour zu kommen. Da es außerdem in Strömen goß, hatten die Autofahrer noch schlechtere Laune als sonst. Als Grelle in einer Verkehrsstockung festsaß, verfluchte er den Minister in höchst unfeinen Wendungen. Es war sieben Uhr geworden, als er auf den Hof hinterm Place Beauvau einbog, seufzte und das Gebäude betrat. Als Grelle in das Arbeitszimmer des Ministers kam, stand Danchin in seiner Lieblingsposition am Fenster, starrte auf den der Öffentlichkeit verborgenen Garten hinunter und kehrte seinem Besucher den Rücken zu. »Grelle«, sagte er, »der Bericht über Ihren gestrigen Besuch in der amerikanischen Botschaft liegt auf meinem Schreibtisch. Sie sind um sechs angekommen und um zwanzig nach sechs gegangen. Das scheint ja wirklich ein sehr kurzer Besuch gewesen zu sein.« Dann wartete er. Er drehte sich noch immer nicht um.

Grelle machte mit zwei Fingern hinterm Hosenboden eine obszöne Gebärde und blieb wortlos stehen. Ihm war noch keine Frage gestellt worden, und er würde sich hüten, auf Danchins Spiel einzugehen und loszuplappern, um sich zu rechtfertigen. Das Schweigen dauerte eine Minute. »Nun?« sagte Danchin scharf. »Was ist passiert?«

»Ich habe David Nash getroffen . . .« Grelle war auf die Frage gut vorbereitet und sprach in einem monotonen, fast gelangweilten Tonfall. »Er ist herübergekommen, um herauszufinden, weshalb Florians Reden immer amerikafeindlicher werden. Das State Department scheint sich deshalb offensichtlich große Sorgen zu machen. Ich habe seine Fragen abgeblockt und erklärt, ich sei Polizist, ich verstünde nichts von Politik. Er schien mit meiner Antwort nicht besonders zufrieden zu sein, also hielt ich es für das beste zu gehen, und dann bin ich auch gegangen.«

»Mm-m . . .« Die leicht gebeugte Gestalt wandte sich vom Fenster ab und stand plötzlich kerzengerade. Der Anblick versetzte Grelle einen leichten Schock; er konnte sich nicht erinnern, Danchin jemals in aufrechter Haltung gesehen zu haben. »Ich finde, Sie haben Ihre Sache gut gemacht. Was hat Lasalle jetzt wohl vor? Was meinen Sie? Ich habe heute morgen Ihre Notiz bekommen.«

Wieder dieses unvermittelte Überwechseln zu einem anderen Thema, eine typische Taktik Danchins, um einen Gesprächspartner zu überrumpeln. Grelle zuckte die Achseln. Er war sich bewußt, daß seine legere Kleidung – Hosen und Rollkragenpullover – mißbilligend gemustert wurde. »Was Lasalle angeht, tappe ich genauso im dunkeln wie Sie, Herr Minister«, erwiderte er. »Ich habe die Grenzbeamten auf den Engländer aufmerksam gemacht, aber es kann sein, daß wir erst den nächsten Bericht Hugons abwarten müssen, bevor wir mehr erfahren.«

»Vermutlich, vermutlich . . .« Danchin ging in dem Raum auf und ab und blieb dann hinter Grelle stehen. »Halten Sie es für denkbar, daß Lasalle mit den Amerikanern in Verbindung steht?« fragte er plötzlich.

Grelle fuhr herum und starrte den Minister an. »Bis jetzt habe ich keinerlei Hinweis bekommen, der diesen Schluß zuließe. Wollen Sie sagen, Sie wüßten etwas? Wenn das so ist, sollte mir das auch bekannt sein . . .«

»Ich habe nur laut gedacht, Grelle. Nicht einmal gedacht – nur eine Frage gestellt. So, ich glaube, ich brauche Sie jetzt nicht länger aufzuhalten . . .«

Auf dem Rückweg zur Präfektur kehrte Grelle in einer Bar in einer Seitenstraße der Rue St. Honoré ein, um sich zu beruhigen. Ob es wohl Leute gibt, die ihren Chef nicht hassen? fragte er sich, als er sich wieder in seinen Wagen setzte und zur Ile de la Cité fuhr. Die Nachricht, die Boisseau für ihn bereithielt, ließ ihn den Ärger über den Ausflug zum Place Beauvau vergessen.

»Sie haben Lennox entdeckt . . .«

Boisseau kam mit einem Blatt Papier in das Büro des Präfekten. »Sie haben seinen Paß am Grenzübergang nach Saarbrükken kontrolliert. Er war allein und fuhr einen blauen DS 21 – Kennzeichen BL 49120. Es paßt alles zu den Angaben, die Hugon uns gemacht hat. Im Paß ist er als Geschäftsmann eingetragen.«

»Schnelle Arbeit. Hat sich jemand an seine Fersen geheftet?« fragte der Präfekt.

»Nein. Wie sollten sie? Er ist doch nach Deutschland gefahren. Das war um achtzehn Uhr heute abend . . .«

»Nach Deutschland gefahren? Sie meinen, er hatte Frankreich gerade verlassen? Was zum Teufel hat er eigentlich vor? Hugon zufolge wollte er gerade nach Frankreich!« Grelle durchquerte sein Büro, um eine große Wandkarte zu studieren. »Er überquert die Grenze nach Frankreich und fährt dann sofort nach Deutschland zurück? Das ergibt keinen Sinn, Boisseau.«

»Vielleicht ist Hugon gar nicht so zuverlässig . . .«

»Daß der Engländer Lasalle einen Besuch abgestattet hat, entspricht jedenfalls den Tatsachen. Ich verstehe das einfach nicht.« Grelle ging vor der Karte auf und ab und betrachtete sie gelegentlich flüchtig von der Seite. »Es ist bestimmt kein Zufall, daß er so nahe bei Saarbrücken die Grenze überschritten hat, bemerkte er. »Er muß zurückgefahren sein, um Lasalle zu treffen. Wir werden Hugons nächsten Bericht abwarten müssen. Ich möchte wetten, daß er uns einen neuen Besuch des Engländers beim Obersten melden wird.«

»Sollen wir die Bereitschaft an der Grenze aufrechterhalten?«

»Ja. Für den Fall, daß er doch wieder nach Frankreich fährt.«

Der dritte Angehörige des sowjetischen Kommandos war Antonin Lansky, der Mann mit dem Spitznamen ›der Strick‹. Der achtundzwanzigjährige Lansky hatte bereits einen Auslandsauftrag hinter sich: Er hatte zwei Tschechen gejagt, die sich vom Geheimdienst in Bratislava abgesetzt hatten. Die beiden Tschechen, ein Mann und ein Mädchen, waren über die Grenze nach Österreich geflüchtet und hatten in Wien Zuflucht gesucht. Ihr Verschwinden – sie hatten sich an einem Freitagabend aufgemacht, in der Hoffnung, der Vorsprung des Wochenendes werde genügen – wurde durch Zufall schon nach wenigen Stunden entdeckt. Lansky hatte den Befehl erhalten, sie zu finden. Die österreichische Abwehr reagierte zu langsam. Nach dem Grenzüberschritt suchte das tschechische Paar um politisches Asyl nach. Man brachte die beiden vorläufig in einer Wohnung in der Nähe der Kärntnerstraße unter. Das war ein Fehler, denn diese Wohnung war schon früher für einen ähnlichen Zweck benutzt worden. Ein Geheimdienstbeamter der sowjetischen Botschaft, der die Wohnung im Auge behielt, sah die beiden ankommen. Er informierte Lansky in dem Augenblick, in dem dieser in Wien eintraf.

Wie Lansky sich Zutritt zu der Wohnung verschaffte, blieb ein Rätsel, aber es war bekannt, daß er fließend Deutsch sprach. Am frühen Sonntagabend begab sich ein Beamter der österreichischen Staatsschutzbehörde zu der Wohnung, um das tschechische Paar zu vernehmen. Da auf sein wiederholtes Klopfen keine Reaktion erfolgte, rief er den Hausmeister, der die verschlossene Tür aufbrach. Sie fanden den Mann und das Mädchen in verschiedenen Zimmern – beide hingen an einem Strick. Eine – in tschechischer Sprache – gekritzelte Notiz erklärte: »Wir haben für uns keine Zukunft mehr gesehen . . .« Von da an wurde Lansky in tschechischen Geheimdienstkreisen als ›der Strick‹ bekannt.

Antonin Lansky war ein magerer, drahtiger, mittelgroßer Mann mit einem schmalen, knochigen Gesicht und wohlgeformten Händen. An dem blonden Lansky fielen vor allem seine Augen auf; sie hatten große Pupillen und bewegten sich mit verwirrender Langsamkeit. Er war von Natur aus zurückhaltend und hatte während der Trainingszeit auf der ehemaligen Rennstrecke außerhalb von Tábor am wenigsten gesprochen. Lansky hörte meist zu, während der stets redselige Karel Vanek abends vor dem Schlafengehen wie ein Wasserfall redete und zu allen möglichen Themen seine Kommentare abgab. Selbst Vanek wurde aus dem stillen und zurückhaltenden Lansky nicht recht schlau; wenn ein Mann sich an keiner Unterhaltung beteiligt, bekommt man ihn nicht in den Griff, kann ihn nicht unter seinen Einfluß bringen. »Wenn wir nach Deutschland kommen, werden Sie ein bißchen gesprächiger werden müssen«, sagte ihm Vanek eines Abends, »sonst fallen Sie zu sehr auf. Franzosen plappern immer drauflos . . .«

»Den Eindruck habe ich ganz und gar nicht gehabt, als ich in Paris war«, erwiderte Lansky ruhig. »Ich habe oft in irgendwelchen Bistros gesessen, in denen die Leute Piquet spielten und oft stundenlang kaum ein Wort sagten.«

Als ich in Paris war . . . Wieder hatte Lansky Vanek einen feinen Nadelstich verpaßt. Dem älteren Tschechen mißfiel es sehr, daran erinnert zu werden, daß Lansky sein Nachfolger in der Geheimdienstabteilung der tschechischen Botschaft in Paris gewesen war und daß auch Lansky etwas über Frankreich wußte.

Antonin Lansky war nämlich äußerst ehrgeizig und brannte auf den Tag, an dem er einen Mann wie Vanek ersetzen würde, den er wegen seiner Sprunghaftigkeit für ungeeignet hielt Führungsaufgaben zu übernehmen.

An diesem Dienstag, dem 14. Dezember, tauchte der russische Ausbildungsleiter Borisov kurz vor Mitternacht in dem Betonhäuschen auf, in dem sich die drei Angehörigen des Kommandos gerade schlafen legen wollten. Lansky hatte es sich schon in der oberen Wandkoje bequem gemacht, während Vanek und Brunner, die noch geraucht und sich unterhalten hatten, sich gerade auszogen. Borisovs Mantel war voller Schnee. Östlich der Linie Berlin–München hatte es seit Tagen heftig geschneit; jetzt war der Schnee auch nach Tábor gekommen.

»Sie werden innerhalb von achtundvierzig Stunden in den Westen aufbrechen«, verkündete Borisov. »Ich habe soeben Nachricht erhalten – es ist alles geändert worden. Vergessen Sie Lasalle – Sie haben jetzt drei andere Namen auf der Liste. Zwei der Leute leben in Frankreich, einer in Deutschland.« Er ließ ein Blatt Papier auf den Tisch fallen. Vanek nahm es in die Hand, während Brunner ihm über die Schulter sah. »Und Sie werden Ihre Aufgabe am Abend des 22. Dezember erledigt haben müssen«, fügte Borisov hinzu.

»Das ist unmöglich«, war Brunners spontane Reaktion. »Die Zeit reicht nicht für eine sorgfältige Planung . . .«

»Schwierig, ja, aber nicht unmöglich«, bemerkte Vanek und ging mit der Liste zu der Wandkarte hinüber. »Straßburg, Colmar und Freiburg liegen in einer Region – an beiden Ufern des Rheins. Unsere französischen Papiere haben wir schon, wir sprechen alle französisch . . .« Im Hintergrund beobachtete Borisov die drei Männer. Er war jetzt sicher, den richtigen Mann an die Spitze des Kommandounternehmens gestellt zu haben: Vanek konnte sich rasch auf eine völlig neue Lage einstellen. »Da wir nach Frankreich gehen«, fuhr Vanek fort, »meine ich, daß jeder von uns eine Erkennungskarte der Sûreté Nationale bei sich haben sollte – die Burschen in Kiew haben welche, und wenn sie ihre fetten Hintern ein bißchen lüften, sollten sie sie bis morgen abend herfliegen können. Und dazu einen Satz französischer Nachschlüssel. Dann könnten wir am Donnerstagmorgen losfahren . . .«

Brunner explodierte. »Das läßt uns doch keine Zeit für einen vernünftigen Plan«, wiederholte er, »und dann nur sieben Tage für den gesamten Job . . .«

»Was bedeutet, daß wir uns beeilen müssen und nicht lange irgendwo herumhängen dürfen, und das ist gar nicht schlecht«, erwiderte Vanek leise. »Das gibt uns morgen den ganzen Tag Zeit, Zeitpläne und Reiserouten festzulegen – wobei ich Ihnen helfen werde . . .« Die normale Arroganz und Dreistigkeit des Tschechen war jetzt verschwunden. Er sprach in überzeugendem Tonfall weiter und baute eine Atmosphäre des Vertrauens auf. Er brachte die beiden andern Männer dazu, zu erkennen, daß die Aufgabe sich tatsächlich in so kurzer Zeit lösen lassen würde. Borisov, der diese Seite von Vaneks Charakter noch nicht entdeckt hatte, gratulierte sich im stillen nochmals zu seiner Wahl. Nach ein paar weiteren Jahren Erfahrung stand Vanek eine steile Karriere im Geheimdienst offen.

»Und eine französische Skiausrüstung könnte uns ebenfalls gute Dienste leisten«, fügte Vanek hinzu. »Da es in den bayrischen und österreichischen Alpen geschneit hat, können wir als Wintersportler reisen, die gerade einen Kurzurlaub hinter sich haben.«

»Ich werde mit Kiew telefonieren«, versprach Borisov. »Da ist noch etwas. Wenn Sie im Westen sind, müssen Sie eine bestimmte Nummer in Paris anrufen, die man mir für den Fall gegeben hat, daß sich weitere Dinge entwickeln.«

»Wir haben auch so schon ein volles Programm«, brummte Brunner und holte ein westliches Kursbuch vom Regal.

»Sie rufen einmal am Tag an«, fuhr Borisov fort, »und melden sich unter dem Namen Salicetti.«

Lansky, der inzwischen seine Koje verlassen hatte, blickte auf die Namen und Adressen auf der Liste.

Léon Jouvel. Robert Philip. Dieter Wohl.

7

»Diese korrupte amerikanische Republik, die den Dollar zum Gott erhoben hat, in der Polizisten ihre Gehälter mit Bestechungsgeldern aufbessern, und deren größte Stadt, New York, einem Dutzend Gangs verschiedener Rassen auf Gnade und Ungnade ausgeliefert ist . . . in der der Terrorismus haust wie im Mittelalter die Pest . . .

Was will Europa mit so einem Kontinent anfangen? Oder sollten wir uns lieber von diesem korrupten und korrumpierenden Staat abriegeln und ihn in eine moralische und physische Quarantäne stecken? Leb wohl, Amerika, und mögest du nie mehr wiederkommen, um unsere Küsten zu verpesten . . .«

Guy Florian hielt diese neue Rede in Lille, nur acht Tage nach seinem aggressiven Ausfall gegen die Amerikaner in Dijon. Seine Zuhörer hatten das Gefühl, daß seine Ausfälle an Heftigkeit zunahmen, »daß er jetzt mit dem Bulldozer Dreck schleudert«, wie Alain Blanc in Paris am selben Abend zu Marc Grelle bemerkte.

Mittwoch, 15. Dezember. Der Polizeipräfekt kam frühmorgens in sein Büro. Er rief wieder seinen Stellvertreter zu sich und bat ihn, die Tür zu verschließen. Auf dem Schreibtisch lagen zwei verschlossene Handkoffer. »Boisseau, es kann sein, daß diese Sache mit dem Leoparden sehr ernst wird, daß sie sehr wohl unser beider Karriere gefährden kann, wenn wir ihr weiter nachgehen. Sie sollten sich jetzt sehr genau überlegen, wo Sie stehen – und vergessen Sie nicht, Sie haben Familie . . .«

»Wie lauten Ihre Befehle?« fragte Boisseau nur.

»Erstens, zwei der ranghöchsten Minister unter strengster Geheimhaltung sorgfältig zu überwachen – Roger Danchin und Alain Blanc. Wollen Sie noch immer mitmachen?«

Boisseau holte seine Pfeife aus der Tasche und steckte sie sich zwischen die Zähne, ohne sie anzuzünden. »Ich werde ein besonderes Team zusammenstellen müssen und den Leuten eine Geschichte erzählen, damit sie nicht nervös werden. Gibt es sonst noch etwas? Diese Beobachtung soll doch wohl dazu dienen, festzustellen, ob einer von beiden – Danchin oder Blanc – irgendwelche Verbindungen zu den Sowjets hat?«

»Genau. Und, ja, da ist noch etwas, etwas was einer Strafe gleichkommt.« Grelle zeigte auf die beiden Handkoffer. »Ich habe mir gestern abend ganze Stapel alter Sûreté-Akten aus der Kriegszeit besorgt. Sie nehmen den einen Koffer, ich den anderen. Ich glaube, irgendwo in diesen Aktenstößen werden wir einen Hinweis darauf finden, wo sowohl Danchin wie Blanc sich während des Krieges aufgehalten haben – denn die Lösung dieser Leoparden-Affäre liegt irgendwo in der Vergangenheit. Wenn einer dieser Männer sich 1944 in einer Region aufgehalten hat, die weit vom Lozère entfernt ist – wo der Leopard operierte –, können wir ihn ausschließen.«

Boisseau nahm einen der Handkoffer in sein eigenes Büro mit und berief sofort eine geheime Konferenz ein. Einige besonders zuverlässige Detektive der Police Judiciare wurden abgestellt, um schichtweise zu arbeiten. Sie sollten Roger Danchin und Alain Blanc auf Schritt und Tritt folgen, sobald sie ihr jeweiliges Ministerium verließen. Boisseau wies die ausgewählten Männer persönlich in ihre Aufgabe ein. »Sie arbeiten unter absoluter Geheimhaltung und erstatten nur mir persönlich Bericht. Wir haben Grund zu der Annahme, daß ein Anschlag auf das Leben eines der beiden Minister geplant sein könnte. Ein Zusammenhang dieser Verschwörung mit einem Ereignis der jüngsten Zeit ist durchaus vorstellbar«, vertraute er den Männern geheimnisvoll an.

»Es kann also sein, daß wir einen neuen Mordanschlag verhindern müssen?« fragte einer der Detektive.

»Die Sache geht noch tiefer«, erklärte Boisseau. »Die Verschwörung könnte auch noch jemandem gelten, der eng mit Januar oder August zusammenarbeitet . . .« Boisseau hatte darauf hingewiesen, daß von jetzt an wirkliche Namen nicht mehr benutzt werden dürften. Es wurden folglich Codenamen festgelegt: Januar für Danchin und August für Blanc. »Wir brauchen also«, fuhr Boisseau fort, »ein lückenloses Verzeichnis all derer, mit denen diese beiden Männer außerhalb der Ministerien verkehren. Einer ihrer sogenannten Freunde könnte der Mann sein, den wir suchen – vielleicht ist es aber auch eine Frau . . .« Am späten Nachmittag war die Aktion bereits angelaufen.

Grelle stimmte später den von Boisseau getroffenen Maßnahmen zu. »Wir laufen Gefahr«, bemerkte er und verzog das Gesicht, »selbst zu Verschwörern zu werden, aber es gibt keinen anderen Weg.«

»Könnten Sie denn nicht den Präsidenten darüber informieren, was wir tun – und warum?« schlug Boisseau vor.

»Und das Risiko eingehen, wie Lasalle gefeuert zu werden? Sie haben doch wohl noch nicht vergessen, daß Lasalle wegen Überschreitung seiner Kompetenzen entlassen worden ist? Das Dumme ist ja, daß Florian seinem eigenen Urteil so sehr traut, daß er niemals glauben wird, jemand aus seiner engsten Umgebung könne ein Verräter sein . . .«

Kurz nachdem Grelle diese Bemerkung gemacht hatte, explodierte die Bombe, die in Pariser Regierungskreisen später als ›Lassale-Affäre‹ bekannt wurde. Die erste Warnung, daß ein mögliches Desaster unmittelbar bevorstand, erhielt Grelle, als Roger Danchin ihn zu einer Geheimbesprechung ins Innenministerium rief.

Es war am späten Vormittag des 15. Dezember – einen Tag nachdem Danchin Grelle gefragt hatte, ob er glaube, daß Oberst Lasalle mit den Amerikanern in Verbindung stehe –, als der Präfekt dringend zum Place Beauvau gebeten wurde. Grelle kam als letzter an. Zu beiden Seiten eines langen Tisches saßen sämtliche führenden Männer von Geheimdienst und Abwehr, darunter, wie Grelle beim Eintreten bemerkte, Kommissar Suchet von der Abwehr, ein Mann, gegen dessen Methoden und dessen Persönlichkeit der Präfekt eine tiefe Abneigung hegte. Daniel Suchet war groß und dick; in seinem fleischigen Gesicht verschwanden die Augen fast hinter Fettwülsten. Er war ein Lebemann, der aus seiner Genußsucht kein Hehl machte. »Ich esse gut, trinke gut und verführe gut«, hatte er Grelle einmal anvertraut.

Der am Kopfende des Tisches präsidierende Danchin winkte Grelle, er solle auf einem leerstehenden Stuhl Platz nehmen. »Alles, was während dieser Besprechung geäußert wird, ist streng vertraulich«, belehrte er die Anwesenden in bester Ministermanier. »Die hier zur Sprache kommenden Dinge dürfen nur dann mit Untergebenen erörtert werden, wenn dies für die Durchführung des Unternehmens unerläßlich ist.«

»Welches Unternehmen?« fragte Grelle.

»Sie haben nichts damit zu tun«, klärte Danchin ihn auf. »Suchet wird federführend sein. Aber wir brauchen von Ihnen Informationen über die Gewohnheiten und die Tagesroutine von Oberst Lasalle – da Sie mit Hugon in Verbindung stehen.«

»Herr Minister, wozu brauchen Sie diese Informationen?« wollte Grelle wissen.

»Bitte geben Sie uns einfach die Information, Herr Präfekt . . .«

Es war Suchet, der sich eingeschaltet hatte. Er hatte seine fleischigen Hände auf dem Tisch gefaltet und beugte sich angriffslustig vor. »Ich möchte nicht unhöflich sein, aber da gibt es die Frage der Geheimhaltung. Je weniger Leute Bescheid wissen – Sie wissen, was ich meine . . .«

»Ich habe nicht die leiseste Ahnung, was Sie meinen. Bevor ich nicht weiß, was Sie vorhaben, kann ich Ihnen wohl kaum behilflich sein – ich würde wohl irgendeine wichtige Information auslassen . . .«

»Darüber werde ich befinden«, entgegnete Suchet schroff.

»Bitte, meine Herren«, warf Danchin ein. »Wir sind hier alle zusammengekommen, um uns gegenseitig zu helfen . . .«

»Dann lassen Sie ihn mir sagen, was er vorhat«, wiederholte Grelle.

»Wir haben beschlossen, Oberst Lasalle festzunehmen.«

Es folgte ein Schweigen. Der Ruf des Präfekten war allgemein bekannt, und alle Köpfe wandten sich zu ihm. Die Männer starrten ihn an. Grelle bat um die Erlaubnis zu rauchen, und Danchin, der bereits selbst rauchte, nickte ungeduldig. Der Präfekt ließ sich mit dem Anzünden seiner Zigarette Zeit und starrte Suchet dabei unverwandt an. Suchets Augen flackerten, und er sah zur Seite. »Ist das die verrückte Idee von Kommissar Suchet?« fragte Grelle.

»Nein, es ist mein Vorschlag gewesen«, sagte Danchin ruhig.

»Sie wollen Lasalle entführen . . .«

»›Festnehmen‹ war der Ausdruck«, bellte Danchin.

»Sie können keinen Mann festnehmen, der sich auf fremdem Territorium befindet«, erwiderte Grelle in monotonem Tonfall. »Sie können ihn nur entführen und mit nackter Gewalt über die Grenze schleppen. Wie können wir von der Öffentlichkeit erwarten, daß sie die Polizei respektiert und die Gesetze befolgt, wenn die Hüter des Gesetzes sich wie die Mafia aufführen . . .«

»Vorsicht«, warnte ihn Danchin. »Vielleicht ziehen Sie es vor, sich von der Konferenz zurückzuziehen . . .«

»Wie die Mafia«, wiederholte Grelle. »Finstere kleine Schlägertypen, die mitten in der Nacht in Zivil in das Haus eines Mannes eindringen und ihn schnappen . . .«

»Lasalle ist ein Verräter.«

»Lasalle lebt in der Bundesrepublik Deutschland. Es würde im Ausland einen Aufschrei der Entrüstung geben.«

»Daran haben wir gedacht . . .« Danchin schlug einen konzilianteren Ton an. »Wir würden bekanntgeben, daß Lasalle sich insgeheim aus freien Stücken auf französischen Boden begeben habe, daß man ihn gesehen und anschließend auf französischem Boden festgenommen habe . . .«

»Bei Oberst Argoud ist de Gaulle damit durchgekommen«, sagte Suchet.

»Die Erklärung ist nicht gut genug!« Der Präfekt schlug mit der Faust auf den Tisch. »Wenn Sie darauf bestehen, mit dieser bizarren Unternehmung fortzufahren, werde ich den Präsidenten von meinen Einwänden in Kenntnis setzen . . .«

»Der Präsident weiß, daß diese Besprechung stattfindet«, informierte ihn Danchin.

»Wann soll die Sache anlaufen, Herr Minister?« fragte Grelle.

»Es kann sein, daß wir schon morgen abend handeln.«

»Dann muß ich jetzt handeln.« Grelle stand auf. »Sie haben mir angeboten, ich könne mich zurückziehen. Darf ich jetzt von diesem Angebot Gebrauch machen?«

Das Gespräch mit Florian war spannungsgeladen, so spannungsgeladen, daß der Schäferhund Kassim die Spannung zwischen den beiden Männern spürte, die er als seine Freunde betrachtete. Er verkroch sich unter einer Couch. Jenseits der hohen Fenster im Arbeitszimmer des Präsidenten fielen Schneeflocken in den Garten des Elysee-Palasts. Der Schnee schmolz, kaum daß er auf der Erde lag. Auf dem Schreibtisch zwischen den beiden Männern, neben den Telefonen und der Lampe, lag ein Blatt Papier. Grelles in aller Eile niedergeschriebenes Rücktrittsgesuch. Florian schob das Blatt über die Schreibtischplatte, so daß es auf Grelles Schoß fiel.

»Ich werde in diese Sache nicht verwickelt sein, falls es das ist, was Sie beunruhigt«, stellte Florian eisig fest. »Soviel ich weiß, hat Danchin vor, die bei der Entführung Argouds angewandte Methode zu wiederholen. Man wird Lasalle aus Deutschland herschaffen und ihn irgendwo in Paris festsetzen. Sie werden einen Anruf erhalten – dann werden Sie Lasalle in irgendeinem Lastwagen fest verschnürt vorfinden, irgendwo in einer Seitenstraße. Es wird Ihre Pflicht sein, ihn festzunehmen.«

»Das wäre ein illegaler Akt, Herr Präsident.«

»Keiner von uns wäre direkt beteiligt . . .«

»Aber wir werden beide Bescheid wissen. Präsident Nixon hat einmal versucht, ein dubioses Spiel zu praktizieren – und Sie sehen ja, was passiert ist . . .«

»Sie haben Angst, es könnte nicht funktionieren?« verlangte Florian zu wissen.

»Ich habe Angst, es könnte funktionieren . . .«

Florians Gesichtsausdruck änderte sich plötzlich. Er lehnte sich in die Petit-point-Stickerei seines Stuhls zurück, legte die Hände aneinander, starrte Grelle fest an und runzelte die Stirn. Die Schreibtischlampe brannte. An der Wand sah man den verzerrten und übergroßen Schatten Florians. »Ich glaube, Sie haben recht«, sagte er leise. »Ich bin von zu vielen Politikern umgeben. Soll ich dieses Papier zerreißen, oder werden Sie das tun?«

Drei Minuten, nachdem Grelle den Raum verlassen hatte, griff Florian zum Telefon und blies das Unternehmen ab.

Grelle verließ den Elysee-Palast in einem Zustand der Verblüffung. Als er zum erstenmal von dem Plan zur Entführung Lasalles erfahren hatte, war er der Meinung gewesen, diese Idee sei dem Hirn des verschlagenen Suchets entsprungen. Die Erkenntnis, daß Guy Florian selbst den Plan gebilligt hatte, hatte den Präfekten aus der Fassung gebracht. Das schien nicht zum Charakter des Präsidenten zu passen – oder hatte er dessen Charakter falsch eingeschätzt? Als Grelle wieder in seinem Wagen saß, hatte er eine Eingebung. Er fuhr die Einbahnstraßen um den Elysee-Palast herum entlang und sah die hohe Mauer des Elysee-Gartens an sich vorübergleiten. So gelangte der Präfekt in die Rue des Saussaies. Er betrat das Gebäude der Sûreté und holte sich zwei weitere verstaubte Akten aus der Registratur.

In Mainz wartete Alan Lennox ungeduldig im Hotel Central auf das Erscheinen von Peter Lanz, der ihm die gefälschten französischen Ausweise bringen sollte. Um elf Uhr vormittags rief er die Frankfurter Telefonnummer an, die der BND-Vize ihm gegeben hatte. Der Deutsche nahm sofort den Hörer ab. Er entschuldigte sich für die Verzögerung. »Ich bezweifle, daß die Dokumente, von denen wir sprechen, vor morgen fertig sein werden«, erklärte er. »Wenn Sie mich heute nachmittag um vier wieder anrufen wollen, weiß ich vielleicht schon mehr . . .«

»Was hält den alten Knaben denn auf?«

»Er ist ein Meister seines Fachs. Er will ein perfektes Produkt haben – und das wollen Sie doch auch.«

»Er soll ja nicht die Mona Lisa fälschen.«

»Aber ein Porträt, das hoffentlich ebenso überzeugend wirkt. Alan, vertrauen Sie mir . . .«

Lanz legte auf und verzog den Mund. Es mißfiel ihm, den Engländer belügen zu müssen; überdies bezweifelte er, daß ihm das gelungen war. Er war überzeugt, daß Lennox von den Möglichkeiten des BND wußte, französische Blankoausweise zu beschaffen – die der BND auch besaß; der Engländer würde wohl auch vermuten, daß der BND einen Vorrat solcher Papier besaß – was gleichfalls zutraf. Die auf den Namen Jean Bouvier, Reporter, ausgestellten Papiere lagen in diesem Augenblick sogar fix und fertig in Lanz' Schreibtisch. Lanz wartete nur noch auf die Zustimmung aus dem Kanzleramt, die dem Engländer die Einreise nach Frankreich ermöglichen sollte.

Bundeskanzler Franz Hauser, den Lanz einmal vor der gestrigen Begegnung mit Lennox gesprochen hatte und einmal danach, hatte sich noch immer keine Meinung darüber gebildet, ob es klug sein würde, sich auf diese Weise in die inneren Angelegenheiten des wichtigsten Bündnispartners der Bundesrepublik einzumischen. »Wenn dieser Engländer geschnappt wird – und redet –, wird Paris uns in der Luft zerreißen«, hatte Hauser zu Lanz gesagt. »Geben Sie mir ein paar Stunden, um die Sache zu überdenken. Morgen abend werde ich mich entschieden haben. Vielleicht geschieht etwas, was mir die Entscheidung abnimmt . . .«

An dem Abend, an dem Franz Hauser seine Entscheidung traf, hielt Guy Florian in Lille seine heftige antiamerikanische Rede. Wie am vorhergehenden Sonnabend verbrachten Grelle und Boisseau den Abend in der Wohnung des Präfekten. Diesmal gingen sie nicht die Akte des Leoparden durch, sondern studierten die Akten von Roger Danchin und Alain Blanc aus der Kriegszeit. Es war kurz vor Mitternacht, als sie die Lektüre beendet hatten.

»Immerhin wissen wir jetzt etwas mehr«, meinte Boisseau.

»Wirklich?« fragte Grelle zweifelnd.

»Offiziell ist Alain Blanc in einem abgelegenen Bauernhaus in der Provence seinen Studien nachgegangen«, sagte Boisseau, während Grelle schwarzen Kaffee nachschenkte. Die beiden Männer waren übereingekommen, daß Boisseau sich auf Blanc konzentrieren sollte. »Sein Vater hatte ihn dorthin geschickt, um zu verhindern, daß er sich noch länger mit der Résistance einließ.«

»Und? Hat der junge Blanc diese Kontakte abgebrochen?«

»Nein! Er blieb in dem Bauernhaus und setzte seine Studien fort, erlaubte aber der örtlichen Résistance-Gruppe – die 1944 in einen Hinterhalt geriet und bis auf einen Mann vernichtet wurde –, das Haus als Waffen- und Munitionslager zu benutzen.«

»Sie schließen ihn also aus?«

»Keineswegs«, erwiderte Boisseau. »Die einzige Person, die seine Anwesenheit in diesem Haus in der kritischen Zeit hätte bezeugen können, war seine Haushälterin, eine Madame Jalade. Sie starb jedoch im Juli 1946 – also schon ein Jahr nach Kriegsende. Sie hatte einen Unfall. Sie fuhr mit ihrem alten autogengasgetriebenen Wagen in die Stadt und landete in einer zwanzig Meter tiefen Schlucht.«

»Unfallzeugen gab es nicht?« fragte Grelle leise.

»Nicht einen. Sie war allein. Als Unfallursache wurden mangelhafte Bremsen ermittelt. Sie starb also kurz nachdem Gaston Martin in Guyana festgesetzt worden war. Das könnte natürlich ein Zufall sein . . .«

»Möglich«, stimmte Grelle zu.

Anschließend berichtete der Präfekt über das, was er in den Berichten über die Aktivitäten Roger Danchins während der Kriegszeit entdeckt hatte.

Danchin hatte sich einer der im Massif Central operierenden Résistance-Gruppen angeschlossen und unter dem Decknamen Grand-Pierre gearbeitet. Er hatte sich als sehr wendig erwiesen und war schon bald Verbindungsoffizier zwischen verschiedenen Gruppen geworden, zu denen auch die vom Leoparden befehligte Gruppe gehört hatte. »Danchin war ein Irrlicht«, er- klärte Grelle, »überall und nirgends zu finden. Er hielt sich meist im Hintergrund und ließ eine Reihe von Kurieren für sich arbei- ten, mit denen die einzelnen Gruppen in Verbindung blieben. Schon damals muß er einen ausgeprägten Sinn für Details ge- habt haben. Er galt als bestinformierter Mann im Midi.«

»Können wir ihn streichen?« fragte Boisseau.

»Ich fürchte, nein. Die Dokumentation über seine Tätigkeit im Jahr 1944 ist sehr vage. Außerdem hielt er sich in der richtigen Gegend auf – in der Nähe des Departement Lozère.«

»Es könnte also noch immer jeder von ihnen der Leopard ge- wesen sein?« Boisseau zuckte die Achseln. »Das ist wirklich wie die Knochenarbeit der Polizei – viel Schweiß, und dann kommt nichts dabei heraus. Wenigstens haben wir diese schimmeligen Akten hinter uns gebracht.«

»Nicht ganz.« Grelle balancierte zwei Aktenordner auf der Handfläche. »Ich habe mich entschlossen, noch einen Mann zu durchleuchten – als rein theoretische Übung. Gaston Martin hat gesagt, er habe zwischen 19.30 Uhr und 20.30 Uhr einen hoch- gewachsenen Mann in den Elysee-Palast gehen sehen – und die Wachen hätten salutiert. Vergessen Sie nicht, daß wir Polizisten sind – wir halten uns ausschließlich an Tatsachen. Um acht Uhr abends kehrte Guy Florian in seinen Amtssitz zurück. Ich habe mir auch angesehen, was er in der Kriegszeit getrieben hat.«

Nachdem Boisseau sich von dem Schock erholt und begriffen hatte, daß Grelle eine reine Hypothese durchspielte, hörte er aufmerksam zu, während der Präfekt kurz über die Laufbahn des Präsidenten im Krieg berichtete.

Florian hatte in einer Abteilung der sogenannten Comet Line gedient, einer Fluchtroute für alliierte Flieger von Frankreich nach Spanien. Florian war in einem alten Haus oben in den Py- renäen hinter St.-Jean-de-Luz stationiert gewesen und hatte die alliierten Militärs nach Spanien geschleust, wo sie von einem Be- amten des britischen Konsulats in Bilbao in Empfang genommen worden waren.

»Gut vierhundert Kilometer vom Lozère entfernt«, bemerkte Boisseau, der sich dem Spiel anschloß, »er kann also kaum der Leopard sein.«

»Unmöglich«, stimmte Grelle zu. »Allerdings hat sein Bruder

102

Charles, der älter war, ihm aber sehr ähnlich sah, ebenfalls in der Comet Line gedient. Wenn Charles sich nun einverstanden erklärt hat, den Doppelgänger von Guy Florian zu spielen – vergessen Sie nicht, diese Fluchtrouten waren geheimnisumwittert, und die Fluchthelfer traten nur selten in Erscheinung . . .«

»Ich habe nicht gewußt, daß er einen Bruder hatte.«

»Der ist auch schon längst tot. Im Juli 1945 schwamm Charles wie so oft in den Atlantik hinaus, kam aber nicht zurück. Seine Leiche wurde zwei Wochen später an Land gespült.«

»Ich verstehe . . .« Boisseau sog an seiner Pfeife. »Damals sind viele jung gestorben; viele von ihnen hatten mit dem Leoparden Verbindung gehabt. Heute nachmittag habe ich den Bericht über die Männer bekommen, die ihn beerdigten, und über den Bestattungsunternehmer. Lyon hat schnell reagiert.«

»Das erinnert mich an etwas«, warf Grelle ein. »Wir fliegen morgen nach Lyon. Es gibt nur einen Weg, um den Widerspruch zwischen der Äußerung Gaston Martins, er habe den Leoparden gesehen, und dessen aktenkundigen Tod zu klären – wir müssen das Grab öffnen lassen. Ich habe selbst mit Hardy telefoniert, und er setzt alle Hebel in Bewegung, um die Exhumierung der Leiche genehmigt zu bekommen. Nun, wie steht es mit den Männern, die den Leoparden beerdigt haben?«

»Alle tot. Sie wurden vier Tage nach der Beisetzung bei einem feindlichen Feuerüberfall erschossen. Ihre Leichen waren mit Mauser-Patronen gespickt.«

»Verdammt viele Mausers in allerlei Händen, das muß ich sagen«, bemerkte Grelle. »Und der Priester?«

»Es war kein Priester anwesend – der Leopard war Atheist . . .«

»Natürlich. Und der Bestattungsunternehmer?«

»Bekam am Morgen nach der Beerdigung eine Kugel in den Kopf. Irgendein Unbekannter brach in sein Haus ein. Und da war noch etwas Seltsames«, fuhr Boisseau fort. »Ein junger kommunistischer Bildhauer, der für diese Résistance-Gruppe gearbeitet hatte, wollte etwas tun, um seinen geliebten Anführer zu verewigen. Er fertigte also eine Statue an, die sechs Monate später an der Grabstätte aufgestellt wurde. Soviel ich weiß, steht sie noch immer da, mitten im Wald. Es ist die Statue eines Leoparden, eines Leoparden aus Stein.«

8

Am 16. Dezember überschritt das sowjetische Kommando die tschechisch-österreichische Grenze. Sie kamen über die verschlafene Grenzstation von Gmünd nach Niederösterreich, dort, wo tschechische Kontrolltürme sich wie Galgen in der Landschaft erheben. Sie kamen kurz vor neun Uhr morgens an und zeigten ihre französischen Pässe vor.

Der übermüdete österreichische Grenzbeamte – er hatte Nachtdienst gehabt und sollte gleich abgelöst werden – war bereits auf ihrer Seite. Er hatte wenige Minuten zuvor gesehen, wie seine Kollegen auf der tschechischen Seite die drei Touristen einer gründlichen Untersuchung unterzogen hatten. Der klapprige alte Peugeot war nach allen Regeln der Kunst durchsucht worden, während die drei Männer auf der Straße standen. Ihre Reisepässe waren gründlich unter die Lupe genommen worden. Jeder, der kein Freund der Tschechen war, mußte in Österreich willkommen sein. Der österreichische Grenzbeamte konnte nicht wissen, daß Vanek zuvor selbst die tschechische Grenzstation angerufen hatte, um diese Scharade zu arrangieren; er konnte ebenfalls nicht wissen, daß die Ankunft der drei Männer so geplant worden war, daß sie mit den letzten Minuten seines Nachtdienstes zusammenfiel. Von einem erschöpften Grenzbeamten ist kaum anzunehmen, daß er sich Neuankömmlinge mit großem Interesse vornimmt.

»Unsere Papiere sind narrensicher«, hatte Vanek seinen beiden Begleitern erklärt, »aber wer in diesem Leben Erfolg haben will, sollte sämtliche Karten zu seinen Gunsten zinken . . .«

Der österreichische Beamte drückte seinen Stempel in die französischen Pässe, der Schlagbaum ging hoch, und der Peugeot mit Vanek hinter dem Lenkrad fuhr über die Grenze in die engen Straßen der österreichischen Kleinstadt. Wenn der verschlafene Grenzbeamte überhaupt einen Gedanken an die drei Männer verschwendete, mußte er sie für französische Touristen gehalten haben, die gerade von einem Skiurlaub zurückkehrten. Diese Schlußfolgerung lag nahe: Vanek und Brunner, die vorn saßen, und der im Fond sitzende Lansky trugen alle französische

Skikleidung. Der Österreicher stapfte sich den Schnee von den Stiefeln und ging in sein Häuschen zurück.

»Erste Hürde übersprungen«, sagte Vanek fröhlich.

Brunner grunzte. »Wir haben noch etliche vor uns . . .«

Die nächsten zwei Stunden lang fuhr Vanek mit hoher Geschwindigkeit auf der leeren Landstraße in Richtung Wien. Links und rechts erstreckten sich endlose Äcker und Felder; nur gelegentlich sahen sie einen Ochsenkarren. Der Himmel war grau und verhangen. Die Felder waren schneebedeckt. Vor ihnen lag die schneeweiße Straße. Vaneks Wagen war der erste, der im Schnee Reifenspuren zurückließ. Hinter der kleinen Stadt Horn hielt Vanek an einer einsamen Stelle an. Er stieg aus und verbrannte die französischen Pässe, die der österreichische Grenzbeamte gestempelt hatte. Dann vergrub er die Überreste mit einem Spaten, den Brunner ihm gegeben hatte, und deckte das Loch sorgfältig mit Erde und Schnee zu. Als Vanek wieder im Wagen saß, gab er seinen Begleitern Duplikate der Papiere, die er soeben verbrannt hatte; diese Pässe enthielten allerdings keine Stempel und damit nicht den geringsten Hinweis darauf, daß sie gerade die Tschechoslowakei verlassen hatten.

Um die Mittagszeit waren sie in Wien; Vanek parkte den Peugeot auf dem Opernplatz. Der Wagen würde später von einem Beamten der tschechischen Botschaft abgeholt werden. Beim Grenzübertritt in Gmünd war das Kennzeichen automatisch registriert worden; jetzt hatten sie den zweiten Hinweis auf das Land beseitigt, aus dem sie gekommen waren. Vanek schulterte jetzt seine Skier und ging voran. Nach kurzer Zeit betraten sie das Hotel Sacher und gingen in der Halle rechts durch den Türbogen ins Café. Sie verbrachten eine halbe Stunde in entspannter Ruhe, tranken Kaffee und aßen Kuchen. Vanek, der munter auf französisch losparlierte, behielt jeden im Auge, der nach ihnen ins Café kam.

Punkt zwölf Uhr dreißig verließen die drei Männer das Café durch eine Tür, die auf eine Seitenstraße führte. Sie hatten noch immer ihre Skier bei sich. Der Mercedes, der jetzt auf sie wartete, war vor dem Hotel Astoria abgestellt. Das Kennzeichen bestätigte Vanek, daß dies der richtige Wagen war. Der Schlüssel steckte im Zündschloß. Ein tschechischer Botschaftsangehöriger, der den Wagen beobachtet hatte, faltete jetzt seine Zeitung zusammen und ging; jetzt brauchte er nur noch den Peugeot vom Opernplatz abzuholen, und damit war seine Arbeit erledigt.

Vanek saß auch diesmal hinter dem Lenkrad; er fuhr zum Westbahnhof, von dem die Züge nach Westeuropa abgehen. Brunner hatte – mit Vaneks Hilfe – die Fahrzeiten genau errechnet. Sie kamen kurz vor eins am Westbahnhof an, was ihnen noch eine Stunde Zeit gab, um in aller Ruhe zu essen. Ihr Zug sollte Punkt zwei abfahren.

Als der Zug aus dem Bahnhof hinausrollte, setzte sich ein Slowake in den vor dem Bahnhof geparkten Mercedes und fuhr weg. Das Kommando hatte jetzt alle in die Tschechoslowakei führenden Spuren verwischt und befand sich auf dem Weg nach Deutschland.

In Mainz war es kurz vor zwölf Uhr mittags – sechshundertfünfzig Kilometer südöstlich war das sowjetische Kommando gerade in Wien eingetroffen –, als Alan Lennox sich von neuem mit Peter Lanz vom BND traf, diesmal im Bahnhofsrestaurant erster Klasse. Der Engländer, der schon einige Minuten am Tisch gesessen hatte, nickte kurz, als Lanz sich auf einen Stuhl am selben Tisch setzte und ein Exemplar des *Spiegel* auf den Stuhl zwischen ihnen legte. Lanz betrachtete die Speisekarte. »Die Papiere liegen innen«, murmelte er. »Tut mir leid, daß es so lange gedauert hat. Sie sind aber gut.« Er bestellte sich eine Tasse Kaffee.

Den wirklichen Grund für die Verzögerung konnte Lanz dem Engländer unmöglich nennen, nämlich daß er jetzt erst aus dem Kanzleramt in Bonn zurückgekehrt war, wo Bundeskanzler Hauser ihm soeben grünes Licht gegeben hatte. »Diese Rede Florians in Lille gestern abend hat mich tief beunruhigt«, hatte der Kanzler Lanz erklärt. »Wenn er so weitermacht und die Atmosphäre noch weiter auflädt, läßt er womöglich in Paris eine Situation zurück, die zu einem Staatsstreich geradezu einlädt, während er sich in Moskau aufhält. Wir müssen herausfinden, ob in Paris irgendein hochgestellter Kommunist an der Arbeit ist – und zwar schnell . . .«

»Unter der Serviette neben Ihrer Hand«, sagte Lennox ruhig, »finden Sie meinen britischen Paß. Bewahren Sie ihn für mich auf, bis ich zurück bin. Es wäre sehr unangenehm, wenn man ihn bei mir fände, wenn ich in Frankreich bin.«

Lanz legte sich die zusammengefaltete Serviette auf den

Schoß, verharrte, als der Kellner den Kaffee brachte, und steckte dann das Dokument in die Jackentasche. »Ich nehme an, Sie werden mit dem Wagen nach Frankreich fahren?« fragte er. »Dann sind Sie völlig unabhängig von allen Fahrplänen.«

»Höchstwahrscheinlich. Ich möchte in zwanzig Minuten losfahren. Gibt es sonst noch etwas, was ich wissen sollte?«

»Ich fürchte, ja.« Lanz beugte sich über den Tisch und lächelte, als äußerte er eine Belanglosigkeit. »Wir haben soeben erfahren, daß Paris irgendeine Art Alarmbereitschaft angeordnet hat. Wir haben keine Ahnung, warum. An allen französischen Grenzübergängen wird aber verstärkt kontrolliert.«

»Danke, ich werde die Augen offenhalten.« Lennox erwähnte mit keinem Wort, daß er dies bereits wußte. Er mißtraute dem BND-Vize zwar nicht, aber wenn er allein arbeitete, achtete er darauf, daß niemand über seinen nächsten Schritt Bescheid wußte. Er legte die Hand behutsam auf das Exemplar des *Spiegel*. »Die Papiere scheinen mir aber ein bißchen dick zu sein«, bemerkte er und trank seinen Kaffee aus.

»Wir haben fünftausend D-Mark in großen Scheinen dazugelegt – für Spesen. Wir wollen Sie bei dieser Sache nicht ohne Bargeld dastehen lassen . . .«

»Vielen Dank. Wenn ich mit Ihnen Kontakt aufnehmen will: Soll ich dann die Frankfurter Nummer anrufen?«

»Nein, eine andere. Eine Bonner Telefonnummer . . .« Lanz sagte nicht, daß er sich von nun an in der Bundeshauptstadt aufhalten würde, um im Notfall in der Nähe des Kanzlers zu sein. »Sie werden die Nummer auf der Innenseite des Umschlags finden«, fuhr er fort. »Sie können mich unter dieser Nummer zu jeder Tages- und Nachtzeit erreichen. Ich werde in dem Büro mit dieser Telefonnummer bleiben, werde dort essen und schlafen. Wenn Sie dort anrufen, können Sie sich darauf verlassen, daß ich selbst den Hörer abnehme.«

Lennox starrte den Deutschen an. So viel Fürsorge hatte er nicht erwartet. »Ich danke Ihnen nochmals«, sagte er. »Aber dieser Trip kann bis zu vierzehn Tage dauern, falls ich in Schwierigkeiten komme – und Sie würden ziemlich steif werden, wenn Sie sich so lange in einem Raum einschließen.«

»Um Himmels willen, das ist das wenigste, was ich tun kann.« Lanz hob die Hände. »Ich selbst würde diesen Job höchst ungern übernehmen, um die Wahrheit zu sagen. Im französischen Geheimdienst tut sich was, und das könnte sehr ungesund sein. Falls Sie in der Tinte sitzen, rufen Sie mich an. Ich kann Ihnen gar nichts versprechen – in Frankreich bin ich machtlos –, aber ich könnte jedenfalls etwas versuchen. Wenn Ihnen der Boden zu heiß wird, sollten Sie Frankreich sofort verlassen . . .«

Grelle befand sich in einem Alouette-Hubschrauber auf dem Flug nach Lyon, um der Exhumierung der Leiche des Leoparden beizuwohnen, als er eine weitere Entscheidung traf. Er hatte eine Zeitlang schweigend dagesessen und nicht mit dem neben ihm sitzenden Boisseau gesprochen. Er starrte auf die unter ihm liegende überschwemmte Landschaft. Über weite Strecken hatte er eher das Gefühl, über asiatische Reisfelder hinwegzufliegen als über die Felder Frankreichs.

»Boisseau«, sagte Grelle nach einiger Zeit, »auf dieser Liste von Hugon stehen die Namen zweier Männer, die in Frankreich leben – nur einer lebt in Deutschland.«

»Zwei«, wiederholte Boisseau.

»Ich möchte, daß Sie diese beiden auf Schritt und Tritt überwachen lassen. Das muß sehr diskret vor sich gehen – die beiden dürfen nichts davon merken.«

»Sollen meine Leute auch diesen Engländer, Lennox, abfangen, falls er aufkreuzt?«

»Auf keinen Fall! Wenn Lennox erscheint, möchte ich davon unterrichtet werden, außerdem soll man ihn diskret beschatten. Er darf aber nicht festgenommen werden.«

»Ich werde mich auf Sie persönlich berufen müssen. Natürlich liegt dieser Befehl außerhalb Ihrer Kompetenz.«

Grelle war in der Tat nicht zu solchen Maßnahmen ermächtigt. Normalerweise endet die Befehlsgewalt des Polizeipräfekten von Paris an den Stadtgrenzen. Florian hatte Grelle aber ausdrücklich die Verantwortung für seine persönliche Sicherheit übertragen. Seit dem Attentatsversuch erstreckte sich diese Funktion des Präfekten auf ganz Frankreich.

»Natürlich«, bestätigte Grelle. »Sie werden Ihren Leuten also sagen, daß es um die Sicherheit des Präsidenten der Französischen Republik geht.«

Um Fahrgäste zu kontrollieren, die mit der Bahn von Wien nach Deutschland reisen, besteigen Grenzbeamte manchmal den Zug in Salzburg; dies geschieht jedoch nicht oft. Diese Grenze ist eine der offeneren in Europa. Das sowjetische Kommando überquerte die österreichisch-deutsche Grenze ohne jede Paßkontrolle. Ihre Skiausrüstung befand sich im Gepäckwagen, sie reisten mit französischen Papieren, sie hatten französische Francs und Deutsche Mark in den Brieftaschen. Allem Anschein nach handelte es sich bei dem Trio um französische Touristen, die über Deutschland aus Österreich heimkehrten.

Dennoch war Vanek noch immer auf der Hut. Er entschied, daß zwei Reisende weniger auffallend seien als drei, und saß mit Brunner in einem Erster-Klasse-Abteil, während Lansky allein in einem anderen Wagen reiste. Bei der Fahrt durch das schneebedeckte bayrische Voralpenland erhaschten sie im Mondschein gelegentlich einen Blick auf die im Süden liegenden schneebedeckten Alpengipfel. Später, kurz vor München, fuhr der Zug durch Pullach, dem Standort der BND-Zentrale. Um acht Uhr abends kamen die drei Männer in München an. Vanek und Brunner fuhren mit dem Taxi ins Vier Jahreszeiten, eine der teuersten Nobelherbergen der Stadt.

»Niemand«, hatte Vanek zuvor erklärt, »hält in den besten Hotels nach Attentätern Ausschau . . .«

Privat hatte Brunner eine einfachere Erklärung für die Wahl Vaneks. Dieser war offensichtlich der Ansicht, daß für einen Mann mit seinen Talenten nur das Beste gut genug sei. Während sie schweigend zum Hotel fuhren, verließ Lansky den Bahnhof allein und mietete sich ein Zimmer im Continental. Um sich an die Atmosphäre im Westen zu gewöhnen, gingen sie abends aus. Zuvor hatte Vanek von einer Telefonzelle aus Lansky angerufen, um sich zu vergewissern, daß dieser angekommen war.

»Bleiben Sie nicht im Hotelzimmer sitzen«, befahl Vanek seinem Untergebenen. »Gehen Sie aus und schnuppern Sie die Atmosphäre der Stadt. Machen Sie sich einen lustigen Abend . . .« Er lud aber Lansky nicht ein, sich ihm und Brunner anzuschließen.

In einem Bierlokal tat Vanek zwei Mädchen auf. Sein fließendes Deutsch stellte den ersten Kontakt her, und später nahmen sie zu viert ein sündhaft teures Essen ein. Als Brunner, der seinem Chef eilig auf die Herrentoilette gefolgt war, die Klugheit dieser Taktik bezweifelte, fuhr Vanek ihn brüsk an. »Sehen Sie denn nicht ein, daß zwei Männer mit ein paar Mädchen weit weniger auffallen als zwei einsame Ausländer? Außerdem«, sagte er und zog den Reißverschluß seiner Hose zu, »sind es sehr nette Mädchen . . .«

Am Ende des Abends, nachdem sie in einem Nachtlokal absurd überteuerten Champagner getrunken hatten, überredete Vanek seine frischgebackene Freundin, ihn mit zu sich in ihre Wohnung zu nehmen. Brunner war außer sich vor Wut und stellte Vanek in der Halle des Lokals zur Rede; er sagte, er werde ins Hotel zurückkehren und gründlich ausschlafen. »Gründlich ausschlafen?« fragte Vanek. »Verehrter Genosse, ich kann ein paar schöne Stunden mit einem Mädchen verbringen, vier Stunden schlafen, und dann bin ich morgens trotzdem frisch und munter wie ein junger Gott . . .«

»Wir müssen den Frühzug nach Frankreich bekommen«, erinnerte ihn Brunner.

»Dann passen Sie auf, daß Sie nicht verschlafen«, erwiderte Vanek.

Lennox, in jeder Lage der einsame Wolf, wartete, bis Lanz das Mainzer Bahnhofsrestaurant verlassen hatte, dann nahm er das auf dem Stuhl liegende Exemplar des *Spiegel* an sich und ging auf die Toilette. Er verriegelte die Tür seiner Zelle. Er setzte sich auf die Klobrille, zog die französischen Ausweise aus der Zeitschrift und steckte die fünftausend Mark in die Brieftasche. Anschließend memorierte er die Bonner Telefonnummer und zerriß den Umschlag, den er wegspülte. Nach dem Verlassen der Toilette machte er keine Anstalten, den Bahnhof zu verlassen, um seinen Wagen zu holen. Den Wagen hatte er schon vorher bei der örtlichen Niederlassung des Autovermieters zurückgegeben.

Um 12.38 Uhr bestieg er den Trans-Europ-Express *Rheingold*, der soeben aus Amsterdam eingetroffen war. Er suchte sich ein leerstehendes Abteil – Mitte Dezember ist in den TEEs reichlich Platz –, machte es sich auf einem Fenstersitz gemütlich und zündete sich eine Benson & Hedges an. Er hatte bis zur letzten Sekunde gewartet und war erst dann in den Zug gestiegen. Niemand war ihm gefolgt. Die Leute, die ihm Kopfzerbrechen machten, waren die Geheimdienstbeamten der französischen Botschaft in Bonn. Sie konnten bislang kaum etwas von ihm wissen, aber der Vize des BND war ihnen dafür ein um so bekannteres Beobachtungsziel. Als der Expreßzug allmählich schneller wurde, nahm Lennox seinen Koffer und ging zu dem geräumigen Waschraum.

Der Mann, der ihn betrat, war der Engländer Alan Lennox. Der Mann, der zehn Minuten später heraustrat, war der Franzose Jean Bouvier. Lennox setzte sich wieder in sein leeres Abteil. Er trug jetzt französische Kleidung und rauchte eine Gitane. Er trug jetzt auch den Hut, den er in Metz gekauft hatte, sowie eine Hornbrille. Normalerweise trug Lennox keinen Hut, aber er wußte, wie eine Kopfbedeckung die Erscheinung eines Mannes verändern kann. Als der Zugschaffner wenige Minuten später kam und Lennox einen TEE-Zuschlag bezahlen mußte, unterhielt er sich mit dem Schaffner auf französisch und mit einigen Brocken Deutsch.

Als der Expreß Freiburg erreichte, den letzten Aufenthalt vor der Schweizer Grenze, zögerte Lennox einen kurzen Moment. Einer der drei Männer auf der Zeugenliste Lasalles – Dieter Wohl – lebte in Freiburg. Lennox zuckte die Achseln wie ein Franzose und blieb in seinem Abteil sitzen. Im Augenblick war nur wichtig, aus Deutschland herauszukommen und die Spuren zu verwischen; Freiburg lag in unmittelbarer Nähe des Elsaß jenseits des Rheins. Wohl konnte er später aufsuchen, nachdem er die beiden Franzosen gesprochen hatte. Pünktlich um 15.36 Uhr hielt der TEE *Rheingold* im Basler Bundesbahnhof, wo Lennox ausstieg. Jetzt war er in der Schweiz.

Er verließ den Bahnhof, überquerte die Straße und betrat das Hotel Victoria, in dem er sich für nur eine Nacht ein Zimmer nahm. Danach hatte er noch genügend Zeit, das richtige Geschäft zu finden, um sich einen zweiten Koffer zu kaufen. Er nahm diesen neuen Koffer mit ins Hotel, packte um und legte seine britischen Kleidungsstücke in den alten Koffer; die in Metz gekauften französischen Kleider – alle bis auf die, die er trug – stopfte er in den Schweizer Koffer, den er gerade erstanden hatte. Er verließ das Hotel mit dem britischen Koffer und ging zum Bahnhof, wo er ihn in einem Schließfach deponierte. Als er abschloß, war ihm eines bewußt: Es war keineswegs sicher, daß er diesen Koffer je wiedersehen würde.

Grelle erschien zu spät zu der festgesetzten Exhumierung der Leiche des Leoparden. Er steckte mitten in drei zeitraubenden Aufgaben – er untersuchte den Attentatsversuch auf den Präsi-

111

denten, widmete sich dem Rätsel der Identität des Leoparden und bemühte sich, die Sicherheitsvorkehrungen zu Guy Florians Schutz zu vervollkommnen – und brauchte jede Minute, die der Arbeitstag ihm ließ. Schon jetzt mußte er mit vier Stunden Schlaf pro Nacht auskommen – das Schlafdefizit versuchte er mit kurzen Schläfchen auszugleichen, wo immer sich die Gelegenheit bot, im Wagen, im Flugzeug, sogar im Büro, wenn sich zwischen zwei Gesprächen eine Möglichkeit ergab.

Boisseau saß hinter dem Lenkrad des Wagens. Grelle döste, als sie von der Hauptstraße abbogen und auf einem verschlammten Weg in den Wald hineinfuhren. An der kaum erkennbaren Abzweigung hatte ihnen ein Gendarm mit einer Taschenlampe einen Wink gegeben. Sie hätten die Abzweigung sonst unweigerlich verfehlt. Es war schon längst dunkel geworden – die Exhumierung war für den späten Abend angesetzt worden, um die Geheimhaltung zu sichern. Es goß in Strömen, und im Scheinwerferlicht tauchten plötzlich zwei große Wasserlachen auf dem ausgefahrenen Waldweg auf. Der Präfekt öffnete die Augen. »Wenn das noch lange weitergeht«, brummte er, »steht bald ganz Frankreich unter Wasser . . .«

Sie fuhren durch einen Fichtenwald. Die Scheinwerfer erfaßten einen Palisadenzaun nasser Baumstämme, als der Wagen über die kurvenreiche Strecke dahinfuhr. Die Reifen rutschten auf dem Schlamm, und der Regen prasselte auf das Wagendach.

Etwa zwei Kilometer nach der Abzweigung auf dem Waldweg nahm Boisseau eine scharfe Kurve, und plötzlich erleuchteten die Scheinwerfer in dem strömenden Regen eine seltsame Szene. Bogenlampen erhellten den Schauplatz der Grabung. Die Grabstätte wurde durch ein Zeltdach vor dem Regen geschützt. Daneben lagen frisch aufgeworfene Erdhaufen. Männer mit Schaufeln standen bis zu den Schultern im Grab und hoben noch immer Klumpen lehmiger Erde aus. Durch das Wischerfeld der Windschutzscheibe sah Grelle, daß sie sich auf einer großen Lichtung befanden. Auf einem dichten Teppich abgestorbener Farne standen einige Polizeifahrzeuge. Das Licht der Bogenlampen gab den Blick auf einen aufgeweichten Pfad frei, der vom Grab wegführte. Grelle folgte dem Pfad mit den Augen und sah wenige Meter entfernt die schemenhafte Silhouette des steinernen Leoparden, den man von der Grabstätte entfernt hatte. Das

Tier sah in dem trommelnden Regen merkwürdig lebendig aus, als duckte es sich gerade zum Sprung.

»Ich werde mal nachsehen, wie weit die Burschen sind«, sagte Boisseau, der inzwischen angehalten hatte. »Es hat keinen Sinn, daß wir beide naß werden.«

Ein *agent de la paix*, an dessen Mantel der Regen in Bächen hinablief, steckte den Kopf durch die Seitenscheibe. Der Schirm seiner Mütze entlud eine Ladung Wasser ins Wageninnere. Verwirrt nahm er sein *képi* ab. »Setzen Sie das Ding wieder auf, um Gottes willen«, brummte Grelle. »Kommen Sie voran?«

»Sie haben den Sarg gefunden . . .« Der Mann hatte ein jungenhaftes Gesicht, und man sah ihm die Aufregung an, mit dem Polizeipräfekten von Paris zu sprechen. »Sie werden ihn in ein paar Minuten oben haben.«

»Wenigstens ist ein Sarg da«, brummelte Grelle. Er war alles andere als aufgeregt. Selbst wenn der Sarg einen Leichnam enthielt, würde das noch lange nichts beweisen. Seit 1944 war immerhin eine lange Zeit verstrichen. Als Pessimist, der er nun einmal war, hatte er das Gerichtsmedizinische Institut in Lyon veranlaßt, sich bereitzuhalten, um die sterblichen Überreste des ›Leoparden‹ zu untersuchen, sobald sie in Lyon angeliefert würden. Ein Pathologe, ein Röntgenologe sowie einige andere Experten standen bereit, um das Alter der Knochen zu bestimmen.

Grelle folgte Boisseau hinaus in den Regen. Er steckte die Hände tief in die Manteltaschen und zog sich den Hut in die Stirn. Früher oder später würde er ohnehin klatschnaß werden, und es würde einen sehr schlechten Eindruck machen, wenn der Präfekt warm und trocken saß, während alle anderen im Schlamm herumwühlten. Grelle war immerhin vorsichtig genug gewesen, sich Gummistiefel anzuziehen. Seine Füße versanken bis zu den Knöcheln in dem glitschigen Schlamm. Er stand unter einer grell leuchtenden Bogenlampe. Als er den sich im Regen duckenden Leoparden betrachtete, fiel ihm ein Regentropfen von der Nasenspitze.

Inmitten des geräuschvoll strömenden Regens und des in der Ferne grollenden Donners vernahm Grelle ein neues Geräusch. Die Männer unten im Grab befestigten Ketten an irgendeinem Gegenstand. Die Zeltplane wurde entfernt, so daß ein Abschleppwagen an die offene Grube heranfahren konnte. Der

Fahrer betätigte einen Schalter, und der Kran schob sich über die Öffnung. Für den Fall eines technischen Fehlers waren die Männer aus dem offenen Grab herausgeklettert. Sie waren über und über mit Schlamm bedeckt. Dreckiger Job. Wahrscheinlich völlig umsonst.

Es war eine gespenstische Szenerie: der heulende Wind, der die Baumwipfel krümmte, der endlose Regen, das grelle Licht der Bogenlampen. Und jetzt verstummten die Männer in ihren glänzenden Regenmänteln, als sie sich am offenen Grab zusammendrängten und warteten. Der von Ketten festgehaltene Sarg hing jetzt am Haken; der einzige Mann, der jetzt etwas tat, war der Fahrer des Abschleppwagens, der sich auf dem Fahrersitz umgedreht hatte und zugleich seine Schalter betätigte. Unter dem Surren des Maschinenantriebs wurde der Sarg langsam hochgezogen. Allmählich trat er aus dem Schatten und drehte sich im Lichtschein, während der Regen von den Brettern tropfte. Alle Anwesenden waren sehr still. Grelle schob sich eine Zigarette in den Mundwinkel und zündete sie dann doch nicht an, als er den strafenden Blick eines Gendarmen bemerkte. ›Gottverdammter Mist‹, dachte er, ›erwartet der Bursche etwa, daß ich noch meinen Hut abnehme?‹

Er blickte wieder nach rechts und sah den steinernen Leoparden, der mit offenem Fang dalag, als erzürnte ihn die Entweihung der Grabstätte. Der Beamte, der die Exhumierung leitete, rief einen Befehl. Der jetzt über der Erde schwankende Sarg drehte sich und wurde von dem stählernen Arm behutsam unter das Zeltdach gelenkt, langsam herabgelassen und dann vor dem Regen geschützt auf die Erde gesetzt. Noch ein lauter Befehl. Ein Mann mit einer Motorsäge tauchte auf, untersuchte den Sarg und begann dann mit seiner Arbeit. Er schnitt den Deckel dort auf, wo er ursprünglich angeschraubt worden war. Boisseau ging weg, stellte ein paar Fragen und kehrte dann zum Präfekten zurück.

»Die Schrauben sind eingerostet. Man hat sie angewiesen, keine Meißel und Brechstangen zu benutzen – die Erschütterungen könnten die Überreste zu Staub zusammenfallen lassen . . .«

Grelle sagte nichts. Er stand nur still da, während die Zigarette in seinem Mundwinkel immer mehr aufweichte. Auf Anweisung Boisseaus wurde eine Lampe näher herangebracht, die durch die Zeltöffnung direkt den Sarg anstrahlte.

»Ob wir gleich mehr wissen werden?« murmelte Boisseau. Man merkte ihm einen Anflug von Aufregung an.

»Ich würde keine Wette darauf abschließen . . .«

»Sie sagen, soweit man sehen könne, sei das Grab viele Jahre lang nicht angerührt worden. Die Erde sei fest wie Beton.«

»Was ist mit dieser verdammten Statue?«

»Gut verankert gewesen. Auch die hat seit Jahren kein Mensch angerührt . . .«

Der Mann mit der Motorsäge hielt inne. Es war soweit. Zwei Männer standen auf je einer Seite des Sargs und begannen, vorsichtig den Sargdeckel aus dem Zelt herauszuziehen; bevor sie damit fertig waren, konnte man nichts erkennen. Die beiden Männer schienen eine Ewigkeit zu brauchen, als sie so unter dem Zeltdach gebückt dastanden. Sie mußten vorsichtig auftreten; die Erde unter ihren Füßen war zum Morast geworden. Dann traten sie zur Seite, und jeder konnte sehen, was in dem grellen Lichtschein der Bogenlampe zum Vorschein kam. Man hörte ein entsetzes Keuchen. Grelle stand so reglos da wie der steinerne Leopard.

»Mein Gott!« stieß Boisseau aus.

Im Sarg lag das vollständig erhaltene Skelett eines riesigen Hundes, die Hinterläufe waren angezogen. Der riesige Schädel ruhte zwischen den Knochen der Vorderpfoten. Die Augenhöhlen lagen im Schatten, so daß das Skelett die Umstehenden aus übergroßen schwarzen Pupillen böse anzustarren schien.

»César . . .«, grunzte der Präfekt. »Makaber – und brillant. Seinen Hund konnte er nicht mitnehmen, denn das hätte ihn verraten. Außerdem brauchte er etwas, um dem Sarg Gewicht zu geben. Also tötete er den Hund und lieferte damit sozusagen seine eigene Leiche.«

Boisseau beugte sich über das Skelett und untersuchte es kurz.

»Ich glaube, da ist ein Einschußloch im Schädel.«

»Ob der Bastard seinen eigenen Hund erschossen hat?« Grelle hatte einmal einen Drahthaarterrier besessen, der dem Pariser Straßenverkehr zum Opfer gefallen war. Danach hatte er sich keinen Hund mehr angeschafft. Er sprach monoton, gab sich dann aber einen Ruck. »Sagen Sie den Leuten, sie sollen den Deckel wieder festmachen und das Ganze dann nach Lyon bringen. Also los!«

Sie verließen die Männer, die den Sarg auf den Abschleppwagen hoben, und fuhren auf dem verschlammten Waldweg zurück. Die Statue sollte im Wald bleiben, in der Nähe des Grabs, das sie so lange bewacht hatte und das sich jetzt allmählich mit Wasser füllte. Boisseau, der den konzentrierten Gesichtsausdruck seines Chefs bemerkte, sagte nichts, bis sie wieder auf der Hauptstraße waren. »Überrascht?« fragte er, als der Wagen beschleunigte.

»Nein, eigentlich nicht – allerdings habe ich nicht erwartet, den Hund zu finden. Diese ganze Sache hat mich beunruhigt, seit ich die Akte zum erstenmal gelesen hatte – sie paßt nicht zu allem anderen. Erst hat er alle diese Vorsichtsmaßnahmen ergriffen, um nicht identifiziert zu werden, und dann, wenn alles beinahe vorbei ist, geht er in Lyon spazieren und läßt sich erschießen. Wenn er bis dahin überlebt hatte, hätte es ihm leichtfallen müssen, auch weiterhin am Leben zu bleiben – und so ist es auch. Er lebt noch.«

»Er läuft also irgendwo herum?«

»Ich weiß genau, wo er sich aufhält. In Paris. Das Dumme ist nur, ich weiß nicht, wer er ist.«

»Danchin oder Blanc – Gaston Martin zufolge. Es ist ein Alptraum.«

»Es wird noch schlimmer kommen«, versicherte Grelle ihm düster.

Grelle blieb nur so lange in Lyon, daß er noch ein paar weitere Nachforschungen anstellen und erfahren konnte, was der Röntgentest ergeben hatte.

»Ich schätze das Alter der Knochen auf etwa dreißig bis vierzig Jahre«, sagte der Röntgenologe dem Präfekten. »Das heißt, sie haben so lange in diesem Wald gelegen.« Das Tier konnte also sehr wohl im Juli 1944 erschossen und begraben worden sein.

Auf dem Rückflug nach Paris erzählte Grelle Boisseau von seinen weiteren Nachforschungen. »Sie haben mir noch einiges über den Bildhauer erzählt, der die Statue angefertigt hat. Kurz nachdem er den Leoparden fertiggestellt hatte, fand man ihn erschossen in seinem Haus auf. Das Haus war von oben bis unten durchwühlt worden, und man nahm an, er hätte einen Einbrecher überrascht. Sie können sich also eine Vorstellung von der

Rücksichtslosigkeit des Mannes machen, den wir suchen. Er hat sämtliche Spuren verwischt – das glaubt er jedenfalls. Bis Lasalle ihn auferstehen ließ.«

»Was zum Teufel sollen wir machen?« fragte Boisseau.

»Ihn zur Strecke bringen.«

9

Die beiden Männer gingen allein in dem Pariser Garten spazieren; der eine von ihnen war hochgewachsen und ging leicht gebeugt, um zu verstehen, was sein viel kleinerer Begleiter sagte. Der kleinere Mann war stämmig gebaut und hatte kurze, kräftige Beine. Er sprach respektvoll, aber doch bestimmt, als erwartete er, Widerstand überwinden zu müssen. Er flüsterte fast, obwohl im Umkreis von zwanzig Metern kein Mensch zu sehen war.

»Wir müssen auch Lasalle auf die Liste setzen. Er ist ein sehr gefährlicher Mann, und bei diesem Stand der Dinge dürfen wir es nicht riskieren, ihn am Leben zu lassen. Er wird sonst weiterstöbern, bis er irgend etwas zutage fördert.«

»Ich halte das für unklug«, wiederholte der hochgewachsene Mann. »Ich habe Ihnen drei Namen gegeben, und das genügt. Jeder neue Name auf der Liste erhöht das Risiko. Es wird etwas schiefgehen . . .«

»Nichts wird schiefgehen. Für diese Art Arbeit setzen sie nur die allerbesten Leute ein. Wie ich höre, ist das Kommando schon fast in Frankreich – und es sollte ihnen gelingen, ihre Aufgabe innerhalb von sechs Tagen zu erfüllen . . .« Der kleine Mann holte ein Taschentuch heraus und schneuzte sich. Er hatte sich eine Erkältung geholt; Paris war eine unerträglich feuchte Stadt. »Sie haben auch wirklich nicht das leiseste Flüstern gehört, daß jemand über diese Sache Bescheid weiß?« fragte er.

»Nichts. Sehen Sie zu, daß die Männer die Sache schnell hinter sich bringen«, sagte der hochgewachsene Mann scharf. »Und geben Sie mir sofort Nachricht, wenn es soweit ist, daß ich mir keine Sorgen mehr zu machen brauche. Ich habe im Augenblick genug anderes um die Ohren.«

Der kleine Mann warf seinem Begleiter einen schnellen Seitenblick zu; er spürte die Spannung, die diesem Mann zu schaffen machte. Dafür hatte er Verständnis; er selbst fühlte sich auch angespannt. »Und Lasalle? Seitdem die Entführung abgeblasen worden ist, müssen wir auch dieses Problem wirklich im Auge behalten.«

»Sie können sich also mit dem Kommando in Verbindung setzen? Nur für den Fall, daß irgendein anderes Problem auftaucht?«

Der kleine Mann zögerte und traf dann eine Entscheidung. »Sie werden in regelmäßigen Abständen mit uns Kontakt aufnehmen. Die Antwort lautet also ja. Ich hoffe, Sie haben auf dieser Liste niemanden vergessen?«

»Niemanden! So, ich glaube, wir haben jetzt genug geredet . . .«

»Und Lasalle?« Der kleine Mann blieb hartnäckig. »Sie können mir glauben, es wird wie ein Unfall aussehen. Die Männer, die sich dieser Dinge annehmen, sind Experten . . .«

»Experten?« Der hochgewachsene Mann richtete sich zu seiner vollen Größe auf. Sein Gesicht verriet Abscheu. »Im Krieg hält man diese Dinge für selbstverständlich, aber im Frieden . . . Dennoch, diese Arbeit muß erledigt werden. In gewisser Weise ist es eine Fortsetzung des Krieges. Was Lasalle angeht, so darf er noch nicht auf die Liste gesetzt werden. Ich bin sicher, daß er nicht weiß, was geschehen wird, wenn der Präsident von Frankreich nach Moskau aufbricht . . .«

TEIL ZWEI

Das Killerkommando
17. Dezember
bis 21. Dezember

10

Seit den frühesten Tagen des kalten Krieges kannte jeder Geheimdienst der größeren Staaten des Westens diesen geheimen Alptraum: daß irgendwo ein hoher kommunistischer Perspektivagent – ein ›Schläfer‹ – sitzen könnte, der sich langsam und stetig auf der Leiter der Macht emporarbeitete, bis er schließlich den Gipfel erreichte. Diese Furcht hatte auch in der Zeit der sogenannten ›Entspannung‹ fortbestanden.

Dies ist der Mann, den Geheimdienstchefs von London bis Washington am meisten fürchten – den Kommunisten, der zu sowjetischen Agenten keinerlei Kontakt unterhält, der keine toten Briefkästen frequentiert, um Informationen weiterzugeben, den kein Abwehragent verfolgen oder stellen kann. Weil er jahrelang keine Verbindung mit Moskau hat, gibt es keine Möglichkeit, ihm auf die Spur zu kommen, während er sich kraft seiner Fähigkeiten immer weiter emporarbeitet. Er ist nicht daran interessiert, die Details eines neuen Raketensystems an Moskau weiterzugeben – er hofft vielmehr, sein Land zu übergeben.

Oberst René Lasalle war der erste, der von einer Verschwörung Wind bekam, als er noch zweiter Mann der französischen militärischen Gegenspionage war. Als er sich daranmachte, die Vergangenheit des rätselhaften Leoparden zu durchleuchten, geriet er in Konflikt mit Guy Florian, der ihn entließ, weil er die feine Grenzlinie zwischen militärischer und politischer Gegenspionage überschritten hatte. Ein seltsamer Zufall der Geschichte bewirkte, daß Marc Grelle die Aufgabe zufiel, dort die Fährte aufzunehmen, wo Lasalle hatte aufgeben müssen.

Am Freitag, dem 17. Dezember – dem Tag, an dem das sowjetische Kommando die französische Grenze überschritt –, wurde Marc Grelle von seinen zahlreichen Pflichten durch einen Vorfall abgehalten, der im Augenblick nichts weiter als eine kleine Ablenkung zu sein schien, ein Zwischenfall, der bald in den Akten ruhen und vergessen sein würde. Um zehn Uhr morgens erfuhr der Präfekt von dem Alarm auf dem Flughafen Orly, wo algerische Terroristen gerade versucht hatten, eine El-Al-Maschine kurz vor dem Start zu zerstören. »Wir sollten lieber hinfahren und uns das mal ansehen«, sagte er zu Boisseau. »Und ich habe gedacht, die Sicherheitsvorkehrungen in Orly seien perfekt . . .« Grelle hatte allen Grund, sich Sorgen zu machen; in nur wenigen Tagen sollte Guy Florian nach Marseille fliegen, um dort am Vorabend seiner Abreise in die Sowjetunion eine große Rede zu halten.

Als sie am Flughafen ankamen, wo es in Strömen goß, entdeckten sie, daß Camille Point, der diensthabende Offizier der Flughafen-Gendarmerie, die Lage unter Kontrolle hatte. In der Ferne konnten sie durch dichte Regenschleier hindurch die israelische Maschine auf einer Reservestartbahn stehen sehen. Sie war völlig unbeschädigt. Boisseau ließ Grelle einen Augenblick mit Camille Point allein, um von einem Funkwagen der Polizei aus zu erfahren, was aus dem Attentäter geworden war. Unterdessen wimmelte es auf dem gesamten Flughafengelände von bewaffneten Polizisten.

»Einer meiner Männer hat den Terroristen gerade noch rechtzeitig entdeckt«, erklärte Point. »Er zielte auf die El-Al-Maschine, die mit zweihundert Passagieren an Bord gerade starten sollte. Mouton – der Beamte – schoß auf ihn, verfehlte ihn aber; immerhin hat er den Terroristen aufgeschreckt, so daß dieser weglief und seine Waffe zurückließ. Kommen Sie mit aufs Dach, ich zeige sie Ihnen . . .«

»Dieser Terrorist – er ist entkommen?«

In Grelles Stimme schwang Angst mit. Seit einiger Zeit war bekannt, daß eine algerische Terroristengruppe in Paris operierte, und der Präfekt brannte darauf, die gesamte Gruppe auszuheben. Er hatte Befehl gegeben – und Roger Danchin hatte den Befehl gebilligt –, im Falle einer Konfrontation mit der Bande von der Möglichkeit des gezielten Todesschusses Gebrauch zu machen. Ein Mann war allerdings nicht genug. Boisseau, der vom Funkwagen zurückgelaufen war, hörte die Frage.

»Er ist davongekommen, ja«, begann Boisseau.

»Gottverdammte Scheiße!« fluchte Grelle giftig.

»Wir haben ihn aber unter Beobachtung«, fuhr Boisseau fort. »Wir benutzen das neue Überwachungssystem, das Sie für die Autokolonne des Präsidenten am 23. Dezember auf dem Weg nach Roissy ausgearbeitet haben; im Augenblick wird er von einem Funkwagen zum nächsten weitergereicht. Er scheint nicht zu bemerken, daß man ihn beschattet. Ich habe gerade erfahren, daß er die Périphérique entlangfährt, auf den Norden von Paris zu . . .«

Boisseau verstummte, als der Fahrer des in der Nähe stehenden Funkwagens ihm zuwinkte. Als er nach dem Abhören des jüngsten Funkberichts zurückkam, nickte er dem Präfekten zu. »Er wird noch immer beobachtet und fährt noch nach Norden. Sollen wir riskieren, ihn aus den Augen zu verlieren, oder näher zu ihm aufschließen?«

»Gehen Sie nicht zu nah an ihn heran – und verlieren Sie ihn nicht aus den Augen«, erwiderte Grelle.

»Genau das habe ich ihnen gerade gesagt . . .«

Das Risiko sollten wir eingehen können, sagte sich Grelle, als er Point auf das Dach des Gebäudes folgte. Wenn sie den Algerier bis zu seinem Versteck verfolgen und ihn vielleicht sogar dort noch weiter überwachen können, bestand die Möglichkeit, die ganze Bande mit einem Schlag auszuheben. Als sie das Dach erreichten, blieb Grelle stehen und starrte nach vorn. Fünf uniformierte Beamte umstanden ein klobiges Gerät, das auf einer Segeltuchplane lag. Der Mann vom Erkennungsdienst, der die Waffe soeben auf Fingerabdrücke untersucht hatte, stand auf und begrüßte Grelle. »Ich habe bekommen, was ich haben wollte. Nettes kleines Spielzeug, nicht wahr?«

»Grail?« fragte der Präfekt.

»Ja.« Es war ein junger, ehrgeizig aussehender Beamter, der geantwortet hatte.

»Grail« ist die NATO-Codebezeichnung für das sowjetische SAM-Boden-Luft-Raketensystem in der leichten Version, deren Raketen von einem Mann allein bedient werden können. Auch die von einem Mann zu tragende Abschußvorrichtung war von Moskau – wenn auch in geringen Stückzahlen – an bestimmte arabische Terroristenorganisationen geliefert worden. Die mit einer Rakete oder einer *Strela* (dem russischen Wort für ›Pfeil‹) geladene Abschußvorrichtung wiegt nicht mehr als achtzehn Kilogramm; die Raketen haben eine Reichweite von anderthalb bis gut drei Kilometern.

Erst vor wenigen Jahren hatte der Londoner Heathrow-Flughafen von Eliteeinheiten der britischen Armee abgeriegelt werden müssen, als Gerüchte über einen bevorstehenden Anschlag arabischer Terroristen laut geworden waren. Damals war vermutet worden, mit ›Grail‹-Raketen bewaffnete Terroristen hätten vor, eine in London erwartete Maschine mit Henry Kissinger an Bord abzuschießen. Die Waffe ähnelte einer Bazooka, hatte einen schweren Lafettenbalken und trug auf dem dicken Lauf ein kompliziertes Zielfernrohr. Auf der Segeltuchplane daneben lagen zwei Raketen. Point legte sich neben die leere Abschußvorrichtung und richtete sie über die Brüstung hinweg auf die stehende El-Al-Maschine. »Sie sollten sich das einmal ansehen«, sagte er zu dem Präfekten. »Mich überläuft es kalt, wenn ich daran denke, daß dieser Bastard um ein Haar zweihundert Menschenleben ausgelöscht hätte. Buvon hier kennt das Ding in- und auswendig. Er arbeitet bei der Abteilung Terroristenbekämpfung . . .«

Grelle war erschüttert, als er sich anstelle von Point neben die Abschußvorrichtung legte und durch das Zielfernrohr blickte. Obwohl die israelische Maschine in dem dichten Regen nicht klar zu sehen war, wurde sie durch das Zielfernrohr doch so dicht herangeholt, daß Grelle meinte, sie mit der Hand berühren zu können. Buvon ließ sich neben ihn fallen und erklärte ihm, wie das Gerät funktionierte, zeigte ihm sogar, wie man eine Rakete einlegte.

»Sie arbeitet mit einem hitzeempfindlichen Sensorsystem. In die Spitze der Rakete ist eine Vorrichtung eingebaut, die, wenn das Ding erst mal in der Luft ist, die Rakete sofort auf die heißeste Wärmequelle in Reichweite zusteuert – in diesem Fall, beim Start der israelischen Maschine, hätte die Rakete sofort auf die Düsenaggregate zugesteuert . . .«

Grelle lag flach auf dem Boden ausgestreckt und hörte noch eine Weile zu. »Könnte der Pilot der Maschine irgendein Ausweichmanöver vollführen?« fragte er und befühlte die Waffe. »Gäbe es irgendeine Hoffnung?«

»Absolut keine«, erwiderte Buvon lebhaft. »Selbst wenn der Pilot das Ding kommen sehen würde – was unwahrscheinlich ist – und den Kurs änderte – was noch unwahrscheinlicher ist –, würden die Hitzesensoren ebenfalls eine Kurskorrektur bewirken und die Rakete auf das Ziel zusteuern lassen, bis die Kollision erfolgt. Und dann – wumm! – ist alles vorbei . . .«

Grelle fiel ein, daß Florian in wenigen Tagen von diesem Flughafen aus nach Marseille abfliegen sollte. Er traf eine schnelle Entscheidung. »Ich werde dieses teuflische Ding selbst nach Paris bringen«, verkündete er. »Lassen Sie es in den Kofferraum meines Wagens legen.« Boisseau setzte sich ans Steuer, und dann fuhren sie beide zum Hauptquartier der Sûreté in der Rue des Saussaies. Dort überwachte der Präfekt persönlich den Transport vom Wagen in einen gepanzerten Raum im vierten Stock, der sich in einem größeren Raum befand und so abgeschirmt war. Grelle verlangte sämtliche Schlüssel zu beiden Räumen. Man händigte ihm drei aus, und auf seine Frage, ob das alle seien, erhielt er eine unklare Antwort. »Ursprünglich hat es vier gegeben, aber einer von ihnen paßte schlecht. Soviel ich weiß, ist er vernichtet worden.«

»Niemand, absolut niemand darf diesen Raum ohne meine Erlaubnis betreten«, befahl Grelle. »Wenn die Leute von der Armee sich das Ding ansehen wollen, müssen sie zu mir kommen, um die Schlüssel zu holen . . .«

Sie waren kaum in die Präfektur zurückgekehrt, als Boisseau einen Anruf erhielt. Er ging sofort zum Büro des Präfekten, um Bericht zu erstatten. »Der Algerier hat sich verkrochen, und wir wissen auch, wo. Er sitzt in einem verlassenen Mietshauskomplex in einer Seitenstraße des Boulevard de la Chapelle im achtzehnten Arrondissement. Die Adresse ist Rue Réaumur 17 . . .«

»Dieses stinkende lausige Viertel«, bemerkte Grelle. Dort, im Bezirk Goutte d'Or, lag das Araberviertel, eine Gegend, in der seit mehr als dreißig Jahren fast nur Araber wohnten. »Haben sich noch mehr Leute von der Bande blicken lassen?« fragte er.

»Außer ihm ist kein Mensch zu sehen. Wir glauben, daß er allein ist. Einer der Beamten in einem Streifenwagen, der ihn überholte, meint, daß es Abou Benefeika ist, aber das ist nicht sicher.«

»Ich hoffe, er kann uns nicht durch die Lappen gehen?« fragte Grelle.

»Wir haben ihn sicher in der Falle. Sowohl der Vorder- wie der Hinterausgang werden bewacht. Außerdem gibt es ein paar gute Beobachtungsposten, von denen aus man ihn Tag und Nacht im Auge behalten kann. Sollen wir ihn schnappen oder ihn schmoren lassen?«

»Lassen Sie ihn schmoren«, befahl Grelle.

In Basel, in seinem Zimmer im Hotel Victoria, hörte Alan Lennox aus dem Nachttischradio von dem Alarm in Orly. Er saß auf der Bettkante, rauchte eine Zigarette und sah gelegentlich auf seine

Uhr; der Nachricht aus Orly schenkte er keine Aufmerksamkeit. Dort war die Polizei schon mehrmals wegen vermuteter Terroristenüberfälle in Alarmbereitschaft versetzt worden. Der Engländer schlug sich die Zeit tot; das war etwas, was ihm sehr gegen den Strich ging, aber es gab einen richtigen Augenblick für den Grenzübertritt nach Frankreich; etwa um elf Uhr vormittags, schätzte er. Vorher würden die Grenzbeamten noch frisch und ausgeruht sein. Sie wären wachsam, leicht zu reizen und würden sich die wenigen Reisenden mit entsprechender Aufmerksamkeit vornehmen.

Punkt elf Uhr verließ Lennox das Victoria, überquerte die Straße und betrat die Bahnhofshalle. Im Basler Bundesbahnhof gibt es einen in Europa einzigartigen französischen Grenzposten. Er liegt zwar auf schweizerischem Boden, aber alle französischen Staatsangehörigen, die aus Basel nach Frankreich zurückfahren wollen, müssen hier durch eine von der Schweizer Grenzkontrolle getrennte französische Kontrolle. Hier arbeiten französische Beamte, die ausschließlich ihre Landsleute kontrollieren. Das war eine ausgezeichnete Gelegenheit, die von Peter Lanz gelieferten gefälschten Papiere zu testen.

Wenn es Schwierigkeiten geben sollte – wenn etwa entdeckt werden würde, daß er gefälschte Papiere hatte –, würde man ihn der Schweizer Polizei übergeben. Den Schweizer Beamten könnte er dann den Namen von Peter Lanz nennen und ihnen die Telefonnummer in Bonn geben. Angesichts der diskreten Zusammenarbeit zwischen den deutschen und den Schweizer Behörden würde es Lanz, dessen war er sicher, bestimmt gelingen, die Schweizer zu einer Übergabe des Engländers an die Deutschen zu überreden. Lennox hatte nicht umsonst so lange überlebt; er ging kein unnötiges Risiko ein. Mit seinem Schweizer Koffer in der Hand reihte er sich in die Schlange ein, die sich rasch weiterbewegte. »Ihre Papiere, bitte.«

Er hatte Pech: Die Abfertigung wurde von einem der jüngeren Beamten vorgenommen, einem scharfäugigen jungen Mann, dessen Begeisterung noch nicht durch jahrelanges Starren auf eselsohrige Pässe gedämpft worden war. Der Beamte verglich das Paßbild sorgfältig mit dem Mann, der vor ihm stand, und verschwand anschließend in einem Nebenraum. Innerlich gespannt, lehnte Lennox sich gegen den Tresen. In einem seiner Mundwinkel hing eine Gitane. Er sah die neben ihm stehende

Frau an und zuckte die Achseln. Diese elenden Bürokraten, schien er sagen zu wollen. Der Beamte kam zurück. Den Paß hielt er noch immer in der Hand.

»Welche Länder haben Sie besucht?«

»Die Schweiz und Deutschland . . .« Es ist immer besser, die Wahrheit zu sagen, wenn es nicht schadet. Lennox machte ein gelangweiltes Gesicht, als der junge Beamte fortfuhr, den Paß durchzublättern, als wäre es der erste, den er je zu Gesicht bekommen hätte, als wäre er überzeugt, hier sei etwas faul.

»Wie lange sind Sie nicht mehr in Frankreich gewesen?«

»Drei Wochen . . .«

Man soll immer nur die Frage beantworten, die einem gestellt wird. Niemals drauflosplappern und die Angaben mit lauter Details ausschmücken. Dies ist der älteste Trick aus dem Lehrbuch, den Grenzbeamte in aller Welt anwenden; einen Verdächtigen zum Reden bringen, dann stellt er sich über kurz oder lang selbst ein Bein. Der Beamte gab Lennox den Paß zurück. Lennox hob seinen Koffer auf, wurde von den Zöllnern mit einem Winken abgefertigt und ging weiter zum Bahnsteig, an dem der Zug nach Frankreich schon bereitstand. In zwei Stunden würde er in Straßburg sein.

Der München-Expreß sollte planmäßig in zwei Stunden in Straßburg eintreffen. Am Fenster eines Erster-Klasse-Abteils saß Karel Vanek. Er hatte sich in einen französischen Detektivroman vertieft. Der Tscheche rauchte genußvoll. Das Aroma einer teuren Zigarre füllte das Abteil. Ihm gegenüber saß der enthaltsame Brunner, dem die Zigarre nicht behagte; er hatte sogar den Fehler gemacht, eine Bemerkung über die Zigarre fallen zu lassen.

»Wenn wir zurückkommen, werden wir über unsere Ausgaben Rechenschaft ablegen müssen . . .«

»In einer kapitalistischen Gesellschaft öffnet eine Aura von Wohlstand sämtliche Türen«, hatte Vanek erwidert und ungerührt umgeblättert.

Die Wahrheit war, daß Vanek die angenehmen Dinge des Lebens liebte und Brunner für so etwas wie einen Bauernlümmel hielt. Jetzt, als sie sich Straßburg näherten, las er seinen Roman nur noch mit halber Aufmerksamkeit. Er dachte an Dieter Wohl, den in Freiburg lebenden Deutschen. Von den drei Männern, denen das Kommando ›einen Besuch abstatten‹ sollte – Vaneks

Euphemismus für das Umbringen eines Menschen –, war der Deutsche ihnen im Augenblick am nächsten. Es schien logisch, daß der Deutsche als erster besucht werden sollte.

Beim ersten Durchgehen der Liste hatte diese Vorstellung dem Tschechen aber nicht so recht zugesagt, und jetzt, als sie sich dem Rhein näherten, kamen ihm die gleichen Zweifel. Vanek wollte nämlich nicht einen zweiten Geheimdienst alarmieren – den deutschen –, solange sie noch nicht weitergekommen waren. Immerhin war nicht auszuschließen, daß bei Wohls ›Unfalltod‹ etwas schiefging. Und später müßten sie ohnehin über Deutschland aus Frankreich zurückkehren. Nein, Wohl hatte noch etwas Zeit. So war Vanek, wenn auch aus anderen Gründen, zu der gleichen Entscheidung gekommen wie Alan Lennox, nämlich erst nach Frankreich zu fahren.

Er klappte das Buch zu und blies noch mehr Zigarrenrauch in Brunners Richtung. Auch diesmal reiste Lansky in einem anderen Waggon; das war eine kluge taktische Vorsichtsmaßnahme und paßte Vanek überdies persönlich. Er mochte den jüngeren Tschechen nicht. Bald würden sie in Kehl sein, dem letzten Aufenthalt auf deutscher Seite, bevor der Zug die Rheinbrücke nach Frankreich überquerte. Vanek entschied, daß sie in Kehl aussteigen sollten, obwohl es einfacher sein würde, im Zug zu bleiben, bis dieser Straßburg erreichte. Vanek hatte die – nicht unbegründete – Vorstellung, daß Grenzbeamte auf die Reisenden in internationalen Expreßzügen ein besonders wachsames Auge halten. Nach dem Aussteigen in Kehl könnten sie einen Eilzug nach Straßburg nehmen und während des Aufenthalts in der deutschen Stadt vielleicht noch einige Kleidungsstücke kaufen. Vanek holte seine Papiere heraus und betrachtete sie. Bei der Ankunft in Straßburg würden sie drei harmlose Touristen sein, die von einem kurzen Skiurlaub in Bayern zurückkehrten. Jetzt gab es nichts mehr, was sie mit der Tschechoslowakei in Verbindung brachte.

Léon Jouvel, Rue de l'Épine, Straßburg, war der erste Name auf der Liste, die Oberst Lasalle Alan Lennox ausgehändigt hatte. Der dreiundfünfzigjährige Jouvel war ein kleiner und dicklicher Mann mit einem buschigen grauen Schnurrbart, struppigem grauen Haar und einer schlaffen rechten Hand, die es liebte, die Knie junger Mädchen zu streicheln, wenn ihr Besitzer glaubte, damit durchkommen zu können. Louise Vallon, die in Jouvels Phonogeschäft arbeitete, konnte ihn leicht auf Abstand halten. »Er ist nicht gefährlich«, vertraute sie einmal ihrer Freundin an, »macht sich nur Hoffnungen, aber in jüngster Zeit scheint er ziemlich deprimiert zu sein, beinahe ängstlich . . .«

Was Léon Jouvel ängstigte, war etwas, was mehr als dreißig Jahre zurücklag. Es schien zurückgekehrt zu sein, um ihn zu quälen. 1944 hatte er für die im Département Lozère operierende Résistance gearbeitet und war der Funker des Leoparden gewesen. Trotz dieser Schlüsselposition hatte er wie die übrigen keine Ahnung gehabt, wie der kommunistische Résistance-Chef aussah. Die Nähe seines Chefs hatte er immer an dem warnenden Knurren des Wolfshunds César erkannt.

Jouvel haßte das Biest, aber er gehorchte immer den Instruktionen, die man ihm gegeben hatte, und kehrte dem Tier den Rücken zu, wann immer es auftauchte. So blieb er mit seinem Notizbuch stehen, bis der Leopard erschien und ihm sagte, welche Meldung er durchgeben sollte. Nachdem er den Text notiert hatte, eilte Jouvel zu dem versteckten Sendegerät und gab den Funkspruch durch. Danach verbrannte er sofort den Zettel mit dem Text. Über den Leoparden wußte Jouvel nur, daß er ein sehr hochgewachsener Mann war; einmal, an einem sonnigen Tag, hatte er dessen Schatten gesehen.

Wegen der Art seiner Tätigkeit aber – und der Häufigkeit dieser kurzen Zusammentreffen – war Jouvel mehr als jeder andere in dieser Résistance-Gruppe mit der *Stimme* des Leoparden vertraut, und Jouvel hatte ein sehr feines Gehör. In den letzten achtzehn Monaten nun – seit Guy Florians Amtsantritt als Präsident – hatte Jouvel sich bemerkenswert verändert. Alle seine Freunde hatten sich über diese Veränderung geäußert. Der normalerweise joviale und redselige Jouvel war zu einem leicht reizbaren und schweigsamen Mann geworden, der oft kaum zu hören schien, was man ihm sagte. Das häufige Auftreten des Präsidenten im Fernsehen hatte den dicklichen kleinen Mann entnervt.

Der Witwer Jouvel hatte es sich angewöhnt, seine Abende in Bars und Cafés zu verbringen, in denen er mit Freunden zusammensaß und schwatzte. Jetzt saß er abends allein in seiner Wohnung im zweiten Stock eines Mietshauses und verpaßte keine Nachrichtensendung und kein politisches Magazin, weil er auf Guy Florians Erscheinen wartete, um ihn *sprechen* zu hören. Wenn Florian eine Rede hielt, saß Jouvel mit geschlossenen Augen vorm Fernseher und hörte intensiv zu. Es war makaber – diese Ähnlichkeit der Stimmen, aber es war unmöglich, völlig sicher zu sein.

Wenn er so mit geschlossenen Augen dasaß, hätte Jouvel schwören können, daß er gerade dem hinter ihm stehenden Leoparden zuhörte, der ihm irgendeinen neuen Funkspruch auftrug, den er in jenen heute so fernen Tagen oben in den Bergen durchgeben sollte. Jouvel studierte die Manierismen der Sprache des Präsidenten, achtete auf das kurze Zögern vor einem neuen Schwall von Anwürfen, wenn Florian die Amerikaner attackierte. Zuerst sagte er sich, das sei unmöglich: Der Leopard war 1944 in Lyon ums Leben gekommen. Aber dann fing Jouvel an, sich in die Vergangenheit zurückzuversetzen, er erinnerte sich an die Beisetzung des Leoparden tief im Wald, der er beigewohnt hatte. Die vier Männer, die den Sarg getragen hatten – alle vier Männer waren wenige Tage später bei einem Feuerüberfall ums Leben gekommen –, hatten es sehr eilig gehabt, die Sache hinter sich zu bringen. Jouvel war damals der totale Mangel an *Achtung* vor dem Toten aufgefallen.

Wenige Monate nach dem Amtsantritt Florians hatte ein unerwarteter Besuch von Oberst Lasalle, der in Zivil erschien, Léon Jouvel zutiefst erschreckt.

»Dieser Mann, der Leopard«, hatte der Oberst gesagt, »hat Ihnen doch zahllose Funksprüche durchgegeben, also müßten Sie doch seine Stimme wiedererkennen, wenn Sie sie hören?«

»Das ist alles so lange her . . .«

Jouvel hatte nach bestem Vermögen gemauert und es fertiggebracht, seinen verrückten Verdacht vor einem der geschicktesten Vernehmungsexperten in Frankreich zu verbergen. Wie so viele Franzosen mißtraute Jouvel sowohl der Polizei wie der Armee; er wollte in Ruhe gelassen werden und mit Behörden sowenig wie möglich zu tun haben. Aber hatte er den scharfäugigen kleinen Obersten wirklich überzeugen können, daß er nichts wußte? Noch Wochen nach dem Besuch Lasalles geriet Jouvel ins Schwitzen, wenn er an diese Begegnung dachte. Und jetzt, nur acht Tage vor Weihnachten, hatte es heute abend diesen Zwischenfall gegeben.

Um sechs Uhr abends schloß er wie immer seinen Laden ab

und ging vom Quai des Bateliers über die Brücke in die menschenleere Altstadt zurück. Nach Einbruch der Dunkelheit ist die Rue de l'Épine eine düstere Straße, in der alte fünfstöckige Häuser mit den Schatten verschmelzen und in der das Echo von Schritten von den Hauswänden widerhallt. Die Beleuchtung ist spärlich, und man sieht nur selten einen Menschen. An diesem Abend war Jouvel sicher, hinter sich Schritte zu hören. Er drehte sich abrupt um und sah einen flüchtigen Schatten, der mit einer Hauswand verschmolz.

Jouvel zwang sich umzukehren und zurückzugehen. Das erinnerte ihn daran, wie oft er dem gefährlichen Wolfshund des Leoparden den Rücken hatte zukehren müssen. Jouvel zitterte, als er sich zwang, weiter die dunkle Straße hinunterzugehen. Er schwitzte so, daß seine Brillengläser beschlugen. Als er den Hauseingang erreichte, an dem er den Schatten sich hatte bewegen sehen, konnte er nicht genau erkennen, ob da jemand stand. Er tat so, als rückte er die Brille zurecht, und wischte sie schnell mit den Fingern sauber. Das verschwommene Bild wurde klar, und aus dem dunklen Hauseingang starrte ihn ein schwer gebauter Mann mit einem feisten Gesicht an. Um ein Haar wäre Jouvel in Ohnmacht gefallen.

Der Mann mit dem feisten Gesicht trug einen dunklen Mantel und einen Schlapphut. Jetzt zog er einen Flachmann aus der Tasche und trank geräuschvoll. Anschließend rülpste er. Jouvels heftig pochendes Herz beruhigte sich. Ein Betrunkener! Ohne ein Wort zu sagen, machte Jouvel kehrt und ging zu dem Haus, in dem er wohnte. Dem Kriminalbeamten Armand Bonheur, der im Hauseingang stehengeblieben war, brach jetzt ebenfalls der Schweiß aus. Großer Gott, beinahe hätte er alles verdorben! Dabei hatte der Inspektor unmißverständliche Anweisungen gegeben.

»Was auch geschieht, Jouvel darf nicht merken, daß er beschattet wird. Der Befehl kommt direkt aus Paris . . .«

Jouvel bog in den steinernen Torbogen des Hauses Nr. 49 ein, ging über das Kopfsteinpflaster des Innenhofes und betrat das Hinterhaus. Er ging die Treppe zum zweiten Stock hinauf und schloß gerade seine Wohnungstür auf, als ein rothaariges Mädchen den Kopf durch die Tür nebenan steckte. Jouvel lächelte freundlich.

»Guten Abend, M'selle . . .«

Das Mädchen schien enttäuscht und machte hinter seinem Rücken eine obszöne Geste. »Dämlicher alter Schlappschwanz.« Für Denise Viron war alles über vierzig reif für den Friedhof; alles unter vierzig jagdbares Wild.

In seiner Wohnung eilte Jouvel zum Fernsehgerät und schaltete es ein. Nachdem er sich in der Küche eine Tasse Tee gemacht hatte, ging er wieder ins Wohnzimmer, setzte sich in einen alten Lehnsessel und wartete. Wenige Minuten später erschienen Kopf und Schultern Guy Florians auf dem Bildschirm. Jouvel schloß die Augen. »Die Amerikaner wollen Europa in einen einzigen riesigen Supermarkt verwandeln, in dem amerikanische Waren abgesetzt werden, versteht sich . . .« Und trotzdem konnte Jouvel nicht sicher sein. Ich werde noch wahnsinnig, dachte er.

»Monsieur Jouvel? Er ist heute nicht da, wird aber morgen wieder in Straßburg sein. Das Geschäft öffnet um neun . . .«

Louise Vallon, Jouvels Verkäuferin, legte auf und dachte nicht weiter über den Anruf nach. Sie mußte einen Kunden bedienen. In einer Bar in der Nähe des Phonogeschäfts legte Karel Vanek ebenfalls auf und ging hinaus auf die Straße. Dort, am Quai des Bateliers, saß Walther Brunner in dem Citroën DS 23, den sie bei Hertz am Boulevard de Nancy gemietet hatten. »Er ist heute nicht in der Stadt«, sagte Vanek und setzte sich hinters Lenkrad, »wird morgen aber zurück sein. Wir haben also reichlich Zeit, ein bißchen Atmosphäre zu schnuppern.«

Nach der Ankunft mit einem Eilzug aus Kehl hatten die drei Männer des sowjetischen Kommandos sich wie zuvor in München getrennt. Lansky war einfach über den mit Kopfsteinpflaster belegten Bahnhofsvorplatz gegangen und hatte sich unter dem Namen Lambert im Hotel Terminus eingemietet. Vanek und Brunner deponierten die drei Skiausrüstungen – die sie nie abholen würden – in der Gepäckaufbewahrung und fuhren mit wenigen Minuten Abstand in Taxis zum Hotel Sofitel. Dort trugen sie sich getrennt als Duval und Bonnard ein. Später trafen sie sich vor dem Hotel, gingen zum Boulevard de Nancy und mieteten den Citroën.

Vor dem Verlassen seines Zimmers im Sofitel hatte Vanek im Telefonbuch nachgeschlagen, dem Bottin, um Léon Jouvels Adresse zu prüfen. Ja, die Anschrift stimmte mit der auf der Liste überein, Rue de l'Épine 49, aber außerdem war noch die Adresse

eines Phono- und Fernsehgeschäfts am Quai des Bateliers angegeben. Mit Hilfe eines Stadtplans, den sie an einem Zeitungs-
kiosk gekauft hatten, waren Vanek und Brunner durch die Altstadt gefahren, um sich beide Adressen einmal anzusehen. Erst
danach machte Vanek von der Bar aus seinen ersten Anruf. Anschließend fuhr er einige Straßen weiter und übergab den Wagen erst dann seinem Begleiter. Für den Rest des Nachmittags
und den größten Teil des Abends sollte jeder der drei für sich mit
Straßburg vertraut werden und sich an das Gefühl gewöhnen, in
Frankreich zu sein.

»Kaufen Sie sich Zeitungen, gehen Sie in Parks, sprechen Sie
mit so vielen Leuten wie möglich«, hatte Vanek den anderen
eingeschärft. »Mischen Sie sich unter die Leute, dann fallen Sie
nicht auf. Nehmen Sie mal einen Bus und achten Sie auf das,
worüber die Leute sprechen. Heute abend schon sollen Sie französischer sein als die Franzosen selbst . . .«

Vanek hielt sich an die eigene Empfehlung und machte sich an
die Arbeit. Anders als Brunner ging er von jetzt an kreuz und
quer durch die Stadt. Er wußte, daß man sich mit einer fremden
Stadt am besten vertraut macht, wenn man zu Fuß durch die
Straßen geht. Auf dem Stadtplan hatte Vanek schon gesehen,
daß die Altstadt auf allen Seiten von Wasser umgeben ist. Die Ill
bildet den ›Graben‹, der das Herzstück Straßburgs umschließt.
Zahlreiche Brücken führen in den Stadtkern, der zum größten
Teil aus dem vierzehnten Jahrhundert stammt. Es war vier Uhr
nachmittags und noch immer hell, aber in der engen und stillen
Rue de l'Épine kündigte sich schon die Dämmerung an, als Va-
nek den Torbogen des Hauses Nr. 49 betrat.

Auf einem der Namensschilder unten im Hausflur entdeckte
Vanek, daß Jouvel im zweiten Stock wohnte. Er klopfte gerade
an die Tür zu Jouvels Wohnung, als die Tür zur Nachbarwoh-
nung aufging und ein rothaariges Mädchen ihn auffordernd ansah. »Er ist heute weggefahren, um seine Schwester zu besuchen – er kommt morgen wieder«, informierte sie den Tschechen. »Aber vielleicht kann ich Ihnen irgendwie behilflich sein?«

Vanek, der sorgfältig darauf achtete, ihre Hüften und die übrigen Vorzüge ihrer Anatomie angemessen zu würdigen, hatte
keinerlei Mühe, Denise Viron die Informationen zu entlocken,
die er brauchte. Er sei, erklärte er, für ein Marktforschungsun-
ternehmen tätig. »Monsieur Léon Jouvel ist eine der Personen,

die wir ausgewählt haben, um unseren Fragebogen auszufül-
len . . . Wir machen eine Erhebung darüber, wieviel Geld ein
Rentner zum Leben braucht.« Innerhalb weniger Minuten erfuhr Vanek, daß Jouvel Witwer war, daß er die Wohnung allein
bewohnte, daß er kein Haustier besaß – Vanek hatte an einen
Wachhund gedacht –, daß er den ganzen Tag in seinem Geschäft
war und erst um halb sieben abends nach Hause kam, daß er
nicht mehr sehr gesellig war und nur selten Besuch bekam.

»Wenn Sie hereinkommen möchten«, sagte das Mädchen und
strich ihren Rock über den langen und geschmeidigen Beinen
glatt, »vielleicht könnte ich Ihnen auf andere Weise behilflich
sein . . .«

Vanek, der einen gesunden Appetit auf Frauen hatte, hatte es
sich zum Prinzip gemacht, Arbeit und Vergnügen nie durchein-
anderzubringen. Außerdem hatte das Mädchen in dem düsteren
Treppenhaus noch nicht genau erkennen können, wie er aussah. Vanek erklärte, er müsse an diesem Tag noch fünf weitere
Leute befragen, und verließ sie mit der vagen Zusicherung, er
werde sie irgendwann in den nächsten Tagen besuchen.

Wie vorher verabredet, traf er sich um acht mit Brunner und
Lansky an einer Ecke des Place Kléber. Inzwischen hatte es in
Straßburg zu schneien begonnen. Die Flocken fielen sanft auf die
geduckten Dächer der Altstadt. Vanek ging mit den beiden anderen in eine ziemlich volle Bar, fand aber an der Rückwand
noch einen freien Tisch.

». . . also«, fuhr er wenige Minuten später fort, »alles ist wie
bestellt für eine schnelle Lösung. Sie besuchen ihn morgen
abend kurz nach achtzehn Uhr dreißig, wenn er nach Hause gekommen ist . . .« Er hatte Lansky für den Besuch bei Léon Jouvel
bestimmt.

»Er ist Witwer und lebt allein. Seine Wohnung liegt im zweiten
Stock, und das Haus ist ruhig. Niemand in der Nähe, abgesehen
von einem rothaarigen Mädchen, das nebenan wohnt. Sie
könnte lästig werden – sie hält nach jemandem Ausschau, der
ihr das Bett warmhält.«

»Es gefällt mir nicht«, sagte Brunner. »Sie gehen zu schnell
vor. Wir brauchen mehr Zeit, um diesen Mann kennenzuler-
nen . . .«

»Zeit ist genau das, was wir nicht haben«, entgegnete Vanek
kalt. »In fünf Tagen – am 22. Dezember – müssen wir den ganzen

Auftrag erledigt haben. Das schließt Besuche bei drei Männern ein, von denen einer in Deutschland lebt. Die Strategie ist also einfach – wir widmen uns zunächst den beiden ersten auf der Liste, und zwar schnell . . .«

»Wenn die Wohnung jetzt leer steht, werde ich sie mir heute abend ansehen«, sagte Lansky. Er stand auf. »Wir treffen uns morgen zu der vereinbarten Zeit an der Bushaltestelle am Place de la Gare?«

»Es ist gefährlich, die Sache so zu forcieren«, murmelte Brunner.

Vanek beugte sich vor, bis sein Gesicht beinahe das von Brunner berührte. Vanek sprach noch immer sehr ruhig. »Denken Sie nach, Mann! Es wird am Samstagabend passieren – man wird die Leiche frühestens am Montagmorgen entdecken . . .«

›Der Strick‹ benutzte den Satz französischer Nachschlüssel – der zusammen mit den gefälschten Sûreté-Ausweisen im letzten Moment von Kiew nach Tábor geflogen worden war –, um die Tür zu Jouvels Wohnung zu öffnen. Es war eine Dreizimmerwohnung mit Küche und Bad. Im Wohn-Eßzimmer stand ein Farbfernseher. Als Lansky sich in der Wohnung befand, zog er zunächst die Vorhänge zu, dann machte er sich mit Hilfe einer Taschenlampe mit der Wohnung vertraut. Alles war sauber aufgeräumt; Lansky nahm sich vor, das nicht zu vergessen, wenn er sich daranmachte, den Schauplatz für den ›Selbstmord‹ herzurichten.

Lansky hatte keinen Strick mitgebracht; es kann sehr gefährlich werden, ein Seil oder einen Strick zu kaufen, wenn es der Polizei einfällt, gründlich nachzuforschen, wenn ein Verbrechen verübt worden ist. Statt dessen hielt er in der Wohnung nach etwas Geeignetem Ausschau – einer Gewichtsschnur, einem Gürtel, nach irgend etwas, womit man einen Mann aufhängen kann. In einem alten Ungetüm von Kleiderschrank fand er, was er suchte – einen alten wollenen Morgenmantel mit einem Stoffgürtel.

Er prüfte die Belastbarkeit des Gürtels sorgfältig. Er befestigte das eine Ende an einem Bein des alten Gasherdes in der Küche und zog dann mit aller Kraft daran. Um den Gürtel noch fester zu machen, würde er ihn später noch in Wasser tauchen können. Er selbst war sehr gegen den Vorschlag Brunners gewesen, Jouvel in dessen Badewanne ›ertrinken‹ zu lassen; das bedeutete, daß man den Mann ausziehen mußte, und das kostete Zeit. Und ein Selbstmord lag auch für die Polizei nahe, wenn es sich bei dem Toten um einen allein lebenden Witwer handelte. Als nächstes prüfte Lansky den Türgriff an der Außenseite der Badezimmertür. Er saß fest. Brunner hatte ihm gesagt, es sei nicht ungewöhnlich, daß Leute sich an der Innenseite einer Badezimmertür erhängten; vielleicht hatten sie dann das Gefühl, den Selbstmord absolut ungestört verüben zu können.

Zwanzig Minuten sind das Äußerste, was sich ein Einbrecher für den Aufenthalt in einem fremden Haus gibt; jede weitere Minute, das zeigt die Statistik, arbeitet gegen ihn. Lansky hatte seinen Aufenthalt vorsichtig auf zwölf Minuten begrenzt. Er hatte die Vorhänge wieder aufgezogen und wollte gerade gehen, als er draußen im Treppenhaus Stimmen hörte. Er preßte das Ohr an die Türfüllung und lauschte angestrengt. Es waren zwei Stimmen, die eines Mannes und die eines Mädchens, wahrscheinlich die des Mädchens von nebenan, das Vanek erwähnt hatte. Sie unterhielten sich auf französisch, aber Lansky konnte nicht verstehen, was sie sagten. Er wartete, bis die Stimmen verstummten, eine Tür geschlossen wurde und Schritte sich im Treppenhaus entfernten. Als er aus der Wohnung trat und Jouvels Wohnungstür verschloß, herrschte im Haus tiefe Stille. In weniger als vierundzwanzig Stunden, um sieben Uhr abends am folgenden Tag, würde er wiederkommen, um Léon Jouvel zum ersten- und letztenmal zu besuchen.

Er trat mit der gleichen Vorsicht wie vorhin beim Betreten des Hauses aus dem Torbogen auf die Rue de l'Épine heraus. Der Kriminalbeamte Armand Bonheur befand sich heute aber nicht in Straßburg, sondern saß fünfzig Kilometer entfernt in Saarburg in seinem Wagen. Ihm war kalt, und er fühlte sich deprimiert, während er das Haus im Auge behielt, in dem Léon Jouvel seine ältere Schwester besuchte. Lansky wartete noch ein wenig, bis der einzige Mensch, der zu sehen war, in Richtung Place Kléber verschwand. Es war Alan Lennox.

Freitag, 17. Dezember. Abends um acht, etwa zu der Zeit, da die drei Angehörigen des Killerkommandos eine Bar in der Nähe des Place Kléber betraten, machte ›André, das Eichhörnchen‹ seinem Chef Marc Grelle in dessen Pariser Büro einen Vorschlag.

Ob es sich nicht lohnen würde, wenn er, Boisseau, nach Straßburg flöge, um diesen Léon Jouvel zu sprechen, und anschließend zu dem zweiten Zeugen nach Colmar weiterzufahren? »Wenn Lasalle recht hat und diese Leute tatsächlich den Leoparden gekannt haben, müßten sie mir etwas sagen können.«

Grelle überdachte den Vorschlag und entschloß sich dann, ihn zu verwerfen. Jedenfalls im Augenblick. Im Augenblick brauchte er seinen Stellvertreter dringend in Paris. Er sollte ihm helfen, den Schutzwall um den Staatspräsidenten in möglichst kurzer Zeit zu vervollständigen. »Das hat noch Zeit«, meinte Grelle.

Alan Lennox war mit der Bahn aus der Schweiz nach Straßburg gekommen. Um diese Zeit befand sich das sowjetische Kommando noch jenseits des Rheins in Kehl. Da es in Straßburg nur zwei oder drei erstklassige Hotels gibt, war es nicht verwunderlich, daß er das Hotel Sofitel auswählte, das wie ein auf dem Kopfende stehender Schuhkarton aussieht und mehr den Hotels ähnelt, die man in den USA antrifft. Er füllte das Meldeformular unter dem Namen Jean Bouvier aus und begab sich dann in sein Zimmer im vierten Stock, von dem aus er auf einen gepflasterten Innenhof hinabsehen konnte.

Seine erste Tat bestand darin, daß er den ›Bottin‹ konsultierte, das französische Telefonbuch. Er stellte fest – wie Vanek nur zwei Stunden später –, daß Léon Jouvel zwei Adressen hatte; eine stimmte mit der Anschrift auf der Liste überein, die andere war die Geschäftsadresse. Anders als Vanek rief Lennox vom Hotelzimmer aus im Geschäft an. Es läutete, aber niemand nahm den Hörer ab. Im Laden hatte Louise Vallon alle Hände voll zu tun, und sie dachte nicht im Traum daran, auch noch das Telefon zu bedienen. Im Sofitel legte Lennox wieder auf. Der nächste Schritt lag nahe. Er mußte versuchen, Jouvel zu Hause zu erwischen.

Er konsultierte den Stadtplan, den er am Bahnhof gekauft hatte, und stellte fest, daß die Rue de l'Épine vom Hotel aus leicht zu Fuß zu erreichen war. Er zog seinen Mantel an, setzte den Hut auf und ging hinaus. Draußen wirbelten Schneeflocken. Das machte die Stimmung in Straßburg noch weihnachtlicher. Anders als in Paris erinnerte in dieser Stadt vieles an das bevorstehende Weihnachtsfest; die Place Kléber war mit großen Tannenbäumen geschmückt, die abends im Lichterglanz erstrahlten. In weniger als zehn Minuten stand Lennox vor dem Torbogen des Hauses Rue de l'Épine 49.

Léon Jouvel. Das Namensschild war neben der Wohnungstür im zweiten Stock angebracht. Lennox klopfte zum drittenmal, aber niemand öffnete. Und dieses Mal ging nebenan die Tür nicht auf; die rothaarige und lebenslustige Denise Viron lag um diese Zeit – kurz vor ein Uhr mittags – noch im Bett und schlief. Lennox verließ das Haus und beschloß, irgendwo zu essen.

Am Nachmittag besuchte er das Phonogeschäft am Quai des Bateliers. Es war voller Kunden. Das blonde Mädchen hinter der Theke hatte vollauf zu tun, um den Andrang zu bewältigen. Von einem Mann war nichts zu sehen. Als die Verkäuferin gerade beschäftigt war, blickte Lennox in das in einem Nebenraum gelegene Büro. Es war leer. Er beschloß, am frühen Abend wieder in die Rue de l'Épine zu gehen. Wenn man einen Mann unbedingt sprechen will, fängt man ihn am besten zu Hause ab, wenn er seinen Arbeitstag hinter sich gebracht und gegessen hat – wenn er entspannt. Um 20.30 Uhr kehrte Lennox in die Rue de l'Épine zurück.

Denise verließ gerade die Wohnung. Sie wollte ausgehen. Sie trug einen giftgrünen Mantel, von dem sie meinte, daß er ausgezeichnet zu ihrer aufregenden Persönlichkeit passe. In diesem Augenblick entdeckte sie Lennox, der vor Léon Jouvels Tür stand. Sie beäugte ihn und fragte sich, ob sie an diesem Abend überhaupt ausgehen sollte. Sie stand vor ihrer Wohnungstür. Ihr Flurlicht brannte immer noch und betonte ihre volle Brust. »Er ist heute abend ausgegangen«, sagte sie. »Kann ich Ihnen irgendwie behilflich sein?«

Lennox, der gerade die Hand gehoben hatte, um an die Tür zu klopfen, die Lansky vor nur wenigen Minuten mit einem Dietrich geöffnet hatte, lüftete statt dessen den Hut. Er bewegte sich ein paar Schritte auf das Mädchen zu, das auffordernd in die eigene Wohnung zurücktrat. Sie nestelte an ihren langen roten Haaren und beobachtete ihn mit leicht geöffneten Lippen. Mein Gott, ein Flittchen, dachte Lennox. »Sie meinen Monsieur Léon Jouvel?« fragte er auf französisch. »Es ist ziemlich dringend – sind Sie sicher, daß er heute abend nicht mehr wiederkommt?«

Das Mädchen schürzte die übergeschminkten Lippen. »Ganz schön gefragt heute, was? Jouvel, meine ich. Heute nachmittag

hat gerade einer von diesen blöden Marktforschern nach ihm gefragt. Von Geschmack keine Spur.«

»Marktforscher?«

»Allerdings. Sie kennen den Typ – immer die Nase im Wind.
Ich persönlich halte es für unverschämt, daß sie einem immer
diese intimen Fragen stellen . . .«

»Und Monsieur Jouvel«, warf Lennox lächelnd ein, »wann
wird er wohl zurück sein?«

»Morgen – am Samstag. Dieser komische Marktforscher . . .«

»Ist jemand da, dem ich eine Nachricht übergeben könnte?
Seine Frau vielleicht?«

»Er ist Witwer. Interessiert sich nicht mehr für Frauen.« Sie
sah über Lennox' Schulter hinweg. »Ich bin der Meinung, wenn
man schon so weit gekommen ist, ist das Leben nicht mehr . . .«

»Sonst lebt niemand in der Wohnung?«

»Nein. Er lebt allein.« Das Mädchen zog die Stirn kraus, als
machte es gerade eine gewaltige intellektuelle Anstrengung, um
ein Problem zu lösen. »Es ist komisch, ich führe mit Ihnen fast
genau das gleiche Gespräch wie mit diesem anderen Burschen.
Warum ist dieser Jouvel plötzlich so beliebt? Es vergehen Wochen, und er tut nichts, sitzt nur vor der Glotze, und jetzt . . .«

»Er wird den ganzen Samstag zu Hause sein?« fragte Lennox.

»Da haben Sie's – schon wieder die gleiche Frage.« Denise Viron wurde die Unterhaltung allmählich langweilig. »Am Samstag hockt er den ganzen Tag in seinem Laden«, fauchte sie. »Und
das ist nicht die richtige Zeit, sich mit ihm zu unterhalten – der
Samstag ist immer sein großer Tag. Und abends kommt er nicht
vor halb sieben zurück. Sind Sie etwa auch Marktforscher?«
fragte sie sarkastisch.

»Ich habe vor langer Zeit einmal mit ihm zu tun gehabt«, erwiderte Lennox ausweichend und verabschiedete sich. Unten auf
der Treppe hörte er, wie eine Tür krachend zugeschlagen wurde.
Hinter ihm knöpfte Denise Viron wieder den Mantel zu, den sie
bei ihrer Unterhaltung aufgeknöpft hatte. Sie mußte also doch
noch ausgehen, und das bei diesem Hundewetter.

Am Samstag um 17.30 Uhr sah der Kriminalbeamte Armand
Bonheur auf seine Armbanduhr und gähnte. Er saß in seinem
Dienstzimmer. Bald würde diese elende Nachtwache wieder an-
fangen. Er mußte seinen Kollegen ablösen, der in diesem Au-

genblick die Schaufenster des Jouvelschen Geschäfts am Quai des Bateliers diskret im Auge behielt. Bonheur würde am Quai übernehmen und beobachten, wie Jouvel sein Geschäft abschloß und sich auf den Heimweg machte. Anschließend sollte er darauf achten, wer das Haus in der Rue de l'Épine betrat und verließ. Allmählich fing Bonheur an, diese Aufgabe zu hassen. Was zum Teufel wollte Paris bloß von einem Mann wie Jouvel?

Selbst Borisov, der Ausbilder von Tábor, hätte Mühe gehabt, Lansky wiederzuerkennen, als dieser mit einer Gruppe anderer Hotelgäste das Terminus verließ und auf die Straße trat. Lansky trug einen deutschen Anzug und einen Tirolerhut; diese Kleidungsstücke hatte er während des kurzen Aufenthalts in Kehl gekauft. Außerdem trug er eine Hornbrille mit dicken Gläsern, wie man sie normalerweise nur bei älteren Männern sieht. Selbst seinen Gang hatte er verändert. Mit den Händen in den Manteltaschen – den Mantel hatte er ebenfalls in Kehl gekauft – schlurfte er über die Place de la Gare, über den der Dezemberwind pfiff. Um die Tarnung zu vervollständigen, hatte er außerdem einen Regenschirm aufgespannt, den er zuvor zerknittert und schmutzig gemacht hatte. Um den Hals hatte er einen Wollschal gewickelt. So vermummt und mit seinem schlurfenden Gang wirkte Antonin Lansky jetzt wie ein Mann Ende der Sechzig.

Er erreichte das Bahnhofsgebäude, schlich sich ins Bahnhofsrestaurant, durch dessen Glasfronten man auf den Bahnhofsvorplatz sehen konnte, setzte sich an einen Tisch und bestellte auf deutsch einen Kaffee. Um ihn herum saßen Leute, die auf ihre Züge warteten. Ab und zu sah er auf seine Uhr. Irgendwann zwischen halb sieben und sieben würde er Léon Jouvel besuchen; der Besuch würde den Franzosen völlig unvorbereitet treffen.

Um sechs Uhr abends saß Alan Lennox an einem Fenstertisch des Cafés neben Jouvels Phonogeschäft. Es war längst dunkel geworden, und im Lichtschein der Straßenlaternen glänzten die Pflastersteine; der Schnee schmolz sofort beim Auftreffen auf die Erde. Lennox hatte sich entschlossen, Denise Virons Rat zu befolgen. Sollte der Franzose ruhig seinen großen geschäftlichen Tag in Ruhe hinter sich bringen, bevor er sich mit ihm befaßte.

Außerdem war es Samstag. An welchem anderen Tag würde ein Mann wie Jouvel irgendwo einkehren, bevor er nach Hause ging – und wo kommt man mit einem Mann besser ins Gespräch als in einem Lokal?

Als geübter Beobachter mit langer Erfahrung hatte Lennox bereits den Mann bemerkt, der auf der anderen Seite des Quai des Bateliers unter einer Straßenlaterne stand und eine Zeitung las. Der Mann trug einen Regenmantel. Wartet wahrscheinlich auf seine Freundin, dachte Lennox: Der wartende Mann sah von Zeit zu Zeit auf die Uhr und sah sich auf der Straße um, als erwartete er jemanden. Lennox trank seine dritte Tasse Kaffee aus. Um nicht dauernd bestellen zu müssen, hatte er sich eine Kanne kommen lassen. Das Geld für die Rechnung lag in Francs auf dem Tisch bereit, so daß er jederzeit aufstehen und gehen konnte. Um halb sieben verließ eine kurze, untersetzte Gestalt mit einem Schnurrbart den Laden nebenan und schloß die Tür ab. Als Jouvel sich von seiner Verkäuferin, Louise Vallon, verabschiedete und den Quai überquerte, verließ Lennox das Café und zündete sich am Bordstein eine Zigarette an. In diesem Teil Straßburgs war es nicht nötig, dem Franzosen zu nahe auf den Fersen zu bleiben. Er trug überdies einen auffallenden gelben Regenmantel. Lennox steckte sein französisches Feuerzeug in die Tasche und wollte gerade auf die Straße treten, als er reglos stehenblieb. Der Mann unter der Straßenlaterne hatte seine Zeitung unter den Arm geklemmt und schlenderte hinter Jouvel her. Ein Zufall: Er hatte es satt, auf sein Mädchen zu warten.

Als die wenigen Autos vor der nächsten Ampel hielten, eilte Lennox auf die andere Straßenseite und verlangsamte dann wieder seine Schritte. Auf der Brücke über die Ill in die Altstadt sah er den Mann mit der Zeitung und vor diesem Jouvel. Der Ladenbesitzer, der die Brücke überquert hatte, blieb jetzt vor den erleuchteten Fenstern eines Restaurants stehen und sah hinein, als überlegte er, ob er hineingehen solle. Der Mann mit der Zeitung war gleichfalls stehengeblieben und bückte sich, als wolle er seine Schnürsenkel festziehen. Jetzt war Alan Lennox klar, daß Léon Jouvel nicht nur von ihm beschattet wurde.

Als Jouvel am Restaurant vorüberging und die Straße überquerte, um direkt auf die Rue de l'Épine zuzugehen – was bedeutete, daß er auf dem direkten Weg nach Hause ging –, schlug Lennox einen anderen Weg zum Haus Nr. 49 ein. Der Mann mit der Zeitung hatte die Brücke verlassen und folgte Jouvel. In der stillen und verlassenen Rue de l'Épine wäre ein zweiter Schatten ein wenig zu auffällig gewesen. Lennox, der sich mit der unmittelbaren Umgebung des Jouvelschen Hauses vertraut gemacht hatte, ging schnell die Rue des Grandes Arcades hinunter und bog dann in eine Seitenstraße ein, die auf die Rue de l'Épine zuführte. Er kam rechtzeitig an, um Jouvel im Torbogen verschwinden zu sehen. Weiter unten auf der Straße verschwand der Mann mit der Zeitung in einem Hauseingang, als Denise Viron – sie trug ihren leuchtendgrünen Mantel – aus dem Torbogen der Nr. 49 trat. Sie blieb stehen, als sie Lennox sah.

»Sie sind zurückgekommen, um mich zu besuchen?« fragte sie hoffnungsvoll.

»An einem anderen Abend vielleicht? Es bleiben noch viele Abende«, sagte Lennox.

Ihre Stimmen drangen durch die enge Straßenschlucht bis zu dem Hauseingang, in dem Armand Bonheur sich gegen die Hauswand drückte und wartete. Man hatte ihm komplizierte Anweisungen gegeben; für seinen Geschmack waren sie zu komplex. Er mußte Jouvel im Auge behalten. Er durfte den Ladenbesitzer nicht merken lassen, daß er beschattet wurde. Er sollte außerdem nach einem Engländer namens Lennox Ausschau halten, und dessen Personenbeschreibung war reichlich vage gewesen. Als er hörte, wie die Antwort auf die Frage des Mädchens in perfektem Französisch gegeben wurde, dachte Bonheur keinen Augenblick daran, daß dies der Engländer sein könnte, von dem man ihm erzählt hatte. Er machte sich auf eine lange Wartezeit gefaßt.

Soweit es Bonheur betraf, war diese Form der Beobachtung höchst unbefriedigend – er konnte sich unmöglich im Haus selbst postieren und Jouvel aus der Nähe beobachten. Nur ein Umstand erleichterte dem Kriminalbeamten die Arbeit. Das Haus Nr. 49 hatte keinen Hinterausgang. Jeder, der das Haus betrat, mußte durch den Torbogen zur Straße. Es war kurz nach sieben – unterdessen hatte es wieder zu regnen begonnen –, als Bonheur einen alten Mann mit Regenschirm sah, der sich dem Haus Nr. 49 mit schlurfenden Schritten näherte.

Kaum eine Minute, nachdem der Franzose zu Hause angekommen war, klopfte Lennox an die Wohnungstür. In geschäftsmäßigem Ton erklärte er, er sei Reporter der Pariser Zeitung *Le Monde,* die eine Artikelserie über die Résistance plane. Soviel er wisse, sei Jouvel Angehöriger der im Lozère operierenden Gruppe gewesen. Er würde von ihm gern etwas über seine damaligen Erfahrungen und Erlebnisse hören. Nichts, so versicherte er Jouvel, werde ohne seine Einwilligung veröffentlicht. Außerdem, fügte Lennox beiläufig hinzu, werde Jouvel ein Honorar erhalten . . .

»Was für ein Honorar?« wollte Jouvel wissen.

Er stand in der Tür und trug noch immer seinen gelben Regenmantel. In seinem Kopf arbeitete es fieberhaft. Er hatte die Frage gestellt, um etwas Zeit zum Nachdenken zu gewinnen. Über ein Jahr lang hatte er mit dem Gedanken gespielt, sich mit seinem Verdacht an die Behörden zu wenden, und hier bot sich nun eine Gelegenheit, die ihm auf einem goldenen Tablett seviert wurde. Soll ich mit diesem Mann reden? fragte er sich.

»Zweitausend Franc«, bemerkte Lennox kurz. »Das heißt, wenn die Information so viel Geld wert ist – wenn sie Auflage macht. Für fünfzehn Minuten Ihrer Zeit zahle ich auf jeden Fall zehn Prozent dieses Betrags.«

»Bitte, treten Sie ein«, sagte Jouvel.

Lennox hatte auf einem zweisitzigen Sofa im Wohnzimmer Platz genommen. In den ersten Minuten bestritt er die Unterhaltung allein, um Jouvel zu beruhigen. Die Reaktion des Franzosen verwirrte ihn. Jouvel saß in einem Lehnsessel und starrte ihn mit einem geistesabwesenden Blick an, als versuchte er, sich zu einem Entschluß durchzuringen. Als Lennox den Leoparden erwähnte, schloß Jouvel die Augen und öffnete sie dann wieder.

»Was ist mit dem Leoparden?« fragte der Franzose mit rauher Stimme. »Ich habe eng mit ihm zusammengearbeitet. Ich war sein Funker. Aber er ist doch tot, nicht wahr?«

»Wirklich?«

Diese kurze Frage, von Lennox instinktiv gestellt, als er spürte, daß auch Jouvel dessen nicht sicher zu sein schien, hatte einen seltsamen Effekt auf den Franzosen. Er schluckte, starrte Lennox an, blickte dann zur Seite, holte ein Taschentuch hervor, mit dem er sich die feuchten Handflächen seiner rundlichen Hände wischte.

»Natürlich«, fuhr Lennox fort, »würden wir Ihre Geschichte als die eines ›anonymen, aber zuverlässigen Zeugen‹ bringen, wenn Ihnen das lieber ist. Dann könnte niemand Sie mit der Sache in Verbindung bringen. Das Geld würden Sie aber trotzdem erhalten . . .«

In Jouvels Kopf rastete etwas ein. Der Druck, unter dem er seit Monaten gelebt hatte, wurde jetzt unerträglich, wo ihm jemand gegenübersaß, mit dem er sprechen konnte. Er erzählte Lennox die ganze Geschichte. Der Engländer, der sein Notizbuch hervorgeholt hatte, um den Schein zu wahren, achtete peinlich darauf, den Franzosen nicht anzusehen, während dieser aufgeregt loslegte. »Es muß Ihnen lächerlich vorkommen . . . jedesmal, wenn ich ihn im Fernsehen höre . . . der Leopard ist, das weiß ich, 1944 erschossen worden – und dennoch . . .«

Der Wortschwall brach aus Jouvel heraus, als wäre er ein Beichtender, der sich einem Priester offenbart, um sich Erleichterung zu verschaffen. Zunächst blieb Lennox skeptisch; er hatte das Gefühl, einen Verrückten zu interviewen. Aber als Jouvel fortfuhr zu sprechen und die Worte hervorzusprudeln, wurde er nachdenklich. »Die Art, wie sie bei der Beerdigung mit dem Sarg umgingen . . . keine Achtung vor dem Toten . . . beinahe brutal . . . als wäre der Sarg leer gewesen . . .«

Am Ende der fünfzehn Minuten stand Lennox auf und machte sich bereit zu gehen. Der Franzose wiederholte sich nur noch. Statt der zweihundert Franc gab Lennox ihm fünfhundert von der Summe, die Lanz ihm zur Verfügung gestellt hatte. »Kommen Sie doch morgen wieder«, drängte Jouvel, »vielleicht kann ich Ihnen noch mehr sagen . . .« Das entsprach zwar nicht der Wahrheit, aber der aufgeregte, kleine Ladenbesitzer war sich nicht sicher, was er jetzt angerichtet hatte. Er wollte sich die Chance geben, seine Aussage zu widerrufen, falls er morgen früh das Gefühl haben sollte, einen schrecklichen Fehler gemacht zu haben.

»Ich werde morgen wiederkommen«, versprach Lennox.

Er verließ die Wohnung rasch, bevor der Franzose nach einer Telefonnummer oder einer Adresse fragen konnte, unter der Lennox zu erreichen sei. Tief in Gedanken versunken, ging Lennox die Treppen hinunter. Das Treppenhaus war kaum erleuchtet. Bevor er über den Hof ging, rief er sich zur Ordnung: Er reiste mit gefälschten Papieren, also mußte er während seines Aufenthalts in Frankreich in jedem Augenblick wachsam bleiben. Lennox ging mit natürlicher Leichtigkeit und trat gerade aus dem Torbogen heraus, als er plötzlich heftig mit einem alten Mann zusammenstieß, der unter einem Regenschirm gebeugt daherkam. Der Mann rutschte auf den nassen Pflastersteinen aus, verlor seine dicke Brille, und sein Tirolerhut rutschte ihm halb vom Kopf. Im Licht der Straßenlaterne sah Lennox für einen Augenblick das Gesicht des Mannes. Der Mann fluchte etwas auf deutsch. »Bitte tausendmal um Entschuldigung . . .«

Als Lennox sich bückte, um die Brille aufzuheben, die glücklicherweise heil geblieben war, hatte er sich auf französisch entschuldigt. Unter dem Regenschirm kam eine behandschuhte Hand zum Vorschein. Der Mann nahm die Brille entgegen, ohne ein Wort zu sagen. Lennox zuckte die Achseln, als der Mann ins Haus schlurfte, dann ging er hinaus und durch die Rue de l'Épine auf den Place Kléber zu. Was Léon Jouvel gesagt hatte, ging ihm noch immer im Kopf herum.

In seinem Hauseingang war Armand Bonheur vor Kälte schon fast steif geworden. Er blieb aber auf seinem Posten und notierte im Licht seines Feuerzeugs alles, was ihm auffiel. Nach den vorhergehenden Eintragungen stand jetzt in seinem Notizbuch noch zu lesen: 18.30 Uhr. Jouvel kommt nach Hause. 18.31 Uhr. Denise Viron verläßt das Haus. 18.31 Uhr. Denise Virons Freund kommt. 19.02 Uhr. Virons Freund geht. (Bonheur hatte auf Grund der kurzen Unterhaltung auf der Straße angenommen, daß Denise Viron Lennox gut kannte.) 19.02 Uhr. Mann mit Regenschirm kommt. 19.32 Uhr. Mann mit Regenschirm geht.

11

Die Polizei fand Léon Jouvel am nächsten Morgen. Er hing tot an der Innenseite seiner Badezimmertür.

»Es wird am Samstagabend passieren – sie werden den Leichnam nicht vor Montagmorgen entdecken . . .« Karel Vanek hatte sich das schlau und durchaus vernünftig ausgerechnet, aber selbst die schlauesten Pläne können von kleinen Unwägbarkeiten wie dem menschlichen Faktor vereitelt werden. Am Sonntag, dem 19. Dezember, würden es nur noch wenige Tage bis Weihnachten sein, und daher hatte Léon Jouvel am Samstag seine Verkäuferin, Louise Vallon, überredet, am Sonntag für ein paar Stunden ins Geschäft zu kommen, um ihm bei der Vorbereitung für den erwarteten Käuferansturm am Montag zu helfen. »Ich zahle Ihnen das Doppelte«, hatte er ihr versprochen, »und zwar in bar, also vergessen Sie das Finanzamt. Und ich werde um halb neun hier sein, also seien Sie pünktlich . . .«

Um neun Uhr am Sonntagmorgen war Jouvel noch nicht aufgetaucht. Das war so ungewöhnlich, daß Louise Vallon bei ihm zu Hause anrief. Niemand nahm ab. Eine Viertelstunde später rief sie wieder an, und dann, mit zunehmender Besorgnis, alle zehn Minuten. Um zehn Uhr rief sie die Polizei an.

Der Inspektor, der die Überwachung Jouvels leitete, ein Mann namens Rochat, ging persönlich in die Rue de l'Épine. Er machte sich Sorgen wegen der Reaktion aus Paris. Nachdem er mit dem Polizeiarzt gesprochen und den Schauplatz des Todes untersucht hatte, war Rochat – der anfänglich mißtrauisch gewesen war – davon überzeugt, daß Jouvel Selbstmord begangen hatte. Als er bei der Ermittlungsarbeit den Fragen nachging, welche diese Annahme stützten, fand er sehr rasch seine Meinung bestätigt. Eine Reihe von Jouvels ehemaligen Freunden sagte ihm, wie der Franzose seit Monaten besorgt geschienen habe, daß er sich über Schlaflosigkeit beklagt und aufgehört habe, seine Abende in Lokalen zu verbringen, wie er das früher zu tun pflegte. Niemand konnte sagen, warum Jouvel sich Sorgen gemacht hatte, aber Rochat glaubte es zu wissen, als er den Fall mit seinem Untergebenen Bonheur besprach.

»Ein allein lebender Witwer – zuerst verliert er das Interesse an seinen Freunden, später sogar am Leben selbst. Das ergibt ein Muster . . .«

Rochats selbstzufriedene Theorie hielt genau drei Stunden. Sie brach zusammen, als er aus der Pariser Polizeipräfektur einen Anruf erhielt, bei dem ihm mitgeteilt wurde, daß André Boisseau bereits nach Straßburg unterwegs sei. Rochat vergaß die vor kurzem vom Elysée-Palast erlassene Anordnung und sagte protestierend, daß die Pariser Präfektur außerhalb der Hauptstadt keinerlei Kompetenzen habe. »Dies ist mein Fall«, sagte er steif. Er erhielt einen weiteren Schock, als der Anrufer enthüllte, daß er der Pariser Polizeipräfekt persönlich sei.

»Und dieser Fall«, informierte Grelle ihn sanft, »gehört durchaus in meinen Zuständigkeitsbereich, da nicht auszuschließen ist, daß er die Sicherheit des Präsidenten der Französischen Republik betrifft . . .«

Trotz seines Ärgers über das, was er für eine Einmischung der Pariser Stellen in eine lokale Angelegenheit hielt, hatte Rochat immerhin Verstand genug, Boisseau anzurufen und ihn von dem vermutlichen Selbstmord zu unterrichten, bevor er sich auf den Weg zu Jouvels Wohnung machte. Der Mann in Paris feuerte eine Reihe Fragen auf ihn ab, legte auf und begab sich sofort ins Büro des Präfekten, der an diesem Sonntag arbeitete – wie ein Jongleur, der ein halbes Dutzend Bälle gleichzeitig in der Luft zu halten versucht.

»Léon Jouvel«, verkündete Boisseau, »ist soeben in Straßburg gestorben. Man nimmt an, daß er Selbstmord begangen hat. Ich glaube nicht, daß Rochat – der Mann, der da unten für den Fall zuständig ist – den Verstand mit Löffeln gefressen hat. Ich habe mir mal seine Akte angesehen – er ist sechsundfünfzig und noch immer Inspektor.«

»Muß der Tod verdächtig sein?« fragte Grelle.

»Nicht unbedingt, aber im Laufe der Jahre sind zu viele Leute gestorben, die mit dem Leoparden in Verbindung gestanden haben. Und jetzt hören wir, daß Jouvel . . .«

»Und«, Grelle lächelte grimmig, »da wir hier nicht vom Fleck kommen, brennen Sie darauf, es woanders zu versuchen.«

Es traf zu, daß ihre Ermittlungen in Paris bisher ergebnislos verlaufen waren. Die diskrete Überwachung von Danchin und

Blanc hatte nichts ergeben, was vielversprechend hätte sein können. Danchin, der sich wie immer mit aller Kraft in seine Arbeit stürzte, hatte in der Zwischenzeit kaum das Ministerium verlassen. Er hatte dort am Place Beauvau im Gebäude des Ministeriums eine kleine Wohnung. Anders als andere Minister, ging er oft nicht einmal zum Essen aus.

Alain Blanc hatte ebenfalls viele Stunden in seinem Ministerium zugebracht, hatte aber zweimal eine Wohnung in Passy besucht, in der er sich mit seiner Geliebten, Gisèle Manton, traf. Auch sie war beobachtet worden. Grelle hatte eine Liste, in der vermerkt war, wohin sie gegangen war und wen sie getroffen hatte. Bei beiden Ministern schien keinerlei Verbindung zu irgendwelchen sowjetischen Stellen nachweisbar zu sein. Grelle begann, sich Sorgen zu machen, ohne Boisseau gegenüber etwas davon zu erwähnen. War es möglich, daß er in der ganzen Sache irgendeinen schrecklichen Fehler gemacht hatte?

»Es ist wohl besser, Sie sehen sich in Straßburg einmal um«, sagte er. »Fliegen Sie hin, aber kommen Sie möglichst schnell wieder zurück. Ich brauche Sie hier in Paris . . .« Es war typisch für den Präfekten, daß er persönlich Straßburg anrief und die Leute dort über Boisseaus Kommen unterrichtete, nachdem dieser sein Büro verlassen hatte. Als er den Hörer auflegte, war er geneigt, dem Urteil seines Stellvertreters zuzustimmen: Inspektor Rochat war nicht der Mann, der das Schießpulver erfunden hatte.

Der Eigentümer, M. Jouvel, ist plötzlich und unerwartet verstorben. Das Geschäft bleibt daher bis auf weiteres geschlossen. Lennox starrte auf den maschinengeschriebenen Hinweis, der an der Glastür klebte, und betrachtete dann das Mädchen dahinter im Laden. Als er am Türgriff rüttelte, winkte das Mädchen ihm, er solle verschwinden. Als er hartnäckig blieb, starrte sie zurück, kam an die Tür und machte auf. Er nahm den Hut ab und fing an zu sprechen, bevor sie ihn beschimpfen konnte. »Ich bin ein Freund von Léon – dies ist ein großer Schock für mich, müssen Sie wissen. Können Sie mir sagen, was geschehen ist?« Louise Vallon ließ sich erweichen, weil er so höflich war – und weil ihr gefiel, was sie jetzt aus der Nähe sah. Sie war gerade von einer Unterredung bei Inspektor Rochat zurückgekommen. Sie ließ Lennox ein und erzählte ihm alle schrecklichen Einzelheiten. Lennox gewann den Eindruck, daß sie das ganze Drama irgendwie genoß, obwohl sie es fertigbrachte, in Tränen auszubrechen. Nach zehn Minuten hatte er das meiste gehört; er wußte, daß Léon Jouvel hinter seiner Badezimmertür erhängt aufgefunden worden war, daß sein Tod irgendwann zwischen halb sieben und halb neun Uhr abends eingetreten sein mußte.

»Sie wollten wissen, ob er normalerweise zu dieser Zeit irgendwelchen Besuch erhielt«, erklärte das Mädchen unter Tränen. »Die letzten Worte, die er zu mir sagte, waren . . .«

Lennox entschuldigte sich mit der Erklärung, er sei einige Zeit aus Straßburg fortgewesen und sei nur vorbeigekommen, um sich kurz zu erkundigen. »Es war keine sehr enge Freundschaft«, fuhr er fort – er war sich bewußt, daß diese Unterhaltung der Polizei gemeldet werden könnte –, »aber wir hatten gelegentlich geschäftlich miteinander zu tun.« Er sagte ihr, sein Name sei Zuger, daß er seinen Zug nach Stuttgart erreichen müsse, und damit verließ er das Geschäft. Die kurze Strecke zum Bahnhof ging er zu Fuß. Danach kehrte er über eine der Brücken in die Altstadt zurück.

Der Streifenwagen, den er vorhin gesehen hatte, stand noch immer vor dem Haus Nr. 49. Folglich verließ er die Gegend um die Rue de l'Épine. Es war ein Uhr mittags. Die Straßen Straßburgs waren sonntäglich leer, als er herumspazierte, um nachzudenken. Daran, daß Jouvel Selbstmord begangen haben sollte, konnte er nicht glauben. Der unbekannte Mann mit der Zeitung war dem Franzosen nur eine Stunde vor seinem Tod bis nach Hause gefolgt. Jouvel hatte sich einverstanden erklärt, Lennox am folgenden Morgen zu sehen – in der Erwartung, für noch mehr Geld noch mehr Informationen zu liefern. Ein Mann, der sich mit dem Gedanken an einen Selbstmord trägt, wird sich kaum für die Aussicht auf mehr Geld interessieren. Die Sache ist faul, sagte sich Lennox; mehr als das, sie stinkt. Beim Lunch überlegte er, ob er sich gleich auf den Weg zu dem zweiten Zeugen machen sollte, Robert Philip in Colmar. Dann beschloß er, damit bis Montag zu warten. Die Montagszeitungen in Straßburg würden über Jouvels Tod berichten. Vielleicht fand sich in der Presse einiges Wissenswerte.

Robert Philip, Avenue Poincaré 8, Colmar. Das war der zweite Name auf der Liste, die Oberst Lasalle Lennox übergeben hatte. Es war auch der zweite Name auf der Liste, die Karel Vanek im Kopf hatte. Am Samstagabend bezahlten die drei Männer des Killerkommandos ihre jeweiligen Hotelrechnungen und verließen Straßburg. Die vierzig Kilometer nach Colmar fuhren sie durch einen Schneesturm. Um halb zehn abends kamen sie in der Stadt an, die mit ihren steilen Dächern und engen Gassen an eine Stadt aus einem Märchen von Hans Christian Andersen gemahnte. Auch hier ergriff Vanek wieder Vorsichtsmaßnahmen. Er setzte Lansky in der Nähe des Bahnhofs ab, so daß nur zwei Männer beim Hotel ankommen würden.

Lansky ging in die Bahnhofshalle, fragte nach der Abfahrtszeit eines Zuges nach Lyon am folgenden Tag und rauchte dann eine Gauloise, während er auf die Ankunft eines Zuges wartete – irgendeines Zuges. Aus einem gerade eingelaufenen Personenzug stiegen drei Fahrgäste aus. Lansky schloß sich ihnen an, überquerte den Place de la Gare und betrat das Hotel Bristol, in dem Vanek und Brunner sich schon eingemietet hatten. Lansky trug sich als Froissart ein. Der Empfangschef bemerkte, daß er keinen Wagen hatte, und nahm an, er sei soeben mit dem Zug aus Straßburg angekommen.

Oben in seinem Zimmer hatte Vanek schon im Telefonbuch nachgeschlagen, ob die Adresse auf der Liste mit der im Telefonbuch übereinstimmte, und anschließend auf dem Stadtplan von Colmar nachgesehen, wo die Straße lag. Er blickte auf, als Brunner ins Zimmer trat. »Dieses Hotel liegt großartig«, sagte er zu dem Tschechen. »Philip wohnt gleich um die Ecke . . .«

»Wenn er zu Hause ist«, erwiderte der pessimistische Brunner.

»Das sollten wir gleich feststellen . . .«

Vanek rief Philips Telefonnummer nicht vom Hotelzimmer aus an; dann wäre das Gespräch über die Telefonzentrale des Hotels gelaufen. Er ging mit Brunner zum Wagen. Sie fuhren etwa einen Kilometer ins Geschäftsviertel und betraten dort eine Bar, in der Vanek die Nummer wählte, die er im Telefonbuch gefunden hatte. Die Stimme am anderen Ende der Leitung war arrogant und brüsk: »Robert Philip . . .«

»Tut mir leid, habe mich verwählt«, murmelte Vanek und legte auf. »Er ist zu Hause«, sagte er zu Brunner. »Kommen Sie, wir sehen uns das Haus einmal an.«

Die Avenue Raymond Poincaré, eine baumbestandene Straße

mit düsteren, kleinen Villen und parkähnlichen Gärten hinter schmiedeeisernen Zäunen, lag an diesem Dezemberabend um halb elf verlassen da. Das Haus Nr. 8 war eine würfelförmige Villa aus Stein. An der Frontseite führten ein paar Treppenstufen auf eine Veranda. Der Garten hinter dem Zaun war ungepflegt und düster. Hinter den großen Erkerfenstern im Erdgeschoß brannte überall Licht. Im oberen Stockwerk war alles dunkel.

»Ich glaube, Sie können hintenherum ins Haus«, sagte Brunner, während der Citroën langsam an der Villa vorüberfuhr und er sich so viele Details wie möglich einzuprägen versuchte.

»Als nächstes müssen wir herausfinden, ob er allein lebt«, bemerkte Vanek. »Morgen ist Sonntag. Wenn wir das Haus am Tag untersuchen können, glaube ich, daß wir Monsieur Robert Philip morgen abend einen Besuch abstatten sollten . . .«

»Ein Tag, das ist zu schnell . . .«

»Morgen ist der 19. Dezember«, erwiderte Vanek ruhig. »Wir haben nur noch vier Tage, um zwei Männer zu besuchen – und einer davon lebt jenseits des Rheins in Deutschland. Geschwindigkeit kann auch Sicherheit bedeuten. Und dies wird keine Arbeit für den ›Strick‹ sein. Einen Selbstmord haben wir schon gehabt, also wird Robert Philip durch einen Unfall sterben müssen . . .«

Am Nachmittag desselben Tages war Boisseau mit einem Hubschrauber in Straßburg angekommen. Er unterzog Inspektor Rochat einem gründlichen Verhör, ohne daß dieser überhaupt merkte, was gespielt wurde. Boisseau wußte sehr genau, daß er sich behutsam vortasten mußte: Anders als in Lyon war Grelle mit dem Polizeipräfekten von Straßburg nicht sonderlich befreundet, und die hiesige Polizei sah die Ankunft Boisseaus nicht gerade mit Begeisterung. Nach einer halben Stunde schlug Boisseau vor, Rochat solle sich später mit ihm zu einem Drink zusammensetzen, aber zunächst wolle er die Wohnung des Toten sehen.

Es war Boisseau, der Armand Bonheur die Information entlockte, daß zwischen halb sieben und Viertel nach sieben zwei Männer das Haus Nr. 49 betreten hätten, daß der zweite Mann einen schlurfenden Gang gehabt und einen Regenschirm getragen habe, daß der erste Mann das Haus um 19.02 Uhr verlassen habe, der zweite eine halbe Stunde später. »Das ist etwa die Zeit, in der Jouvel gestorben sein kann«, bemerkte er zu Rochat.

Es war Boisseau, der die übrigen Mieter des Hauses befragte und entdeckte, daß niemand den Mann mit dem schlurfenden Gang identifizieren konnte – was bedeutete, daß er nicht im Haus wohnte. »Das beweist noch gar nichts«, sagte er zu Rochat, »aber was hat er hier gewollt, wenn wir niemanden finden können, den er besucht haben könnte? Und eine halbe Stunde ist eine lange Zeit, wenn ein Mann in einem bestimmten Haus nichts zu suchen hat.«

Es war Boisseau, der Denise Viron befragte, das rothaarige Mädchen. Sie beschrieb ihm zwei durchaus verschiedene Männer, die sich am Vortag beide nach Léon Jouvel erkundigt hatten. Boisseau notierte sich die beiden Personenbeschreibungen sorgfältig. Ihm fiel auf, daß keiner von beiden der Mann mit dem schlurfenden Gang gewesen sein konnte. »Ist es denkbar, daß einer dieser beiden Männer ein Engländer ist?« fragte er einmal während des Gesprächs. Denise schüttelte energisch den Kopf und legte die Beine provozierend übereinander, was Inspektor Rochat zu einem Stirnrunzeln veranlaßte. Boisseau, der das Mädchen in seiner Wohnung ausfragte, würdigte die Beine mit einem anerkennenden Blick und bot Denise Viron noch eine Zigarette an.

»Ist es oft vorgekommen, daß irgendwelche Leute nach Jouvel fragten?« wollte er wissen. »Hatte er oft Besuch?«

»Nur sehr selten. Diese beiden Besucher waren eine Ausnahme . . .«

Boisseau machte Rochat keinen Vorwurf daraus, daß dieser diese Information nicht herausbekommen hatte. Es war offenkundig, daß Rochats Vorgesetzte sich über die Einmischung des Pariser Polizeipräfekten ärgerten und dem Inspektor befohlen hatten, die Sache so schnell wie möglich aufzuklären. Nachdem offenkundig zu sein schien, daß hier ein Selbstmord vorlag, hatte Rochat sich also nicht weiter in den Fall vertieft.

»Sind Sie zufrieden?« fragte Rochat, als er den Mann aus Paris zum Flughafen zurückfuhr.

»Sind Sie's?« fragte Boisseau zurück.

»Rein äußerlich war alles haargenau so, wie es sein sollte – wenn man die Körpergröße Jouvels berücksichtigt, die Länge des Stricks, die Position des Badezimmerhockers, den er unter sich weggestoßen hatte. Nur ein Experte hätte das alles als vermeintlichen Selbstmord arrangieren können.«

»Ich finde Ihre letzte Feststellung sehr beunruhigend«, sagte Boisseau.

Robert Philip war wie Guy Florian zweiundfünfzig Jahre alt – aber damit endete auch schon jede Ähnlichkeit. Er stand am Sonntag spät auf. Es ärgerte ihn, daß seine Bettgenossin, Noelle Berger, immer noch schlief. Er rüttelte sie grob an ihrer nackten weißen Schulter und brachte seine Forderung mit gewohntem Feingefühl vor. »Los, steh auf, du Schlampe, ich möchte frühstücken . . .«

Er lebte von seiner Frau getrennt und tröstete sich neuerdings mit einer Reihe kurzlebiger Affären. Er achtete peinlich darauf, daß keine zu lange dauerte. Wie er seinen Saufkumpanen immer sagte: »Wenn man sie erst mal eine Woche im Haus hat, dann bilden sie sich auch schon ein, der ganze Laden gehört ihnen . . .« Philip war mittelgroß und von schwerem Körperbau. Sein Haar im Bürstenschnitt und sein üppiger Schnurrbart hatten den gleichen rötlichen Farbton. Vor sich hin schimpfend ging er nach unten und zog den Wohnzimmervorhang auf. Auf der anderen Straßenseite stand auf der normalerweise leeren Avenue ein Citroën mit geöffneter Motorhaube. Zwei Männer beugten sich über den Motor. Auf dem Bürgersteig lag eine Werkzeugtasche; einige Werkzeuge lagen herum. »Geschieht euch recht; das kommt davon, wenn man Benzin verschwendet«, murmelte Philip. Er hielt sich seinen seidenen Morgenmantel zu und ging in die Küche. Wenige Minuten später kam Noelle Berger in ähnlicher Aufmachung ins Wohnzimmer. Sie suchte eine Zigarette. Sie war klein, blond und hatte eine üppige Figur.

»Sehen Sie mal, das Mädchen«, flüsterte Vanek, dessen Kopf halb unter der Motorhaube verschwunden war. »Das gibt Komplikationen.«

»Am besten wäre es«, erwiderte Brunner, »wenn wir uns außerhalb des Hauses mit ihr beschäftigen könnten.«

»Wenn sie die verdammte Villa verläßt. Heute ist Sonntag.«

Robert Philip war während des Krieges der Waffenmeister des Leoparden gewesen. Er hatte dafür zu sorgen, daß Waffen und Munition immer in ausreichenden Mengen vorhanden waren.

Diese Aufgabe schloß Überfälle auf feindliche Munitions- und Waffendepots ein. In dieser Eigenschaft war Philip einer der wichtigsten Mitarbeiter des Leoparden gewesen. Seit dem Kriegsende hatte Philip eine erfolgreiche Karriere hinter sich gebracht – wenn man Erfolg an der Höhe eines Bankkontos und am Besitz einer großen Villa mißt, die mit zweifelhaften Methoden erworben worden sind. Philip war Waffenschieber.

1944, als verschiedene Résistance-Gruppen in Südfrankreich riesige Waffenverstecke anlegten, um die erhoffte *République Soviétique du Sud* zu unterstützen, deren Gründung der Leopard fast zuwege gebracht hätte, war Robert Philip emsig damit beschäftigt, einige dieser Waffen verschwinden zu lassen und zu verstecken. Es mußte für Philip eine große Erleichterung gewesen sein, daß der kommunistische Staatsstreich mißlang. Als er sah, daß de Gaulle siegen würde, erklärte Philip sich zum Uralt-Gaullisten und übergab dem General die Hälfte seiner Waffenvorräte. Die andere Hälfte hob er sich für künftige Geschäfte auf.

In den folgenden Jahren lieferte Philip Waffen an den jungen Fidel Castro – wobei er die kommunistischen Verbindungen benutzte, die er im Departement Lozère aufgebaut hatte –, an die Eoka-Terroristen, die auf Zypern gegen die Briten kämpften, an kurdische Aufständische im Irak, und überhaupt an jeden, der hart genug bedrängt war, um minderwertige Ware zu überhöhten Preisen zu kaufen. »Ich bin«, brüstete er sich einmal in einer Bar, »ein bißchen schlauer als meine Zeitgenossen.« Seine Frau Yvonne lebte jetzt in einer Pariser Wohnung. »Ich habe sie ausbezahlt«, liebte er zu sagen. »Ich halte nämlich nicht viel davon, eine Frau schlecht zu behandeln . . .«

Um zwei Uhr nachmittags verließ Noelle Berger die Villa allein. Sie war in einen Pelzmantel gehüllt und legte den kurzen Weg zum Bahnhof zu Fuß zurück. Robert Philip blieb allein im Haus. Der Citroën, der morgens vor dem Haus gestanden hatte, war längst verschwunden. Der einzige Mensch, der zu sehen war, war ein hagerer Mann mit knochigem Gesicht, der vor einem Laden stand und sich das Schaufenster ansah. Noelle betrat den Bahnhof und kaufte sich eine Rückfahrkarte nach Straßburg. Von dem Mann, der hinter ihr aufschloß und sich eine einfache Fahrkarte nach Straßburg kaufte, nahm sie keine Notiz. Vanek hatte Lansky sehr einfache Anweisungen gegeben. »Ich glaube nicht, daß sie seine Frau ist – dazu sah sie viel zu jung und gleichgültig aus. Wenn sie das Haus verläßt, folgen Sie ihr – es sei denn, sie trägt einen Koffer. Dann reist sie ab, und dann können Sie sie vergessen . . .«

Noelle Berger hatte sich entschlossen, in Straßburg ein paar Weihnachtseinkäufe zu machen, um Philip Zeit zu geben, sich zu beruhigen. Soll er doch in seinem eigenen Saft schmoren, dachte sie, dann wird er sich heute abend freuen, mich wiederzusehen. In Straßburg hatten die Geschäfte um zwei Uhr geöffnet – so kurz vor Weihnachten wollten die Ladenbesitzer jede Minute nutzen –, und Noelle gab in der Rue des Grandes Arcades eine ganze Menge von Philips Geld aus. Geschieht ihm verdammt recht, sagte sie sich. Später war sie schon wieder etwas versöhnt und kaufte für ihn eine hellgelbe Wolljacke. Einmal, als sie auf einen Bus wartete, hätte jemand sie beinahe unter die Räder des heranfahrenden Busses gestoßen, aber als sie sich umdrehte, stand hinter ihr nur eine dicke Frau. Am Ende des Nachmittags, beladen mit Paketen, machte Noelle sich auf den Weg zu dem stillen Viertel unten am Fluß mit dem Namen Petite France, Klein-Frankreich. Sie hatte sich entschlossen, eine Freundin zum Tee zu besuchen, bevor sie nach Colmar zurückfuhr.

Am Rand des verlassenen Place Benjamin Zhia teilt sich die Ill in drei Arme, die weiter unten wieder zusammenfließen. Hier führt eine Reihe von Fußwegen über den Fluß. Hier befindet sich auch eine kleine Schleuse, durch deren schmale Öffnung sich das Wasser rauschend ergießt. Unter einem dahinterliegenden Gebäude schießt das Wasser wieder hervor. Die schäumenden Wassermassen machen an dieser Stelle einen ohrenbetäubenden Lärm. Noelle wollte den Weg abkürzen und betrat eine der Fußgängerbrücken. Soweit sie sehen konnte, war sie allein. Sie war schon halb auf der anderen Seite und hatte in dem Lärm des dahinströmenden Wassers keinen anderen Laut gehört, als etwas sie veranlaßte, sich umzudrehen. Einen Schritt hinter ihr stand Lansky mit erhobenen Händen. Sie starrte ihn ungläubig an, als seine Hände sie erfaßten und ins Wasser stießen. Sie befand sich schon halb unter Wasser, als sie endlich schreien konnte, aber ihre Schreie gingen in dem Tosen der sprudelnden Wassermassen unter. Sie wurde mitgerissen, unter Wasser gezogen und in Richtung Quai des Bateliers fortgespült. Ihre Weihnachtspakete tanzten auf dem dahinrasenden Wasser; ihr Hüpfen sah seltsam bizarr und feierlich aus. Die gelbe Wolljacke hatte sich aus dem Einwickelpapier gelöst.

Zwanzig Minuten später bestieg Lansky den Triebwagen, mit dem er um sieben Uhr abends wieder in Colmar sein würde. Mit zwei Menschen im Haus läßt sich ein ›Unfall‹ nicht überzeugend arrangieren.

12

Am Abend des 19. Dezember, einem Sonntag, wartete Marc Grelle in seinem Büro auf Boisseaus Rückkehr aus Straßburg. Die Stunden verstrichen, aber der Präfekt war alles andere als untätig. An diesem Tag hatte er sich vorwiegend damit befaßt, die Sicherheitsvorkehrungen zum Schutz der Fahrzeugkolonne des Präsidenten zu verstärken, die am 23. Dezember zum Flughafen Charles de Gaulle – oder Roissy, wie er von den Parisern oft genannt wird – fahren würde. Am 23. sollte Florian nach Moskau fliegen.

Marc Grelle besaß auf dem Gebiet des politischen Mordes eine umfassende Sachkenntnis. Er wußte etwas über die Menschen, die solche Attentate verüben, und über die Methoden, die sie anwandten. Grelle hatte eine besondere Studie über die einunddreißig Attentatsversuche auf General de Gaulle angefertigt; diese Arbeit enthielt die Gründe, die für einen möglichen Erfolg sprachen, ebenso wie die Gründe, die den Mißerfolg der Anschläge erklärten. Die Liste der verwendeten Techniken war beachtlich.

Mord durch Fernzündung einer Explosivladung unter einem fahrenden Fahrzeug; Mord durch einen Heckenschützen mit Gewehr und Zielfernrohr; Mord aus nächster Nähe – durch Erdolchen oder Erschießen; Mord durch Amtsanmaßung mit Hilfe eines gestohlenen Polizeifahrzeugs oder einer gestohlenen Uniform; Mord durch einen Motorradfahrer in einer Polizeieskorte, der sich dem Präsidentenfahrzeug näherte; Mord durch einen selbstmörderischen Zusammenstoß in der Luft – wobei ein Flugzeug mit dem Mörder am Steuerknüppel die Maschine mit dem Präsidenten an Bord rammte; Morde mit Hilfe absurd anmutender Methoden – etwa mit Hilfe einer in einen Fotoapparat eingebauten Feuerwaffe oder eines Hundes, dem man Dynamitstäbe am Hals festgebunden hatte und der sich dem Präsidenten nähern sollte, etwa bei einer öffentlich gehaltenen Rede. Und Mord durch einen *Feuerüberfall von Kraftfahrzeugen aus*.

Diese letzte Methode war die beliebteste, und Grelle wußte auch, warum. Diese Methode bietet den Vorteil, daß besonders ausgebildete Killer aus kürzester Entfernung schießen können. Sie setzt allerdings Männer mit blitzschnellem Reaktionsvermögen voraus, die sich augenblicklich auf eine neue Lage einstellen können. Tatsächlich war de Gaulle immer dann in höchste Gefahr geraten, wenn seine Fahrzeugkolonne sich in einen Strom anderer Fahrzeuge hatte einordnen müssen. Mit diesem Katalog versuchter Anschläge im Kopf machte sich Grelle mit Hilfe des unermüdlichen Boisseau daran, jede nur denkbare Gegenmaßnahme zu ergreifen. Als sein Stellvertreter aus Straßburg zurückkehrte, schlug Grelle sich noch immer mit diesen Problemen herum.

Es war inzwischen neun Uhr abends geworden, und Boisseau, der seit dem Lunch nichts zu essen bekommen hatte, ging schnell in die nächste Eckkneipe, um sich einen kleinen Imbiß zu holen. Er nahm sein karges Mahl am Schreibtisch des Präfekten ein, während er zwischendurch seinen Bericht über den Ausflug nach Straßburg fortsetzte. »Verstehen Sie«, fuhr er fort, »Jouvels Selbstmord ist allem äußeren Anschein nach durchaus einleuchtend, da gibt es keinen Zweifel, und es gibt nur wenige Leute, die einen solchen Tod fingieren können. Wie Sie wissen, würden sie bestimmte Details vergessen . . .«

»Es sei denn, wir haben es mit einem professionellen Killer zu tun? Das hätte eine lange Reihe höchst unerfreulicher Implikationen zur Folge . . .«

»Was mir nicht gefällt«, bemerkte Boisseau und wischte mit einem Stück Brot Fleischsaft auf, »sind diese beiden Männer, die mit diesem Flittchen gesprochen haben. Sie haben ihr – unabhängig voneinander – etwa die gleichen Fragen nach Jouvel gestellt. Und das zu einer Zeit, in der sich normalerweise kein Mensch für Jouvel interessierte oder ihn besuchte. Also: Wer waren diese beiden Fremden – ganz zu schweigen von dem Mann mit dem Regenschirm, den keiner der übrigen Mieter des Hauses kennt?«

»Freunden Sie sich mit dem Gedanken an«, sagte Grelle. »Jouvel kann sehr wohl Selbstmord begangen haben. Diese anderen Männer haben vermutlich nichts damit zu tun. Hier in Paris sind wir keinen Schritt weitergekommen – weder Roger Danchin noch Alain Blanc haben mit irgendeiner der uns bekannten sowjetischen Kontaktpersonen Verbindung aufgenommen. Wir haben ein Stadium erreicht wie schon so oft in früheren Fällen:

Wir sind in einer Sackgasse. Wir müssen die weitere Entwicklung der Dinge abwarten, vielleicht ergibt sich irgendein Hinweis . . .« Er holte die von Oberst Lasalle zusammengestellte Zeugenliste aus einer abgeschlossenen Schublade und überflog sie von neuem. »Nach allem, was wir wissen, kann der Schlüssel zu allem sehr wohl der Mann sein, den wir nicht einmal beschatten lassen können – Dieter Wohl in Freiburg.«

»Sie könnten Peter Lanz vom BND anrufen«, schlug Boisseau vor. »Er ist immer sehr hilfsbereit . . .«

»Wo wir selbst hier, auf heimischem Boden, mit einer Geheimniskrämerei vorgehen müssen, die Verschwörer auszeichnet? Ich habe nicht den Mut, diese Sache ins Ausland zu tragen.« Grelle reckte sich und gähnte. »Mein Gott, bin ich müde. Nein, wir müssen warten – und hoffen, daß sich irgendein Fingerzeig ergibt . . .«

In einem zweistöckigen Haus außerhalb Freiburgs, der Universitätsstadt am Rand des Schwarzwalds, stand der ehemalige Abwehroffizier Dieter Wohl am Fenster seines dunklen Schlafzimmers und sah über die Felder nach Westen. Jenseits des Rheins, nur wenige Kilometer entfernt, lag Frankreich. Wohl erinnerte sich.

Wohl war ein gut gebauter Mann mit einem energischen Gesicht. Er war jetzt einundsechzig. Als seine klugen blauen Augen zum Elsaß hinüberblickten, umspielte ein feines Lächeln seinen Mund. Es war alles so lange her und war so vergeblich gewesen. Jetzt herrschte Gott sei Dank beiderseits des Rheins Frieden. Wenigstens hatte er lange genug gelebt, um das noch zu erleben. Als pensionierter Polizeibeamter und Witwer hatte Dieter Wohl genügend Zeit, über die Vergangenheit nachzudenken.

Die Schlagzeile der *Frankfurter Allgemeinen Zeitung* vor elf Tagen hatte seine Erinnerung geweckt, die Geschichte über das versuchte Attentat auf den französischen Staatspräsidenten. Eine schockierende Sache. Was Wohls Interesse geweckt hatte, war der Name der Attentäterin gewesen. Lucie Devaud. Merkwürdig. Dies war der Name einer Frau, die in dem versunkenen Wagen ertrunken war, als der Leopard mit ihr von der Brücke in den Fluß gerast war. Gibt es da irgendeine Verbindung? fragte sich Wohl.

Nachdem er den Zeitungsartikel gelesen hatte, hatte Wohl eines seiner alten Kriegstagebücher aus seinem Schreibtisch gekramt. Die damaligen Bestimmungen hatten das Führen von Tagebüchern streng untersagt, aber gleichwohl hatten viele Soldaten sich über dieses Verbot hinweggesetzt; sogar Generäle und Feldmarschälle, die später mit ihren Memoiren klotziges Geld verdienten. Wohl hatte Zeit im Überfluß. Also las er sein Tagebuch aus dem Jahr 1944 von vorn bis hinten durch. Beim Lesen kehrten die Erinnerungen zurück.

Dieter Wohl war als ehrgeiziger junger Abwehroffizier im französischen Departement Lozère stationiert und hatte es sich in den Kopf gesetzt, den Leoparden zur Strecke zu bringen. Er sammelte jede Information über den rätselhaften Résistance-Führer, auch die kleinste, notierte jedes Gerücht, das über ihn in Umlauf war. Die Gestalt des Leoparden faszinierte Wohl; seine Leidenschaft für Geheimhaltung, sein beachtliches Agentennetz, sein gefürchteter Hund César – der einzige Freund des Leoparden, soweit Wohl feststellen konnte.

Einmal – aber nur einmal – war Wohl drauf und dran gewesen, den Leoparden gefangenzunehmen. Wohl hatte einen Tip erhalten, der Leopard werde zu einer bestimmten Zeit auf einer bestimmten Straße fahren. Jenseits einer Brücke, die der Leopard überqueren mußte, hatte man ihm einen Hinterhalt gelegt. An dieser Stelle stand dichter Hochwald, der bis zum Wasser hinunterreichte. Wohl postierte sich hoch oben am Steilufer und beobachtet die Brücke durch einen Feldstecher. Es war ein windiger Tag. Gegen zwölf Uhr mittags sah Wohl den Wagen durch die Baumstämme hindurch mit hoher Geschwindigkeit näher kommen. Durch sein Fernglas sah Wohl ein durch das Laubwerk verschwommen wirkendes Bild – und die Geschwindigkeit des heranrasenden Wagens.

»Gott im Himmel!«

Hinter dem Lenkrad des Wagens saß ein Mann, auf dem Beifahrersitz ein Mädchen, dessen Haare im Wind flatterten. Darauf war Wohl nicht gefaßt gewesen – daß eine Frau dabeisein könnte. Als der Wagen näher kam, überlegte er fieberhaft. Sie muß ein Résistance-Kurier sein, sagte er sich. Er strengte sich an, um im Fernglas Details zu erkennen, und wurde immer aufgeregter. Dies war das erstemal, daß jemand den Leoparden zu Gesicht bekommen hatte. Dummerweise konnte er das Gesicht des Mannes nicht erkennen – im Blättergewirr und bei der hohen Geschwindigkeit des Wagens verschwamm alles. Der Leopard würde an der Brücke aber die Geschwindigkeit drosseln müssen: Kurz vor der Brücke machte die Straße eine scharfe Biegung. Diesseits der Brücke war eine Straßensperre errichtet.

Der Leopard machte keinerlei Anstalten, mit der Geschwindigkeit herunterzugehen. Er war bekannt dafür, immer so schnell wie möglich zu fahren, damit kein Scharfschütze die Chance erhielt, ihn abzuknallen. Jetzt kam der Wagen in einer Staubwolke und mit quietschenden Reifen um die Kurve. Wohls Augen klebten am Feldstecher. Eine bemerkenswerte Leistung des Fahrers, das mußte er zugeben. Als der Wagen mitten auf der Brücke aus der Staubwolke herauskam, mußte der Leopard die Straßensperre bemerkt haben. Er reagierte sofort; immer noch schnell fahrend, durchbrach er das Brückengeländer; der Wagen stürzte in den Fluß, der an dieser Stelle fast sechs Meter tief war. Wohl traute seinen Augen kaum, als er das Fahrzeug verschwinden sah. Eine verspätete Maschinengewehrsalve durchbrach die Stille.

Im Fallen wirbelte der Wagen herum und schlug mit dem Dach aufs Wasser auf. Beim Auftreffen auf dem Flußgrund mußten sowohl der Mann wie das Mädchen kopfüber auf dem Wagendach gelandet sein. Jetzt strömte das Wasser in den Wagen. Wohl war überzeugt, daß der Leopard tot sein mußte, wollte aber nichts dem Zufall überlassen. Er bellte einige Befehle durchs Megaphon, worauf die Soldaten begannen, sich durch das dichte Ufergestrüpp den Weg zu den Flußufern zu bahnen. Es dauerte drei Stunden, bis ein eilig herbeigerufener Abschleppwagen den Wagen des Leoparden am Kran langsam aus dem Wasser hieven konnte.

Wohl stand auf der Brücke, als das vor Wasser triefende Fahrzeug übers Brückengeländer gezogen und vorsichtig abgesetzt wurde. Jetzt erlebte Wohl den zweiten Schock. Vom Leoparden keine Spur. Das Mädchen war aber noch da. Sie saß auf dem Beifahrersitz, ihre Haare klebten am Kopf. Es war eine attraktive junge Frau von etwa zwanzig Jahren. Nach einigen Tagen konnte Wohl sie anhand der Fingerabdruck-Karteien der Vichy-Polizei als Lucie Devaud identifizieren. Der Stabsarzt, der die Leiche untersucht hatte, sagte zu dem Abwehroffizier, daß sie vor kurzem von einem Kind entbunden worden sei.

Dieser Zwischenfall löste bei der Résistance einen kleinen Skandal aus. Es gab zwei entgegengesetzte Ansichten über die Angelegenheit. Einige sagten, der Leopard habe korrekt gehandelt; er habe alles geopfert, um rechtzeitig zu seiner wichtigen Verabredung zu erscheinen. Andere dachten nicht so großzügig – Lucie Devaud hatte als Kurier beachtliche Dienste geleistet – und meinten, er hätte das Mädchen auch mitnehmen können, wenn ihm nicht so sehr daran gelegen hätte, seine eigene kostbare Haut zu retten. Die Kriegswirren und der spätere Versuch, im Süden Frankreichs eine kommunistische Republik zu gründen, ließen den Zwischenfall bald in Vergessenheit geraten, zumal als bekannt wurde, daß der Leopard in Lyon auf offener Straße erschossen wurde . . .

An all das erinnerte sich Dieter Wohl, als er in der Zeitung den Namen der Frau las, die versucht hatte, Guy Florian zu töten. Unterdessen hatte Wohl begonnen, seine Memoiren niederzuschreiben. Dies war eine zu gute Gelegenheit, die nicht ungenutzt bleiben durfte – er mußte andere dazu bringen, ihm zu schreiben. Wer etwas über die damaligen Ereignisse wußte, konnte ihm nützliches Material für sein Buch liefern. Am Freitag, dem 10. Dezember, schrieb er einen Leserbrief an die *Frankfurter Allgemeine Zeitung.* Er bezog sich auf die Attentatsmeldung und wies darauf hin, daß er im Krieg Tagebuch geführt habe und jetzt seine Memoiren schreibe. Um seinem Schreiben Autorität zu geben, erwähnte er den Namen einer gewissen Annette Devaud, die ebenfalls ein Mitglied der Résistance-Gruppe des Leoparden gewesen sei. Wohl nannte sogar ihre letzte Adresse von vor mehr als dreißig Jahren. Um seinen Brief noch spannender zu machen, zitierte er einen Satz aus einer der letzten provozierenden Rundfunksendungen Oberst Lasalles. »Wer ist diese Lucie Devaud, die gestern nacht versucht hat, einen bestimmten europäischen Staatsmann zu töten?« Am Ende seines Briefes fügte Wohl eine eigene Frage hinzu. *Ich frage mich, ob Annette Devaud noch immer in Saverne lebt?*

Wohl hatte schneller Erfolg, als er hätte hoffen können. Die *Frankfurter Allgemeine* druckte den Brief am Dienstag, dem 14. Dezember, ab und wurde noch am selben Tag pflichtgemäß von Paul-Henri Le Theule gelesen, dem der französischen Botschaft in Bonn beigeordneten Geheimdienstoffizier. Le Theule war achtunddreißig Jahre alt und bei Kriegsende noch ein Kind gewesen. Er wußte nichts über den Leoparden, aber der kurze Hinweis auf Oberst René Lasalle sprang ihm sofort ins Auge. Da er dringend Material brauchte, um seinen nächsten Bericht nach Paris ein wenig aufzufüllen, schnitt er den Leserbrief aus und legte ihn in die schmale Akte, die mit der nächsten Diplomatenpost nach Paris gehen sollte.

Die versiegelte Kuriertasche mit der Diplomatenpost wurde am Samstag, dem 18. Dezember, in Paris angeliefert. Roger Danchin, der sich durch Berge von Papier hindurcharbeitete, bekam den Zeitungsausschnitt jedoch erst am Sonntagmorgen zu Gesicht. Er zeigte ihn Alain Blanc, der zufällig bei ihm war. Danchin diktierte eine Aktennotiz an den Staatspräsidenten, die er zusammen mit dem Zeitungsausschnitt über die Straße in den Elysee-Palast bringen ließ. Zur Lunchzeit hatte Guy Florian beide Dokumente gelesen. Um drei Uhr nachmittags kam der sowjetische Botschafter Leonid Vorin, der mit Alain Blanc geluncht hatte, in den Elysee-Palast. Er sprach kurz mit dem Präsidenten und eilte dann zurück in seine Botschaft in der Rue de Grenelle.

Nachdem er am Samstag um neunzehn Uhr mit dem Triebwagen aus Straßburg nach Colmar zurückgekehrt war, eilte Lansky über den Bahnhofsvorplatz zum Hotel Bristol, wo seine beiden Kollegen ihn bereits in Vaneks Zimmer voller Ungeduld erwarteten. Er erzählte ihnen, auf welche Weise er sich Noelle Bergers entledigt hatte. Vanek zeigte sich erleichtert. »Das bedeutet, daß Philip jetzt allein im Haus ist. Wir können das Verschwinden seines Mädchens zu unserem Vorteil nutzen, aber wir müssen den Zeitpunkt unseres Besuchs vorverlegen . . .«

»Warum?« fragte Lansky. »An einem späten Sonntagabend wäre es viel sicherer.«

»Weil«, erklärte Vanek mit sarkastischer Geduld, »Philip sich schon bald Sorgen machen wird, daß ihr etwas zugestoßen sein könnte. Wenn wir ihm Zeit lassen, sich zu sehr zu sorgen, könnte er die Polizei anrufen . . .«

Während Lanskys Abwesenheit hatten die beiden anderen Männer ihre Nachforschungen über die Gewohnheiten Robert Philips fortgesetzt. Sie hatten das Haus Nr. 8 von einem kleinen Park weiter unten in der Avenue Raymond Poincaré aus abwechselnd im Auge behalten. Sie hatten so getan, als fütterten sie die Vögel oder als warteten sie auf jemanden. Weil es unmöglich gewesen war, die Villa von einem noch näheren Punkt aus zu beobachten – und weil sich beide äußerst geschickt verhalten hatten –, entgingen beide der Aufmerksamkeit der Streifenwagenbesatzung, die mit ihrem Wagen gelegentlich durch die Straße fuhr, um die gleiche Villa zu beobachten.

Um drei Uhr nachmittags, als er einigen Spatzen gerade Brotkrümel hinwarf, sah Vanek, wie Philip das Haus verließ, die Treppenstufen herunterkam und zum Gartenzaun ging. Er lehnte sich gegen das Gartentor und rauchte eine Zigarette. Vanek verschwand hinter einem Baumstamm und beobachtete Philip durch ein Fernglas, das er immer bei sich trug. Unter dem auffälligen Kamelhaarmantel trug der Franzose noch immer seine Pyjamahose, wie Vanek durch die Gitterstäbe hindurch sehen konnte. Sonntags zog Philip sich nur selten an; den Sonntag im Schlafanzug zu vertrödeln war seine Art, sich zu entspannen. Und außerdem dachte er daran, daß es nach der Rückkehr Noelles so viel leichter sein würde, sie gleich wieder aufs Bett zu werfen. Er brauchte sich nur seines Schlafanzuges zu entledigen. Jetzt, als er in der Villa mit sich allein war, hatte Philip großes Verlangen nach seiner jüngsten Eroberung.

»Auch das könnte ein Glücksfall sein«, sagte Vanek später zu Brunner, »wenn wir bedenken, welche Methode wir anwenden wollen . . .«

Es war kurz vor neun, als Brunner die zur Veranda führenden Treppenstufen des Hauses Nr. 8 hinaufging und klingelte. Um diese Zeit war die schneebedeckte Avenue Raymoind Poincaré menschenleer und sehr still. Hinter den Vorhängen des Erkerfensters brannte Licht. Brunners Läuten löste eine schnelle – aber vorsichtige – Reaktion aus. Hinter einem Seitenfenster zur Veranda wurde ein Vorhang zurückgezogen. Am Fenster stand Philip. Er hielt ein Glas in der Hand und starrte Brunner mißtrauisch an. Dann zog er den Vorhang zu. Wenige Augenblicke später ging die Tür wenige Zentimeter auf. Eine starke Kette verhinderte ein weiteres Öffnen.

»Monsieur Robert Philip?« fragte Brunner.

»Ja. Was gibt's?«

Philip hatte erwartet, Noelle Berger mit Paketen beladen zu sehen. Die Ankunft dieses Fremden überrumpelte ihn. Brunner zeigte den Ausweis der Sûreté Nationale, den er bei sich trug, seitdem das Kommando Tábor verlassen hatte.

»Sûreté, Monsieur. Ich fürchte, daß ich eine schlechte Nachricht für Sie habe. Es geht um eine Bekannte von Ihnen, eine junge Dame. Darf ich einen Augenblick hereinkommen?«

Obwohl er sich um seine Geliebte Sorgen machte, war Philip ein mißtrauischer Mann, der in der Halbwelt des illegalen Waffenhandels nicht umsonst alle diese Jahre überlebt hatte; er nahm durchaus nicht alles für bare Münze, was ihm entgegentrat, weder Menschen noch Ausweise; mit gefälschten Papieren stand er selbst auf du und du.

»Ich kenne Sie nicht«, sagte er nach einem Moment. »Und zufällig kenne ich die meisten Polizeibeamten in Colmar.«

»Das überrascht mich nicht . . .« Brunner machte eine ungeduldige Handbewegung. »Ich bin erst vor einer Woche aus Straßburg versetzt worden.«

»Warten Sie draußen. Ich ziehe mir etwas an . . .« Die Tür wurde vor Brunners Nase zugeknallt. In der Halle verzog Philip das Gesicht; er spürte, daß mit seinem Besucher etwas nicht stimmte. Er griff nach dem Telefon, das auf einem Beistelltisch stand. Im selben Augenblick wurde etwas Hartes, was sich wie die Mündung einer Waffe anfühlte, gegen seinen Rücken gepreßt und bohrte sich durch den Morgenmantel. Eine ruhige Stimme sagte: »Einen Laut, und ich werde Sie erschießen. Nehmen Sie die Hand vom Telefon. So, jetzt Gesicht zur Wand . . .« Während Brunner den Franzosen abgelenkt und ihn an der Vorderseite des Hauses festgehalten hatte, war Vanek um das Haus herumgegangen. Er kannte diesen Weg bereits – er hatte ihn im Dunkeln ausprobiert, nachdem Philip die Vorhänge zugezogen hatte –, und hatte die französischen Fenster entdeckt, die zwar verschlossen waren, in denen aber keine Schlüssel steckten. Jetzt hatte er sich mit einem Dietrich Einlaß verschafft und war in die Halle gekommen, als Philip gerade mit seinem ungebetenen Besucher sprach.

»Keine Bewegung . . .« Vanek preßte die Mündung der Luger wieder in Philips Rücken um ihn zu erinnern, daß die Waffe noch da war. Dann drehte er den Schlüssel im Türschloß herum, zog den Riegel zurück und entfernte die Kette. Brunner machte auf, trat ein und machte rasch die Tür zu. »Ziehen Sie die Kette wieder vor«, befahl Vanek rasch. »Niemand hat Sie gesehen? Gut . . .«

Vanek schubste Philip vor sich die Treppe hinauf. Am oberen

Ende der Treppe reichte er Brunner die Luger und durchsuchte das Obergeschoß. In den dunklen Schlafzimmern waren sämtliche Vorhänge zugezogen. Hinter einem großen Schlafzimmer an der Rückfront des Hauses fand er, was er suchte – ein Badezimmer. Er knipste das Licht an und gab Brunner ein Zeichen. Dieser schob Philip in sein eigenes Badezimmer. »Was zum Teufel soll das? explodierte der Franzose. »Die Polizeiwache ist um die Ecke, und . . .«

»Die Hauptwache der Police Nationale liegt in der Rue de la Montagne Verre, mehr als einen Kilometer von hier entfernt«, korrigierte Vanek ihn ruhig. »Ziehen Sie sich aus«

»Mein Bruder und seine Frau kommen mich gleich besuchen . . .«

»Runter mit den Kleidern . . .«

Brunner stieß Philip den Lauf der Luger in den Rücken. Philip zog sich aus, erst den Morgenmantel, dann den Schlafanzug, bis er dick und nackt dastand. Vaneks Kälte jagte ihm Angst ein, aber etwas Mut war ihm noch geblieben, als er von neuem fragte, was zum Teufel das Ganze solle.

»Haben Sie noch nie von Einbrechern gehört?« fragte Vanek. »Es ist eine wohlbekannte Tatsache, daß ein Mann ohne Kleider nicht in der Lage ist, auf der Straße herumzulaufen und um Hilfe zu schreien – schon gar nicht an einem Abend wie heute. Und bevor wir gehen, werden wir das Telefonkabel herausreißen. Das wird immer so gemacht. Lesen Sie keine Zeitungen?«

Sie sagten Philip, sie würden seine Füße an den Wasserhähnen festbinden, und befahlen ihm, sich in die Wanne zu legen. Dann drehte Brunner beide Hähne auf und ließ das Wasser einlaufen. Die Temperatur war mäßig warm. Der Franzose, der mit jeder Sekunde mehr Angst bekam, fragte zum drittenmal, was zum Teufel das Ganze solle. Vanek sagte es ihm. »Wir wollen wissen, wo der Safe ist«, sagte er. »Wir haben gehört, daß Sie einen Safe im Haus haben, und Sie werden uns sagen wo er sich befindet . . .«

»Es gibt keinen Safe . . .«

»Wenn Sie es uns nicht sagen, wird mein Kollege Sie an den Beinen packen und unter Wasser ziehen . . .«

»Hier gibt's keinen Safe!« schrie Philip.

»Sind Sie sicher?« Vanek machte ein zweifelndes Gesicht und richtete die Luger noch immer auf Philips Brust. Das Wasser strömte rasch in die voller werdende Wanne. »Wir fänden es gar nicht schön, wenn Sie uns anlügen«, fuhr Vanek fort, »und wir werden sehr böse werden, wenn wir das Haus durchsuchen und doch einen finden . . .«

»Hier gibt es keinen Safe! Ich habe Geld, im Schlafzimmer, in meiner Brieftasche – mehr als tausend Franc . . .«

Brunner drehte beide Wasserhähne zu und starrte Philip an, der jetzt heftig schwitzte. Der Tscheche beugte sich über ihn und packte ihn fest am Kinn. Er ging mit dem Gesicht ganz nah an das Gesicht des Franzosen heran. Vanek ging ans Fußende der Wanne und packte Philips Fesseln. Der Franzose, halb sitzend und halb liegend, machte sich darauf gefaßt, untergetaucht zu werden. Er protestierte immer noch, es gebe im ganzen Haus keinen Safe. Plötzlich spürte er, wie Vanek seine Fesseln losließ und mit resignierter Stimme sagte: »Ich glaube, er sagt die Wahrheit . . .« Philip entkrampfte sich. Im selben Augenblick schleuderte Brunner Philips Kopf mit einer blitzschnellen tückischen Bewegung rückwärts, so daß dessen Schädel mit einem schrecklichen dumpfen Krachen auf den Badewannenrand aufschlug. »Er ist tot«, stellte Brunner fest, als er den Puls fühlte. Philip glitt unter Wasser. Die Konturen seines Gesichts lösten sich in dem gurgelnden Wasser auf.

»Die korrekte Reihenfolge«, bemerkte Vanek. »Der Gerichtsmediziner wird bestätigen, daß er durch den Aufprall starb und erst dann unterging. Kommen Sie, bringen wir's hinter uns . . .« Vanek durchsuchte das Schlafzimmer, sah unters Bett, auf den Toilettentisch, in die Garderobe. Die wenigen weiblichen Kleidungsstücke bestätigten seine Vermutung, daß das Mädchen, dem Lansky bis Straßburg gefolgt war, nur eine flüchtige Bekanntschaft Philips gewesen war. Also machte Vanek sich daran, alle Spuren zu beseitigen, die an ihre Gegenwart erinnerten. Er nahm einen Koffer mit den Initialen N. B. und stopfte ihre Kleidungsstücke hinein, ihre Nachthemden, ihre Kosmetika, sechs Paar Schuhe. Im Badezimmer fand er eine Zahnbürste mit Lippenstiftspuren, unterm Kopfkissen zwei spitzenbesetzte Taschentücher. Die Polizei würde zwar noch immer Spuren einer Frau finden, aber keine Kleider, und damit wäre die Sache für die Beamten abgetan. Eine Großfahndung nach einer vermißten Frau in den nächsten Tagen war das letzte, was Vanek sich wünschte. Er schloß gerade den Koffer, als er Brunner hörte, der in der Küche einen Topf geholt hatte und Badewasser auf den Fußboden des Badezimmers schüttete. Bevor er nach unten ging, sah er sich das Badezimmer prüfend an.

»In Ordnung so?« fragte Brunner.

Ein Stück Seife, das Brunner in die Wanne geworfen hatte, löste sich auf und trübte das Wasser. Robert Philip hatte soeben einen tödlichen Unfall gehabt. Die meisten Unfälle ereignen sich in der Wohnung. Philip hatte in der Wanne gestanden, war auf die Seife getreten, ausgerutscht und mit dem Kopf auf den Badewannenrand aufgeschlagen. Wasser war über den Wannenrand gespritzt und hatte seinen Schlafanzug und seinen Morgenmantel naß gemacht. »Diesen Aschenbecher habe ich aus dem Wohnzimmer raufgebracht«, bemerkte Brunner. Auf einem Hocker stand der Aschenbecher, den der Tscheche in einer behandschuhten Hand nach oben getragen hatte. Die Aschenreste befanden sich darin und die Kippe der Zigarette, die Philip am Aschenbecherrand festgeklemmt hatte, als er an die Tür gehen wollte, um Brunner zu öffnen.

»Perfekt«, erwiderte Vanek. Er ließ das Licht im Badezimmer brennen und folgte Brunner nach unten. Er trug Noelle Bergers Koffer. Unten machte er das Licht im Wohnzimmer aus. Hätte er es brennen lassen, hätte es Aufmerksamkeit erregen können. Das Licht im Badezimmer würde nicht auffallen, da das Bad an der Rückseite des Hauses lag.

Sie verließen das Haus auf dem Weg, auf dem Vanek gekommen war – durch das französische Fenster an der Rückfront des Hauses. Draußen schlossen sie mit dem Dietrich ab. Vanek wartete mit dem Koffer in der Hand in dem kleinen Park, bis Brunner mit dem Citroën vorfuhr. Sie brauchten nur zwanzig Minuten, um an den Rhein zu kommen. Unterwegs hielten sie einmal kurz an einem verlassenen Bauplatz, an dem Vanek ein paar Ziegelsteine holte, um den Koffer schwerer zu machen. Wenige Minuten später beobachtete er, wie der Koffer in dem rasch dahinfließenden Strom verschwand. Jetzt übernahm Vanek das Fahren. Um halb elf waren sie wieder im Bristol, um sich gründlich auszuschlafen. Am frühen Morgen wollten sie abfahren – um Dieter Wohl in Freiburg zu besuchen.

In Straßburg wurde Alan Lennox am Montagmorgen früh wach. Er sprang aus seinem Bett im Hotel Sofitel, öffnete die Tür und hob die Zeitung auf, die er beim Portier bestellt hatte. Er las das Blatt im Morgenmantel, während er den Kaffee trank, den der Zimmerkellner gebracht hatte. Die Schlagzeilen beachtete er nicht, sondern suchte im Innern des Blattes nach einem Bericht über Léon Jouvels Selbstmord. Dieser Fall nahm viel mehr Raum ein, als Lennox erwartet hatte; nach dem Wochenende litt das Blatt offenbar unter Mangel an Lokalnachrichten. Die Einzelheiten des Berichts sagten kaum mehr als das, was er von Louise Vallon, Jouvels Verkäuferin, erfahren hatte. Immerhin wurde erwähnt, daß ein Inspektor Rochat den Fall bearbeitete. Die Adresse des Kriminalkommissariats war ebenfalls angegeben.

Lennox aß seine Croissants, trank den Kaffee aus, duschte und rasierte sich, zog sich an und beglich seine Rechnung. Als er mit dem Taxi zum Bahnhof fuhr, schneite es von einem bleiernen Himmel. In der Bahnhofshalle gab er seinen Koffer in der Gepäckaufbewahrung ab; Colmar war nur dreißig Bahnminuten entfernt, und er hoffte zuversichtlich, Robert Philip an einem Tag zu finden und zu sprechen. Er ging davon aus, daß der Franzose nicht verreist war. Den Triebwagen 9.15 Uhr schaffte Lennox gerade noch, kurz bevor er anfuhr. Als der Zug Straßburg verließ und über die Ebene nach Süden rollte – im Westen konnte Lennox die Vogesen erkennen –, las der Engländer die Schlagzeile, die er sich im Hotel geschenkt hatte. Eine neue internationale Krise braute sich zusammen.

Das türkische Flottenkommando am Bosporus hatte vor kurzem aus dem sowjetischen Schwarzmeerhafen Odessa eine Nachricht erhalten. Die Türken wurden informiert, daß ein sehr großer Konvoi mit der Codebezeichnung K 12 die Dardanellen auf dem Weg ins Mittelmeer passieren werde. Diese Benachrichtigung erfolgte aufgrund der seit langem getroffenen Vereinbarung, daß die Sowjets größere Flottenbewegungen ins Mittelmeer vorher ankündigten und formell um die Erlaubnis zum Passieren der Dardanellen ersuchten.

Wie immer spezifizierten die Sowjets auch diesmal die Zusammensetzung des Konvois; die Meldung versetzte den zuständigen türkischen Seeoffizier in solche Aufregung, daß er sofort Ankara anrief. Der türkische Verteidigungsminister wurde mitten in der Nacht aus dem Bett geklingelt und gab die Meldung sofort ans NATO-Hauptquartier in der Nähe von Brüssel weiter. Aus politischen Gründen ließen die NATO-Behörden die Nachricht an die Presse durchsickern. Was die allgemeine Aufregung verursachte, war die Größe des Konvois. Die Sowjets hatten sechs schwere Kreuzer avisiert (vier davon Raketenträger), einen Flugzeugträger, zwölf Zerstörer und fünfzehn große Truppentransporter. Ein derart schlagkräftiger Konvoi hatte die Dardanellen noch nie passiert. Was mochten die fünfzehn großen Transportschiffe geladen haben? Auf welchen Zielhafen nahm dieser gewaltige Konvoi Kurs?

Als der Triebwagen in Colmar einlief, faltete Lennox die Zeitung zusammen und vergaß die Schauergeschichte sehr rasch. Sie hatte immerhin nichts mit dem Job zu tun, mit dem er sich gerade befaßte. Jetzt richtete er seine ungeteilte Aufmerksamkeit auf das bevorstehende Gespräch mit Robert Philip.

Am Samstag, dem 18. Dezember, um 20 Uhr hatten sämtliche Verteidigungsminister Westeuropas und Nordamerikas den Text der sowjetischen Meldung in Händen. Alain Blanc schenkte ihr erheblich mehr Aufmerksamkeit als Alan Lennox. In nur fünf Tagen sollte der Präsident in die Sowjetunion fliegen. Blanc war gar nicht glücklich über die Nachricht. Am Sonntagmorgen führte er ein kurzes Gespräch mit Guy Florian, der völlig anderer Meinung war.

»Sie werden ganz gewiß keine große internationale Krise ausgerechnet am Vorabend meines Abflugs vom Zaun brechen«, sagte er zu Blanc. »Sie sind viel zu sehr darauf bedacht, ihre guten Beziehungen zu uns zu festigen. Immerhin sind wir die stärkste westeuropäische Macht . . .«

Alain Blanc verließ den Elysee-Palast mit großer Skepsis. Florian hatte ihn nicht überzeugt. Blanc war jetzt weit beunruhigter als vor dem Gespräch mit dem Präsidenten. Warum war Florian mit einemmal so gelassen, was die Intentionen der Sowjetunion betraf?

Nach der Ankunft in Colmar kaufte sich Lennox am Bahnhofskiosk einen Stadtplan und entdeckte, daß die Avenue Raymond Poincaré nur wenige Meter von der Stelle entfernt war, an der er stand. Als er in die Avenue einbog und auf das Haus Nr. 8 zuging, erlebte er eine unangenehme Überraschung: Vor einer zweistöckigen, würfelförmigen Villa standen zwei Streifenwagen. Auf dem Bürgersteig waren Polizisten postiert. Lennox war sicher, daß dies Nr. 8 sein mußte, noch bevor er auf dem gegenüberliegenden Bürgersteig das Haus passierte und weiterging. Ja, es war die Nr. 8. Dies war eine Wiederholung der Szene, die er erst am Vortag vor dem Haus Rue de l'Épine in Straßburg gesehen hatte. Fünfzehn Minuten später, nach einem Rundgang um ein paar Straßenblocks – um nicht an den vor der Villa stehenden Beamten vorbeigehen zu müssen –, betrat er die Bar des Hotels Bristol gegenüber dem Bahnhof.

»Was machen denn all diese Streifenwagen in der Avenue Raymond Poincaré?« fragte er beiläufig und nippte an seinem Cognac.

Der Barmann war nur zu begierig weiterzugeben, was er wußte; in einer Kleinstadt wie Colmar machen Gerüchte blitzschnell die Runde. Einer der Großkopfeten der Stadt, Robert Philip, sei am Abend zuvor in seinem Bad umgekommen, vertraute der Barmann Lennox an. Die Tragödie sei entdeckt worden, als seine Putzfrau am Morgen die Haustür verriegelt vorgefunden habe. »Sie hat nämlich einen Schlüssel«, erklärte der Barmann, »und Philip hat frühmorgens immer die Kette entfernt und den Riegel zurückgezogen, so daß sie selbst aufschließen und hineingehen konnte. Die Polizei fand ihn in der Badewanne – unter Wasser. Der Bursche wird jetzt keiner Schürze mehr nachrennen . . .«

Lennox bestellte einen zweiten Drink, aber der Barmann hatte nur noch wenig an Informationen zu bieten. Nur noch eins: Die Polizei sei im Hotel gewesen und habe eine Menge Fragen nach zwei Männern gestellt, die hier zwei Nächte gewohnt hätten.

»Sie hatten einen Citroën«, fuhr der Barmann fort, »das hat jedenfalls der Nachtportier gesagt. Ich selbst habe sie nicht gesehen – ich glaube nicht, daß sie überhaupt hier in der Bar gewesen sind. Ich persönlich glaube nicht, daß da eine Verbindung besteht . . .«

Als Lennox die Bar verließ, kamen zwei uniformierte Polizeibeamte herein. Das ließ es ihm geraten erscheinen, Colmar auf dem schnellsten Weg zu verlassen; die Aussichten standen fünfzig zu fünfzig, daß der redselige Barmann den beiden Polizisten von seinem Gespräch mit dem Fremden berichtete, der soeben die Bar verlassen hatte. Lennox überquerte den Bahnhofsvorplatz, kaufte sich eine einfache Fahrkarte nach Lyon und bestieg dann einen Zug nach Straßburg, der gerade eingelaufen war. Als der Zugschaffner in sein Abteil kam, zeigte er die Rückfahrkarte nach Straßburg, die er bereits besaß. Von den drei Männern, die in der Kriegszeit eng mit dem Leoparden zusammengearbeitet und bis jetzt überlebt hatten, war nur noch einer übrig. Dieter Wohl in Freiburg.

Anders als Inspektor Rochat in Straßburg war Inspektor Dorré in Colmar erst vierzig und nahm nichts als gegeben und selbstverständlich hin. Er war ein ungeduldiger Mann mit einem verdrossenen Gesichtsausdruck und einer schnellen Zunge. Zwei Stunden nachdem Robert Philips Tod entdeckt worden war, rief er Boisseau an und erklärte, Philip sei nach der Rückkehr in sein Haus nicht mehr beobachtet worden. Nur ein Streifenwagen sei gelegentlich am Haus vorübergefahren. »Wir haben viel zuwenig Leute«, fuhr er fort, »und deshalb habe ich ihn nicht sorgfältig überwachen lassen können. Das ist natürlich sehr bedauerlich . . .«

Am anderen Ende der Leitung vermutete Boisseau, daß irgendeiner der Vorgesetzten Dorrés Sand ins Getriebe gestreut hatte – aus Abneigung gegen die Einmischung aus Paris. Diesmal war es nicht notwendig, bohrende Fragen zu stellen – und außerdem ließ Dorré Boisseau gar keine Gelegenheit dazu: Er redete wie ein Wasserfall.

»Nach Aussage des Gerichtsmediziners und auf Grund meiner eigenen Beobachtung besteht überhaupt kein Zweifel, daß Robert Philip durch einen Unfall gestorben ist. Er ist auf einem Stück Seife ausgerutscht und mit dem Kopf auf den Badewannenrand aufgeschlagen. Er war zu der Zeit allein im Haus. Nichts deutet auf einen Einbruch oder auf sonst etwas hin, was Verdacht erregen könnte – es muß zwar kurz vorher eine Frau im Haus gewesen sein, aber wahrscheinlich nur für ein paar Stunden. Philip war kein Kostverächter . . .«

Nach einer kurzen Pause legte die Stimme wieder los. »Entschuldigen Sie, ich habe eine Erkältung und mußte mir die Nase putzen. Also, in technischer Hinsicht haben wir es mit einem Unfalltod zu tun. Ich persönlich glaube aber keinen Augenblick daran. Ich habe gehört, daß ein anderer Mann, den Sie ebenfalls haben beobachten lassen – ein gewisser Léon Jouvel –, sich vor weniger als achtundvierzig Stunden in Straßburg erhängt hat. Ich habe auch gehört – ich bin gestern in Straßburg gewesen –, daß meine Kollegen dort Jouvels Tod als Selbstmord akzeptieren. Für mich ist das ein bißchen viel, Monsieur Boisseau – zwei Männer, die Sie beobachten lassen, sterben beide durch Selbstmord beziehungsweise Unfall in weniger als zwei Tagen, und beide zu Hause. Ich sage Ihnen, da stimmt etwas nicht . . .«

»Gibt es irgend etwas Besonderes, was . . .« begann Boisseau, aber weiter kam er nicht.

»Verzeihung, Herr Generaldirektor, aber ich bin noch nicht fertig. Eine Frau, die Robert Philip gut kennt – kannte –, ist gestern mit dem Wagen an seiner Villa vorbeigefahren, und dabei sah sie einen blauen Citroën, der gegenüber der Villa parkte. Zwei Männer versuchten, den Wagen zu reparieren, aber sie glaubt, die beiden wollten nur die Villa im Auge behalten. Sie hat mir das heute morgen erzählt, als sie die Streifenwagen sah, denn sie nahm an, es handle sich wieder mal um einen Einbruch . . .«

»Haben Sie das Kennzeichen?« konnte Boisseau einwerfen.

»Bedauerlicherweise nicht, aber ich bin noch immer nicht fertig«, fuhr Dorré fort. »Mir fiel ein, daß ich die Hotels der Stadt mal befragen sollte, und wir haben herausgefunden, daß zwei Männer sich am Samstag gegen halb zehn abends in dem Hotel eingemietet hatten, das dem Bahnhof am nächsten liegt. Dieses Hotel liegt zufällig nur wenige Schritte von der Villa des verstorbenen Robert Philip entfernt. Die beiden Männer kamen in einem blauen Citroën an, und wir haben das Kennzeichen. Es wird im Augenblick an alle Streifen und Wachen durchgegeben. Die Beschreibungen der beiden Männer ebenfalls. Es ist zwar denkbar, daß da keinerlei Verbindung besteht, aber dieser Tod gefällt mir überhaupt nicht, trotz seiner technischen Perfektion . . .«

»Und wenn es kein Unfall gewesen ist?« fragte Boisseau auf gut Glück. »Dann müssen doch hochqualifizierte Profis am Werk gewesen sein?«

»Bestens ausgebildete Mörder, wenn Sie mich fragen«, sagte Dorré ohne Umschweife. »Denn wenn ich recht habe – und ich behaupte nicht, daß das so ist –, ist Léon Jouvels Tod gleichfalls arrangiert worden, und da haben wir wieder die technische Perfektion. Sie dürfen mich nicht für einen hoffnungslosen Romantiker halten«, fuhr er fort, »der hinter jedem Ereignis ein Verbrechen wittert, aber ich wiederhole: Zwei Männer, die beide beobachtet werden und dann innerhalb so kurzer Zeit sterben – das kommt mir oberfaul vor. Und außerdem«, fuhr er fort, so daß Boisseau wieder nichts erwidern konnte, »die Geographie ist auch interessent, nicht wahr?«

»Die Geographie?«

»Von Straßburg nach Colmar ist es nicht sehr weit. Ich gebe Ihnen Nachricht, sobald wir wissen, auf wessen Namen dieser Citroën zugelassen ist . . .«

Vanek fuhr zwar schnell, hielt sich aber innerhalb der Geschwindigkeitsbegrenzungen. Er erreichte den Boulebard de Nancy in Straßburg um neun Uhr morgens – eine Stunde, bevor Inspektor Dorré das Kennzeichen des Wagens an alle Wachen und Streifenwagen durchgab. Vanek lieferte den Wagen bei der Hertz-Niederlassung ab und ging in das Restaurant, vor dem er Brunner und Lansky abgesetzt hatte.

»Wir haben diesen Wagen lange genug benutzt«, sagte er den beiden Männern, »und zwei Besuche mit demselben Transportmittel sind fast schon zuviel.«

Er erlaubte ihnen nicht einmal, ihre Drinks zu Ende zu trinken, sondern ging sogleich mit ihnen nach draußen. Dort trennten sie sich. Vanek nahm mit Brunner ein Taxi zum Bahnhof. Lansky blieb zurück, um in einem zweiten Taxi zu folgen. Am Bahnhof trafen sie sich wieder, aber jeder kaufte sich seine eigene Fahrkarte. Lansky bestieg den Zug allein, während die beiden anderen sich in einen anderen Waggon setzten. Lansky legte seinen Koffer ins Gepäcknetz und zündete sich eine Zigarette an. Innerhalb von fünfzehn Minuten hatte der Zug die Rheinbrücke überquert und lief jetzt in den Bahnhof von Kehl ein. Das sowjetische Killerkommando war in der Bundesrepublik Deutschland angekommen.

13

Der Montag war ein schlechter Tag für Lennox, der keinen Augenblick vergaß, daß er mit gefälschten Papieren reiste. Als er wieder im Bahnhof von Straßburg ankam und seinen Koffer in der Gepäckaufbewahrung abholen wollte, um anschließend mit einem anderen Zug nach Deutschland zu fahren, bemerkte er sofort mehrere Anzeichen für intensive polizeiliche Tätigkeit. Als er aus dem Zug ausstieg, sah er einen uniformierten Beamten auf dem Bahnsteig. Es war ein junger und wachsamer Mann, der alle Reisenden von oben bis unten musterte, als sie an ihm vorübergingen und der Treppe zum Ausgang zustrebten.

In der Haupthalle standen weitere Beamte – einige von ihnen, davon war Lennox überzeugt, in Zivil –, und als er sich der Gepäckaufbewahrung näherte, standen zwei Gendarmen am Tresen und ließen sich die Papiere der Leute zeigen, die ihr Gepäck abholten. Lennox schlenderte weiter und betrat das Café mit der Glasfront zum Place de la Gare. Er setzte sich an einen Tisch und bestellte Kaffee. Er konnte nicht wissen, daß Lansky am vorhergehenden Samstag in genau demselben Café gesessen hatte, bevor er zu seinem letzten Besuch bei Léon Jouvel aufgebrochen war. Während er seinen Kaffee trank, beobachtete Lennox das Treiben im Bahnhof. Was er sah, war nicht ermutigend.

Ein weiteres Polizeifahrzeug kam an. Etwa zwölf weitere Beamte sprangen von der Ladefläche und rannten in die Bahnhofshalle. Der energische Inspektor Dorré aus Colmar hatte mit seinen Straßburger Kollegen Verbindung gehalten – man hatte Vaneks Citroën zur Hertz-Autovermietung am Boulevard de Nancy zurückverfolgen können –, und die Vorgesetzten Inspektor Rochats, die jetzt Angst hatten, sie könnten einen monumentalen Schnitzer begangen haben, kooperierten jetzt vorbildlich. Die Rückgabe des Wagens führte sie zu dem logischen Schluß, daß die Männer, die den Wagen gemietet hatten, jetzt per Flugzeug oder Bahn reisten. Auf dem nahgelegenen Flughafen und am Bahnhof wurden massive Fahndungsmaßnahmen eingeleitet. Ironischerweise brachte die Großfahndung, die dem sowjetischen Killerkommando galt, ausgerechnet Lennox in Gefahr.

Mit gefälschten Papieren über eine Grenze zu gehen, ist eine Sache; die Gefahr, im Verlauf einer Großfahndung genau unter die Lupe genommen zu werden, ist dagegen viel größer. Lennox bezahlte seinen Kaffee, ging über die Place de la Gare zur Bushaltestelle und sprang auf den ersten überfüllten Bus, der gerade abfuhr. Dieser Bus fuhr zufällig nach Hagenau, einem Ort, von dem Lennox noch nie gehört hatte. Er kaufte sich also eine Fahrkarte bis zur Endstation. Den Grenzübertritt nach Deutschland konnte er frühestens morgen wagen; Großfahndungen sind in den ersten vierundzwanzig Stunden besonders intensiv. Das größte Problem für ihn war, wo er die Nacht verbringen sollte: Wenn die Polizei ernsthaft hinter jemandem her ist, durchleuchtet sie jedes Hotel; die Hotels und Pensionen, die nicht leicht erreichbar sind, werden angerufen.

Am späten Abend fuhr Lennox mit dem Bus von Hagenau nach Straßburg zurück. Das erste, was er beim Aussteigen auf dem Place de la Gare bemerkte, waren die in einer Reihe vor dem Bahnhof abgestellten Mannschaftswagen der Polizei. Am frühen Morgen hatte Lennox in der Zeitung mit dem Bericht über Léon Jouvels Tod gelesen, daß das Europaparlament an diesem Tag eine Nachtsitzung abhalten werde. Nach einem späten Imbiß in einem abseits gelegenen Restaurant nahm Lennox ein Taxi zum Gebäude des Europaparlaments. Seine Papiere, die ihn als Reporter auswiesen, verschafften ihm mühelos Eintritt. Als er erst einmal im Haus war, richtete er sich auf der Pressegalerie auf eine eigene Nachtsitzung ein.

Bevor er mit dem Taxi zum Europaparlament gefahren war, war er in den Waschraum eines Hotels geschlüpft und hatte sich mit Utensilien rasiert, die er in Hagenau gekauft hatte; es wäre vielleicht nicht klug gewesen, sich auf dem erlauchten Boden des europäischen Parlaments völlig unrasiert zu präsentieren. Die Vorsichtsmaßnahme erwies sich als unnötig – auf der Pressegalerie saßen nur wenige Journalisten, und gelegentlich, wenn die Debatte sich ohne Höhepunkte hinzog, konnte Lennox sogar ein kleines Nickerchen machen. Er sah häufig auf die Uhr und wartete und wartete, während die Nacht sich langsam dahinschleppte. Am Morgen würde er erneut versuchen, den Rhein zu überqueren und in die Bundesrepublik Deutschland einzureisen.

Es war Inspektor Jacques Dorré (der es in späteren Jahren bis zum Kommissar brachte), der schließlich Marc Grelle auf den Plan rief. Als der Präfekt den Bericht Boisseaus über sein Gespräch mit Colmar gelesen hatte, rief er persönlich Dorré an, der jetzt noch mehr Informationen hatte. Er konnte Grelle sagen, daß der Citroën, mit dem zwei Männer zu dem Hotel in Colmar gefahren waren, inzwischen an die Hertz-Autovermietung am Boulevard de Nancy in Straßburg zurückgegeben worden war.

»Ja«, bestätigte er weiter, »die Beschreibung des Mannes, der den Wagen zurückgab, stimmt mit der Beschreibung eines der beiden Männer überein, die am 18. und 19. Dezember im Hotel Bristol übernachteten – und am 19. ist Robert Philip in seinem Bad gestorben . . .«

»Wenn diese beiden Männer – Jouvel und Philip – ermordet worden sind«, tastete Grelle sich vor, »muß es doch wohl das Werk eines professionellen Killers gewesen sein? Kein Amateur hätte die beiden Todesfälle so überzeugend arrangieren können. Habe ich recht?«

»Sie haben recht«, erwiderte Dorré kurz. »Es hat aber den Anschein, als handle es sich um ein Team von mindestens zwei Mördern, die hier an der Arbeit sind – vielleicht sogar von drei. . . .«

Grelle packte den Hörer fester. »Wie kommen Sie zu dem Schluß?« fragte er.

»Ich habe die Gästeliste des Bristol persönlich geprüft. Zehn Minuten, nachdem die ersten beiden Männer – Duval und Bonnard – sich eingetragen hatten, nahm ein dritter Mann, Lambert, sich ebenfalls ein Zimmer. Es gibt nichts, was diese drei Männer miteinander verbindet – von der Tatsache abgesehen, daß sie alle am Abend des 18. ankamen und am Morgen des 20. abreisten, also heute früh am Morgen. Es ist nur so, daß das Hotel sonst fast leer ist zu dieser Zeit . . .«

Grelle dankte ihm für seine Mitarbeit und legte auf. »Es ist möglich, daß im Elsaß irgendein Mörderteam am Werk ist«, sagte er zu Boisseau. »Das ist alles reine Theorie, aber wenn sie zutrifft, wer zum Teufel könnten die drei sein?«

»Wahrscheinlich haben nur Lasalle und dieser Engländer, Lennox, die Liste in Besitz«, betonte Boisseau. »Und Lasalle wird doch nicht seine eigenen Zeugen ausradieren? Das ergäbe keinen Sinn. Es gibt nur eins, was einen Sinn ergibt: wenn nämlich

irgendein vom Leoparden Beauftragter sich der Zeugen angenommen hat . . .«

»Aber der Leopard kann die Liste nicht haben . . .«

Grelle verstummte, und die beiden Männer starrten sich
schweigend an. Eine Stunde später war der unermüdliche Dorré
wieder am Apparat. Er arbeite eng mit seinen Kollegen in Straßburg zusammen, erklärte er, und auf seinen Vorschlag hin habe
Rochat begonnen, sämtliche Hotels der Stadt zu checken. Man
sei schon bald auf die Namen Duval, Bonnard und Lambert gestoßen. Die beiden ersteren hätten die Nacht des 17. Dezember
im Hotel Sofitel verbracht, während Lambert im Terminus übernachtet habe. Und Léon Jouvel habe sich am Abend des 18. Dezember erhängt.

»Also«, hob Dorré hervor, »diese selben drei Männer – und die
Beschreibungen passen wieder, wenn auch vage – sind spät am
Abend des 18. nach Colmar gefahren und waren in der Stadt, als
Robert Philip starb. Wie lange darf man an Zufälle glauben, ohne
sich lächerlich zu machen?«

»Das ist es!« brach Grelle aus. »Wenn Ihre Beschreibungen der
drei Männer erst einmal hier sind, werde ich sie an alle Polizei-
stellen in Frankreich weitergeben – und wir haben ihre Namen.
Ich wünsche, daß dieses Trio festgenommen und vernommen
wird, sobald es wieder auftaucht . . .«

Am Abend des 20. Dezember war es in Freiburg schon dunkel.
Dieter Wohl stand in seinem dunklen Schlafzimmer und sah
durch die Vorhänge nach draußen. Wohl fühlte sich in der Dunkelheit zu Hause. Das war vielleicht ein Relikt seiner Zeit im
Krieg, als er so oft die Aufgabe gehabt hatte, ein verdächtiges
Haus von einem dunklen Zimmer aus zu beobachten. Wohl war
kein nervöser Mann, obwohl er allein in diesem zweistöckigen
Haus drei Kilometer außerhalb Freiburgs an einer wenig befah-
renen Straße lebte. Im Augenblick aber war er verwirrt. Warum
hatte ein Wagen kurz vor seinem Haus angehalten? Warum blieb
er um diese Zeit so lange dort stehen?

Über Nacht hatte es einen Wetterumschwung gegeben; der
Schnee war geschmolzen, die Temperatur gestiegen, und jetzt
zeigten sich am Himmel Wolkenfetzen, durch die der Mond
hindurchschien und die einsame Landstraße und die Bäume auf
den Feldern dahinter erleuchtete. Die meisten Menschen hätten

den Wagen gar nicht gehört, aber der Ex-Polizist Wohl – er war nach dem Krieg zur Polizei gegangen – hatte das Gehör einer Katze. Ein schwarzer Mercedes 230 SL, wie er im Mondschein erkannte. Eine schattenhafte Gestalt saß hinter dem Lenkrad, während die beiden Mitfahrer ausgestiegen waren und vorgaben, den Motor zu untersuchen. Warum kam ihm das Wort ›vorgaben‹ in den Sinn? Obwohl sie die Motorhaube geöffnet hatten, behielten sie das Haus im Auge und sahen sich um, als sondierten sie die Gegend. Ihre Blicke waren gleichgültig – so gleichgültig, daß vermutlich nur ein aufmerksamer Beobachter wie Wohl sie bemerkte.

»Meine Fantasie geht mit mir durch«, murmelte er.

Unter ihm auf der Straße ging einer der Männer vom Wagen weg und ging auf ein Feld vor dem Haus. Seine Hand fummelte am Reißverschluß der Hose. Der muß nur mal pinkeln, entschied Wohl. Er verließ das Schlafzimmer an der Vorderseite des Hauses. Er bewegte sich noch immer im Dunkeln. Jetzt betrat er das Schlafzimmer an der Seite des Hauses, in dem die Vorhänge nicht zugezogen waren; er hielt sich im Hintergrund des Zimmers und beobachtete den Mann, der jetzt an einer Hecke stand und sich erleichterte. Es schien alles völlig harmlos zu sein, abgesehen davon, daß der Mann ständig auf den Garten hinterm Haus blickte und die Seite des Hauses in Augenschein nahm. Wohl hielt sich im Schatten versteckt, bis der Mann fertig war und wieder zum Wagen ging. Einen Augenblick später schlossen die beiden neben dem Wagen stehenden Männer die Haube, wie Wohl vom Schlafzimmer an der Vorderseite sehen konnte, und stiegen in den Mercedes ein, der vom Fahrer angelassen wurde. Zunächst stotterte der Motor ein bißchen, aber beim zweitenmal sprang er an. Der Wagen fuhr in Richtung Freiburg ab. Ich werde wohl alt, dachte Wohl. Ich sehe Gespenster, wo es keine gibt. Er ging nach unten, um die Arbeit an seinen Memoiren fortzusetzen. Eine halbe Stunde später läutete das Telefon.

»Herr Wohl? Herr Dieter Wohl? Guten Abend. Hier ist das Morgenthau-Institut, eine Marktforschungsgesellschaft. Wir führen eine Untersuchung durch, die eine Erhöhung der staatlichen Renten zum Ziel hat. Wir haben Sie als Interviewpartner ausgewählt . . .«

Der Marktforscher, ein Mann namens Brückner, fragte nach Wohls Familienstand, notierte, daß dieser Witwer sei, daß ihm sein Haus gehöre, daß er nie Urlaub mache. Außerdem stellte er ihm noch eine Reihe anderer entsprechender Fragen. Der Anrufer dankte Wohl wortreich und sagte, es sei möglich, daß er Wohl persönlich zu sprechen wünsche, aber er werde auf jeden Fall vorher anrufen. Ob es an einem der nächsten drei Abende passe? Ja? Fabelhaft . . .

Wohl legte auf und ging wieder in sein Arbeitszimmer an der Vorderseite des Hauses. Er machte sich wieder an die anstrengende Aufgabe, die Einführung zu seinem Buch voranzutreiben. Es fiel ihm aber schwer, sich zu konzentrieren; sein mißtrauischer Geist kehrte immer wieder zu dem Anruf zurück.

Nur acht Stunden vorher hatte Vanek von Kehl aus die spezielle Telefonnummer in Paris angerufen. Seit der Ankunft in München hatte er jeden Tag – mit Ausnahme des Sonntags in Colmar – die Nummer angerufen, die sein Ausbilder, Borisov, ihm gegeben hatte. Er hatte jedesmal von einem Postamt aus angerufen. Bislang hatte man ihm nie neue Anweisungen gegeben. Als er von Kehl aus anrief, hatte er angenommen, auch diesmal werde nichts erfolgen. Vanek hörte, wie am anderen Ende der Leitung abgenommen wurde und wie der Mann mit derselben Stimme wie immer – Jørgensen – die Nummer wiederholte. Vanek meldete sich.

»Hier Salicetti . . .«

»Es hat sich etwas geändert«, sagte die Stimme rasch. »In der Freiburger Niederlassung müssen Sie ein Kriegstagebuch abholen und die Memoiren des Kunden mitnehmen. Verstanden?«

»Verstanden . . .«

»Dann müssen Sie noch einen Kunden besuchen – notieren Sie sich die Adresse. Eine Madame Annette Devaud in Saverne . . .« Jørgensen buchstabierte den Namen der Stadt. »Sie liegt im Elsaß . . .«

»Das ist eine ungenaue Adresse . . .«

»Das ist alles, was wir haben. Wiederhören!«

Vanek sah auf seine Uhr. Der Anruf hatte nur dreißig Sekunden gedauert. Während des Telefonats war der Tscheche recht ruhig gewesen, aber jetzt, als er aus der Telefonzelle blickte, fluchte er vor sich hin. Draußen standen Leute Schlange, um Briefmarken zu kaufen. Die neue Entwicklung der Dinge behagte ihm überhaupt nicht; sie bedeutete, daß sie nach dem Besuch in Freiburg wieder nach Frankreich würden einreisen müssen. Und heute war schon der 20. Dezember. Ihnen blieben nur zweiundsiebzig Stunden, um den Auftrag zu erfüllen.

Alan Lennox überschritt die Grenze bei Kehl am Morgen des 21. Dezember, an einem Dienstag. Am Straßburger Bahnhof waren die meisten Polizeibeamten abgezogen worden, obwohl einige noch immer patrouillierten. Nach der anfänglich fieberhaften Aktivität – die keinerlei Ergebnis brachte – gewann der alte Groll der lokalen Polizeibehörden über die Einmischung von Paris in ihre Angelegenheiten wieder die Oberhand, nicht zuletzt, weil am Straßburger Flughafen Terroristenalarm gegeben worden war, der sich allerdings als unbegründet erwies. In aller Eile wurden zahlreiche Beamte zum Flughafen gebracht, und am Bahnhof wurde das Netz gelockert.

Lennox holte seinen Koffer bei der Gepäckaufbewahrung ab und bestieg einen Personenzug nach Kehl. An der Grenze passierte er die Paßkontrolle ohne Zwischenfall – niemand hielt nach einem Mann namens Bouvier Ausschau. Nach der Ankunft in Deutschland rief Lennox sofort Peter Lanz unter der Bonner Nummer an, die er erhalten hatte. Er erzählte dem BND-Mann in groben Zügen, was sich ereignet hatte. »Die beiden französischen Zeugen sind urplötzlich gestorben, man könnte sagen, durch Gewalteinwirkung – innerhalb von vierundzwanzig Stunden . . . Einer von ihnen hat unseren Tierdarsteller zum Teil identifiziert . . . allein an der Stimme, möchte ich betonen . . . Guy Florian.«

Lanz' Stimme klang beiläufig, als sprächen sie über eine Belanglosigkeit. »Würden Sie sagen, daß Ihr Zeuge zuverlässig war? Wir haben immerhin noch andere Feststellungen . . .«

»Es ist keinesfalls bewiesen«, erwiderte Lennox.

»Und Ihr nächster Schritt?«

»Peter, der dritte Zeuge lebt in Freiburg – ich habe es noch nicht erwähnt, aber ich werde ihn jetzt besuchen. Ja, einen Landsmann von Ihnen. Nein, Namen habe ich vorher nicht nennen können . . .«

»Wenn das so ist«, fiel Lanz ein, »werde ich heute abend selbst in Freiburg sein. Sie können mich im Hotel Colombi erreichen. Passen Sie auf sich auf. Und wenn das alles ist, muß ich mich jetzt entschuldigen. Ich habe eine dringende Besprechung . . .«

Franz Hauser, der erst vor kurzem gewählte Bundeskanzler der Bundesrepublik Deutschland, erklärte sich einverstanden, Peter Lanz um elf Uhr vormittags im Kanzleramt zu empfangen – eine Stunde nach Lennox' Anruf aus Kehl. Da Hauser in Arbeit erstickte – er kam selten vor Mitternacht ins Bett –, hatte er Lanz gebeten, sein Hauptquartier vorübergehend von Pullach nach Bonn zu verlegen. »So wie die Dinge sich in Europa entwickeln, möchte ich Sie in der Nähe haben«, bedeutete er dem BND-Vize.

Der kleine, schlanke und drahtige Hauser war auf Grund seiner Zusage gewählt worden, er werde am härtesten gegen Terroristen vorgehen, jene Stadtguerillas, die Deutschland noch immer heimsuchten. Er hatte auch immer wieder gepredigt, daß der Kontinent sich nach dem Abzug der Amerikaner selbst verteidigen müsse. »Zusammen mit unseren Freunden, Frankreich, Großbritannien und unsere anderen Alliierten, müssen wir eine solche Stärke aufbauen, daß die Befehlshaber der Roten Armee wissen, daß Europa zu ihrem Friedhof wird, wenn sie je den Fehler machen, in den Westen einzudringen . . .«

Punkt elf Uhr wurde Lanz in Hausers Arbeitszimmer geleitet. Hauser, ein Mann, dem Förmlichkeiten zuwider waren, kam um den Schreibtisch herum und setzte sich neben den BND-Mann. »Gibt es Informationen von diesem Engländer, Lennox?« fragte er. Er hörte zehn Minuten lang zu, während Lanz erklärte, was sich ereignet hatte. Hausers schmales, energisches Gesicht zeigte höchste Konzentration. »Wenn diese Geschichte irgendwie mit der Entsendung des sowjetischen Konvois K 12 ins Mittelmeer zusammenhängt«, bemerkte er, »könnten wir am Vorabend einer Katastrophe stehen. Die Russen könnten zuschlagen, bevor wir unsere Kräfte gesammelt haben.«

»Das glauben Sie doch nicht wirklich, Herr Bundeskanzler?« protestierte Lanz. »Ich meine, daß Florian dieser kommunistische Résistance-Führer gewesen sein kann, der Leopard?«

»Nein, das ist unmöglich«, stimmte Hauser zu. »Aber es liegt jetzt durchaus im Bereich der Möglichkeiten, daß einer seiner wichtigsten Minister der Leopard ist. Und dann ist da noch die Tatsache, daß man bei der Öffnung seines Grabes in der Nähe von Lyon seinen Leichnam nicht gefunden hat. Wie haben Sie übrigens davon erfahren?«

»Durch einen Verbindungsmann jenseits des Rheins . . .«

»Na schön, behalten Sie Ihre Geheimnisse für sich. Was mir

Sorgen macht, sind die lauter werdenden Gerüchte von einem möglichen Staatsstreich in Paris. Nehmen wir mal an, Alain Blanc, der Verteidigungsminister, sei der Leopard – könnte er nicht planen, die Macht an sich zu reißen, wenn Florian in Moskau ist?«

»Darauf bin ich noch nicht gekommen«, gab Lanz zu.

»Ist etwa eine große Verschwörung im Gang?« murmelte Hauser. »Wenn Moskau nun mit dem Leoparden zusammenarbeitet – könnte es dann nicht sein, daß die Russen Florian nach Moskau eingeladen haben, um ihn aus dem Weg zu haben, während in Frankreich der Leopard die Macht übernimmt? Warum ist der sowjetische Konvoi jetzt auf dem Weg ins Mittelmeer? Alles scheint sich auf eine Art Höhepunkt zuzubewegen. Wir brauchen mehr Informationen, Lanz. Sofort . . .«

Nach der Ankunft mit der Bahn in Freiburg gab Lennox seinen Koffer in der Gepäckaufbewahrung ab und sah anschließend im Telefonbuch nach, ob Dieter Wohl noch unter der Adresse zu erreichen war, die auf der Liste stand. Dann rief er den Deutschen an. Er stellte sich als Jean Bouvier, Reporter der französischen Zeitung *Le Monde,* vor. Sein Blatt plane eine Artikelserie über die französische Résistance, wobei der Widerstand im Departement Lozère besonders breiten Raum einnehmen werde. Wenn er nicht irre, habe Herr Wohl während des Krieges in jener Gegend gearbeitet, also . . .

Wohl zögerte zunächst. Er versuchte herauszufinden, ob ein Gespräch mit Bouvier ihm für seine Memoiren hilfreich sein könnte. Dann fiel ihm ein, daß ein bißchen Vorauspublicity gar nicht schaden könnte, und er stimmte zu. Lennox nahm ein Taxi zu dem abgelegenen Haus des ehemaligen Abwehroffiziers. Wohl erwartete ihn an der Tür. Er war ein vorsichtiger Mann und bat seinen Besucher, im Wohnzimmer Platz zu nehmen und seine Papiere zu zeigen. Lennox holte seine Ausweise hervor. »Einen Presseausweis kann sich jeder drucken lassen«, sagte er leichthin.

Es kostete Lennox eine halbe Stunde, Wohl von seiner Vertrauenswürdigkeit zu überzeugen, aber als er den Namen des Leoparden erwähnte, flackerte es in den Augen des Deutschen auf. »Das ist etwas, worauf ich mich besonders konzentriere«, erklärte Lennox. »Ich finde diese Geschichte als Anreißer hervorragend – das Geheimnis um die Identität des Leoparden. Es ist doch nie gelüftet worden, nicht wahr?«

Wohl ging zu seinem Schreibtisch, auf dem Teile eines handgeschriebenen Manuskripts neben einem abgegriffenen, in Leder gebundenen Tagebuch lagen. Fünfzehn Minuten lang erzählte Wohl alles über seine Bemühungen, den Leoparden 1944 zur Strecke zu bringen. Lennox hatte schon ein Dutzend Seiten seines Notizbuches mit Steno-Anmerkungen vollgeschrieben und den Schluß gezogen, daß der Deutsche keine Information von besonderem Wert liefern konnte, als Wohl den Zwischenfall erwähnte, bei dem der Leopard fast in die ihm gestellte Falle gegangen wäre. Am Ende seines Berichts nannte er den Namen des Mädchens, das im Fluß ertrunken war. Lucie Devaud.

»Es war ein schockierendes Erlebnis«, bemerkte Wohl, »zu sehen, daß er das Mädchen einfach im Stich gelassen hatte. Der Wagen lag in sechs Meter Tiefe, und meine Männer waren recht weit von der Stelle entfernt, an der der Wagen von der Brücke gestürzt war. Ich bin überzeugt, daß er das Mädchen hätte retten können, wenn er es versucht hätte. Das hat er aber nicht . . .«

»Lucie Devaud«, wiederholte Lennox. »Das war der Name der Frau, die versucht hatte, Guy Florian zu töten. Gibt es da möglicherweise einen Zusammenhang?«

»Das habe ich mich auch schon gefragt«, gab Wohl zu. »Annette Devaud stand dem Leoparden sehr nahe – sie leitete sein brillantes Kurierteam. Soviel ich weiß, ist sie nach dem Krieg erblindet . . .«

Lennox saß sehr still da und sagte nichts. Oberst René Lasalle hatte nebenbei eine Annette Devaud erwähnt, die er als unwichtig abgetan hatte – wegen ihrer Blindheit. Hatte der französische Oberst hier etwa einen Fehler gemacht – wenn Annette tatsächlich so eng mit dem Leoparden zusammengearbeitet hatte?

»Ich habe letzte Woche an die *Frankfurter Allgemeine Zeitung* geschrieben«, fuhr Wohl fort, »und dabei den Zwischenfall mit dem ertrunkenen Mädchen erwähnt. Ich habe auch erwähnt, daß eine andere Devaud – Annette – mit dem Leoparden zu tun hatte und daß sie unter Umständen noch am Leben sei. Ich habe sogar ihre letzte damalige Adresse angegeben, was ich vielleicht lieber hätte lassen sollen. Hier ist sie. Annette Devaud, Holzfällerhof, Saverne, Elsaß. Das ist alles sehr lange her, aber manche Leute wohnen das ganze Leben an einem Ort . . .«

Wohl zeigte Lennox die Adresse, die auf der Rückseite des Kriegstagebuchs notiert und mehrmals unterstrichen war. »Da ich allein lebe«, sagte er entschuldigend, »kommen mir manchmal komische Einfälle. Erst gestern abend hatte ich das Gefühl, daß ein paar Männer mein Haus beobachten. Und dann war da dieser seltsame Anruf von den Marktforschungsleuten . . .« Er erzählte weiter, und Lennox hörte zu.

». . . Wohl hat das nur nebenbei erwähnt, aber wenn ich daran denke, was in Straßburg und Colmar passiert ist, so kommt mir doch ein leiser Verdacht . . .« Um vier Uhr nachmittags hatte Lennox Peter Lanz in einem Zimmer des Hotels Colombi getroffen. Der BND-Vize war von Bonn aus hingeflogen. Jetzt erzählte Lennox dem Deutschen von seiner Begegnung mit Dieter Wohl. Vorher hatte Lanz dem Engländer von der Graböffnung in einem Wald in der Nähe Lyons berichtet und gesagt, die französische Polizei habe im Sarg nur das Skelett eines Hundes gefunden.

»Dieser Umstand hat die vage Besorgnis in ernsthafte Sorge umschlagen lassen«, erklärte der BND-Mann. »Jetzt erscheint es möglich, daß Lasalle immer recht gehabt hat – daß irgendwo in Paris ein hoher Kommunist in der Nähe Florians sitzt und vielleicht nur darauf wartet, daß der Präsident die Hauptstadt verläßt, um nach Moskau zu fliegen . . .«

»Ich nehme an, es ist vertraulich – wie haben Sie von der Öffnung des Grabs erfahren?« fühlte Lennox vor.

»Es ist vertraulich«, bestätigte der Deutsche.

Er sah keinen Vorteil darin, Lennox zu enthüllen, daß Oberst Lasalle ihm die Information gegeben hatte. Lanz selbst hatte keine Ahnung von der Quelle des Obersten, die diesem die Nachricht gegeben hatte. Georges Hardy, der Polizeipräfekt von Lyon und enge Freund Marc Grelles, war seit einiger Zeit ein entschiedener Gegner der Politik Guy Florians und versorgte Lasalle seitdem insgeheim mit Informationen über die Entwicklung in Frankreich.

Anschließend hatte Lennox Lanz von seinem Gespräch mit Dieter Wohl berichtet. Er schloß mit dem Hinweis auf die merkwürdigen Vorfälle des gestrigen Abends, die der ehemalige Abwehrmann erwähnt hatte. »Er stand gestern abend am Fenster seines dunklen Schlafzimmers, als er diesen Wagen draußen halten sah«, fuhr er fort. »Das erinnert mich an den Mann, den ich in Straßburg sah, als er Léon Jouvel folgte. Ich nehme an, daß niemand Dieter Wohl beobachten läßt? Und dann war da noch dieser seltsame Anruf. Von den drei Männern auf Lasalles Liste sind immerhin schon zwei gestorben. Und es ist verdammt einsam da draußen, wo Wohl wohnt . . .«

»Wenn Sie zufällig recht haben sollten«, meinte Lanz, »könnte dies ein Durchbruch sein. Wenn wir jemanden schnappen können, der den Versuch unternimmt, auch Wohl aus dem Weg zu räumen, könnten wir erfahren, wer hinter dieser Geschichte steckt . . .«

»Das ist eine sehr magere Hoffnung«, warnte Lennox.

»Was haben wir denn sonst in der Hand?« wollte Lanz wissen. Ihm war wohl bewußt, daß er nach einem Strohhalm griff, aber Bundeskanzler Hauser hatte ihm gesagt, er wünsche umgehend weitere Informationen. Vom Hotelzimmer aus rief Lanz den Polizeichef von Freiburg an.

Der in Kehl gemietete Mercedes 230 SL hielt in der Nähe des Freiburger Bahnhofs an der Bordsteinkante an. Vanek zündete sich eine Zigarette an und beobachtete die Leute, die von den Bahnsteigen kamen. So kurz vor dem Ende der Mission des Kommandos traute er den Hotels nicht mehr. Die letzte Nacht hatten die drei Männer im Wagen verbracht; sie hatten sich in Reisedecken gehüllt, die sie in Freiburg gekauft hatten. Nach dieser unangenehmen Nacht irgendwo am Rand des Schwarzwalds hatten Lansky und Brunner Ringe unter den Augen und waren äußerst reizbar, während Vanek, der mit einem Minimum an Schlaf auskommen konnte, so frisch wirkte wie an dem Morgen, an dem sie nach Österreich eingereist waren.

»Weitere Recherchen sind jetzt nicht mehr nötig. Wir haben auch keine Zeit mehr«, sagte Vanek. »Wohl lebt allein. Wir wissen, daß er jeden Abend zu Hause ist. Wir kennen die Umgebung seines Hauses. Wir werden ihn heute abend besuchen.«

Inspektor Gruber von der Freiburger Polizei ergriff jede erdenkliche Vorsichtsmaßnahme: Ohne zu wissen, was passieren könnte, und halb davon überzeugt, daß gar nichts passieren würde, hatte er dennoch eine Großaktion auf die Beine gestellt. Auf Vorschlag von Lanz hatten zwanzig mit automatischen Waffen ausgerüstete Männer um Wohls Haus einen lockeren Kordon gebildet – sie hatten das Netz nicht zu dicht gespannt, weil jeder Besucher des Hauses durchgelassen werden sollte. Erst dann sollte der Ring geschlossen werden. Das Haus mußte also aus der Ferne beobachtet werden. Der dem Haus am nächsten postierte Polizist befand sich immerhin hundert Meter von dem Gebäude entfernt.

Sechs Männer bildeten die Einsatzreserve; sie hockten auf einem Mannschaftswagen, der auf einem Feld hinter einer Baumgruppe versteckt war. Die Kommunikation war hervorragend; jeder Mann hatte ein Walkie-talkie bei sich und war so mit einem Einsatzwagen verbunden, der einen halben Kilometer weiter oben auf einem Feld an der Straße nach Freiburg stand. Im Einsatzwagen saßen der BND-Vize, Lennox, Inspektor Gruber und ein Fernmeldetechniker; ein auf einem Klapptisch angebrachtes Sende- und Empfangsgerät verband sie mit den Walkie-talkies.

Um das Problem der großen Entfernung zu verringern – die Polizeibeamten durften nicht zu nah an Wohls Haus herankommen –, hatte Gruber einige Männer mit Nachtgläsern ausgerüstet, die das Haus ständig beobachten sollten. Gruber hatte klare Befehle erteilt: Jeder, der sich dem Haus näherte, mußte durchgelassen werden; der Ring um das Haus durfte erst auf ausdrücklichen Befehl von Gruber persönlich geschlossen werden. Alles hing davon ab, wie genau die Männer mit den Nachtgläsern alles beobachteten, was um das Haus herum vorging. Der Verkehr auf der an Wohls Haus vorüberführenden Straße durfte nicht behelligt werden. Jeder Versuch, Straßenkontrollen durchzuführen, würde den Zweck des Unternehmens vereiteln. Sie wußten nicht, auf wen sie warteten, ob es überhaupt jemanden gab, auf den sie warten konnten.

»Glauben Sie wirklich, daß jemand kommen könnte, um Wohl umzubringen?« fragte Gruber einmal in die Stille.

»Ich habe keine Ahnung«, gab Lanz zu. »Wie ich Ihnen schon erklärt habe, könnte diese Sache politische Implikationen haben.«

»Eine Terroristenbande?« drängte Gruber.

»Etwas in der Art . . .«

Sie warteten. Die Nacht brach herein, und die entlaubten Bäume verschmolzen mit der Dunkelheit. Mit dem Einbruch der Nacht fiel die Temperatur rasch. Dann kam der erste Wink, daß es Schwierigkeiten geben könnte: Vom Rhein her trieben riesige Nebelschwaden über die Felder. Sie rollten in Wogen über die Äcker. Es war ein weißer Nebel, der immer dichter zu werden schien, als er auf Wohls Haus zutrieb. Schon bald sah sich der dem Haus am nächsten postierte Mann in Not. Er hätte nicht sagen können, daß er gar nichts mehr sah; was ihm zu schaffen machte, war die Tatsache, daß er nicht identifizieren konnte, was er sah. Seine Augen spielten ihm Streiche. Lennox, der immer unruhiger wurde, sprang auf und sagte, er wolle hinausgehen, um sich die Lage einmal anzusehen. In diesem Moment reichte Lanz ihm eine Neun-Millimeter-Luger. »Wenn Sie darauf bestehen, sich da draußen herumzutreiben, sollten Sie lieber dieses Ding mitnehmen.«

Verschiedene Personenwagen und ein Benzinlaster waren an dieser Stelle schon vorbeigefahren. Jedes Fahrzeug wurde von diesem Ende des kontrollierten Straßenabschnitts an den Beobachtungsposten am anderen Ende gemeldet. Die im Einsatzwagen sitzenden Lanz und Gruber widmeten diesen Fahrzeugen ihr besonderes Augenmerk – vor allem, nachdem der Nebel gekommen war. »Wenn einer dieser Wagen am anderen Ende nicht zum Vorschein kommt, werden wir uns verdammt beeilen müssen«, bemerkte Gruber. »Auf diesen Nebel könnte ich gut verzichten . . .«

Besorgt sah Lanz auf die Armbanduhr. »Ich hoffe schon fast, es kommt niemand«, sagte er. »Es kann sein, daß wir Wohl in der Falle sitzenlassen.«

Gruber schüttelte den Kopf. »Wohl hat die Entscheidung selbst getroffen, als wir mit ihm berieten«, sagte er. »Und vergessen Sie nicht, er ist ein alter Hase. Er war Polizist . . .«

Hinter dem Lenkrad des in Kehl gemieteten Mercedes saß Vanek. Er fuhr langsam, als sie sich jetzt von Süden her Freiburg näherten. Vor ihm fuhren zwei andere Wagen dicht hintereinander. Er hätte sie schon ein paarmal überholen können. Brunner hatte ihn gereizt aufgefordert, endlich vorbeizuziehen. »Ich bleibe hinter ihnen«, sagte Vanek. »Wenn irgendwelche Streifenwagen in der Nähe sind, ist wenig wahrscheinlich, daß sie drei hintereinander fahrende Wagen anhalten. Die Brüder sind immer hinter allein fahrenden Wagen her. Das hat mir einmal ein Polizist in Paris erzählt.«

»Wir kriegen Nebel«, bemerkte Brunner.

»Ich mag Nebel. Er verwirrt die Leute.«

»Ich glaube, wir sind jetzt nahe dran«, sagte Brunner. »Ich erinnere mich an diese alte Scheune, an der wir gerade vorbeigefahren sind.«

»Wir sind gleich da«, stimmte Vanek zu.

»Drei Wagen fahren in den Kontrollabschnitt hinein«, sagte der Polizist mit dem Nachtglas am südlichen Ende des Abschnitts. »Ich glaube jedenfalls, daß es drei waren. Die Suppe ist so dick, daß man nicht mal erkennen kann, was für Automarken es sind . . .«

»Waren es drei oder nicht?« verlangte Gruber über Funk zu wissen. »Ich habe es Ihnen vorher schon gesagt, Sie müssen genaue Angaben machen – sonst wird die ganze Aktion sinnlos.«

»Wahrscheinlich zwei . . .«

»Wahrscheinlich?« rief Gruber über das Sendegerät. »Ich frage Sie nochmals. Wie viele Fahrzeuge sind soeben in den Kontrollabschnitt hineingefahren? Denken Sie nach!«

»Zwei Fahrzeuge«, erwiderte der Polizeibeamte.

»Irgend was ist gerade vorbeigefahren«, meldete der Mann am nördlichen Ende des Kontrollabschnitts. »Es ist höllisch schwierig, jetzt noch etwas zu erkennen. Mehr als ein Fahrzeug . . .«

Gruber warf Lanz einen Blick zu und machte einen Augenaufschlag zum Wagendach. »Manchmal frage ich mich, warum ich Polizist geworden bin. Meine Frau wollte, daß ich mir einen Gemüseladen kaufe.«

»Es muß sehr schwierig für sie sein – in diesem Nebel«, sagte Lanz sanft. »Ich finde, Sie machen Ihre Sache sehr gut.«

Gruber schaltete sich selbst auf Sendung und beugte sich vor, um zu sprechen. »Nummer vier. Sie haben sehr deutlich gesagt, daß es mehr als ein Frahrzeug war. Sind Sie da ganz sicher?«

»Absolut sicher«, erwiderte Nummer vier. »Es waren zwei, die dichtauf fuhren. Zwei Wagen.«

»Er ist ein guter Junge«, sagte Gruber und stellte das Gerät wieder auf Empfang. Er rieb sich die Nase. »Der Mann am anderen Ende aber auch. Ich will nicht ungerecht sein. Es ist meine eigene Schuld – jetzt, wo der Nebel da ist, wünschte ich, ich hätte

Straßenkontrollen eingerichtet. Aber jetzt müssen wir die Dinge laufenlassen.«

»Das dürfte am besten sein«, stimmte Lanz zu.

Nachdem er den Einsatzwagen verlassen hatte, ging Lennox die Straße entlang auf Dieter Wohls Haus zu. Er machte sich Sorgen wegen des Nebels, wagte aber nicht, zu nah ans Haus heranzugehen, weil er befürchtete, die Polizeibeamten zu verwirren. Als zwei dicht hintereinander fahrende Wagen auf ihn zukamen, sah er nur das gebrochene Licht der Scheinwerfer und drückte sich eng an die Straßenhecke. Nachdem die Wagen vorbei waren, ging er noch eine kurze Strecke weiter und blieb dann am Feldrand stehen. Er befand sich jetzt auf halbem Weg zwischen dem nördlichen Ende des Kontrollabschnitts und dem Haus.

Unter dem Fahrersitz steckte die Neun-Millimeter-Luger, die Borisov Vanek übergeben hatte. Vanek erwartete nicht, daß er die Waffe brauchen würde, aber er hielt es für sicherer, eine bei sich zu haben. Er war ein Meister im Verstecken von Waffen. Im Augenblick wurde die Pistole durch ein Klebeband an der Unterseite des Fahrersitzes festgehalten. Vanek fuhr jetzt noch langsamer. Die beiden vor ihm fahrenden Wagen verschwanden im Nebel. Er ließ den Mercedes aber weiterrollen, bis sie Wohls Haus hinter sich gelassen hatten, das jetzt nur als grauer Schatten zu erkennen war. Dann hielt er an. Man durfte den Deutschen nicht warnen und ihm keine Gelegenheit geben, sich zu fragen, warum ein Wagen ausgerechnet an diesem Abend vor seinem Haus hielt.

»Sie warten im Wagen«, befahl er Lansky, »und lassen den Motor laufen. Ich glaube nicht, daß es Ärger gibt, aber man kann nie wissen.«

»Warum sind Sie so nervös?« fragte Brunner, der mit ihm ging. Es sah Vanek überhaupt nicht ähnlich, Komplikationen vorauszusehen – und das offen zuzugeben.

»Ich bin nervös, weil ich Angst habe, Lansky könnte vergessen, den Wagen im Leerlauf laufen zu lassen«, fauchte Vanek.

Warum bin ich eigentlich hervös? hatte Vanek sich schon beim Aussteigen gefragt. Sein sechster Sinn sagte ihm, daß irgend etwas nicht stimmte. Er stand am Straßenrand und betrachtete die verschwommenen Umrisse des Hauses. Er blickte nach links und rechts, beide Straßenseiten hinunter, und auf die Felder, die er nicht erkennen konnte. Dann ging er auf das Haus zu, zum Vordereingang. Brunner folgte dichtauf. Vanek überlegte es sich anders, ging zur Seitenfront, öffnete leise das Gartentor und ging um das Haus herum zur Rückseite. Licht brannte nur in zwei Fenstern an der Vorderseite des Hauses; alle anderen Fenster waren dunkel. Mit aufgeschlagenem Mantelkragen zum Schutz vor der Kälte ging Vanek zur Vordertür zurück. Brunner ging auf leisen Sohlen zur Seitentür und verschwand aus Vaneks Blickfeld. Vanek drückte auf den Klingelknopf neben der Tür. Seine rechte Hand in der Manteltasche umfaßte den Griff der Luger, die er aus dem Wagen mitgenommen hatte. Die Stille im Nebel war unheimlich.

Vanek mußte einige Augenblicke warten, bis er auf der Innenseite der Tür ein leises Klirren hörte. Die Kette wurde zurückgezogen. Dann öffnete sich die Tür langsam, und die riesige Gestalt Wohls zeigte sich im Eingang. In der Hand hielt er einen Spazierstock, einen schweren Eichenstock ohne Griff, wie Bauern ihn tragen.

»Guten Abend«, sagte Vanek in seinem makellosen Deutsch. »Ich bin Inspektor Braun von der hiesigen Kriminalpolizei.« Er zeigte Wohl den gefälschten Sûreté-Ausweis, den Borisov in letzter Minute geliefert hatte, steckte das Papier aber rasch wieder in die Tasche. »Man hat zweihundert Meter weiter auf der Straße nach Freiburg einen toten Mann gefunden. Darf ich einen Augenblick hereinkommen und mit Ihnen sprechen?«

»Diesen Ausweis würde ich gern mal näher ansehen«, sagte der ehemalige Abwehrmann. »Die Polizei sagt immer, man muß sehr vorsichtig sein, bevor man Leute ins Haus läßt . . .«

»Aber gern . . .« Vanek zog die rechte Hand aus der Manteltasche und richtete die Luger auf den Bauch des Deutschen. »Dies ist ein Notfall. Ich weiß nicht einmal, ob Sie überhaupt hier wohnen. Ich komme jetzt hinein, also gehen Sie bitte langsam rückwärts in den Flur und . . .«

Der Deutsche wich zurück, als Vanek einen Schritt nach vorn ging. »Wenn es eine so ernste Sache ist, treten Sie bitte ein, aber ich wäre dankbar, wenn Sie dieses Ding da wegstecken würden . . .« Wohl sprach immer noch weiter, als er den schweren Spazierstock mit außergewöhnlicher Kraft und Schnelligkeit auf Vaneks Handgelenk niedersausen ließ. Der Schmerz und der plötzliche Schock brachten Vanek dazu, die Waffe sofort fallen zu lassen. Trotz des brennenden Schmerzes behielt Vanek die Nerven; er ließ die linke Hand mit gespreizten Fingern und steifer Handfläche hochschnellen und traf Wohl unterm Kinn. Hätte der Deutsche den Körper angespannt, hätte der Schlag sein Genick gebrochen, aber er ließ sich rückwärts fallen und landete auf dem gebohnerten Fußboden. Er hatte sich im Fallen zur Seite gerollt, um den Aufprall mit der Schulter abzufangen. Vanek wurde blitzschnell klar, daß er es hier mit einem gefährlicheren Gegner zu tun hatte als bei Jouvel und Robert Philip. Und Brunner konnte ihm nicht zu Hilfe kommen, weil Vanek ihm in dem engen Windfang den Weg versperrte.

Die Luger rutschte über den glatten Fußboden und verschwand. Es würde ein Handgemenge ohne Waffen geben. Vanek hatte seine Jugend auf seiner Seite; Wohl war dagegen außergewöhnlich kräftig. Der Deutsche, der den Spazierstock noch immer fest in der Hand hielt, rappelte sich gerade auf, als Vanek sich von neuem auf ihn stürzte, um ihn zu Fall zu bringen. Die Attacke traf Wohl unvorbereitet. Er taumelte, schien das Gleichgewicht wiederzugewinnen, fiel dann aber doch zu Boden; er krallte sich an einem Tisch fest, auf dem einige Porzellanvasen standen, die herunterfielen und krachend zerbarsten. Wohl fiel ein zweites Mal rücklings zu Boden. Diesmal fing er den Aufprall mit der anderen Schulter ab. Über sich sah er Vaneks Bein, das zu einem Tritt ausholte. Wohl holte aus und versetzte dem Tschechen einen schweren Hieb gegen das Schienbein. Vanek jaulte auf, wuchtete die Faust gegen Wohls Gesicht, aber das Gesicht bewegte sich, und der Hieb traf nicht voll, sondern rutschte am Kinn des Deutschen ab. Hinter ihnen trat Brunner von einem Fuß auf den anderen. Er konnte nicht eingreifen. Der Windfang war zu eng. Die zwei Männer kämpften verbissen, rollten auf dem Fußboden herum, landeten krachend auf Möbelstücken. Jeder versuchte, den anderen zu töten.

»Mir gefällt das nicht«, sagte Lanz.

»Diese beiden Wagen – die vielleicht drei Wagen hätten sein können?« fragte Gruber. »Ich muß jetzt eingreifen«, entschied er. Beinahe hätte er Befehl gegeben, die sechs Männer der Reserve eingreifen zu lassen, die hinter der Baumgruppe auf ihrem Mannschaftswagen saßen, als eine neue Meldung kam: Ein Bus

und ein Tankwagen seien von Süden her in den Kontrollabschnitt hineingefahren und führen dicht hintereinander. Gruber
fluchte und verschob den Befehl. »Das hat uns gerade noch ge-
fehlt«, keuchte er. »Ein gottverdammter Unfall in diesem Nebel
wäre das letzte, was ich mir wünsche . . .«

»Im Nebel passiert es oft«, bemerkte Lanz. »Ein Fahrzeug fährt
dicht auf ein anderes auf und hängt sich an. Das gibt ein Gefühl
der Sicherheit, und dann vergessen sie die Gefahr . . .«

»Ich mache mir allmählich Sorgen«, sagte Gruber.

Sie warteten, bis der Polizeibeamte am nördlichen Ende des
Kontrollabschnitts meldete, Fahrzeuge führen vorbei – er könne
sie nicht identifizieren. In diesem Augenblick ordnete Gruber
an, der Mannschaftswagen mit der Reserve solle sofort zu Wohls
Haus fahren. Zwanzig Sekunden später – der Befehl konnte jetzt
nicht mehr widerrufen werden – kam eine weitere Meldung vom
Südende des Kontrollabschnitts. Ein zweiter Tankwagen sei
aufgetaucht und fahre jetzt in den Kontrollabschnitt hinein.

Wohls Hausflur, der sich normalerweise in tadelloser Ordnung
präsentierte – der ehemalige Abwehrmann war eine pedantische
Seele –, lag jetzt völlig in Trümmern. Das Mobiliar war zerstört,
Bilder waren von den Wänden gefallen, der Fußboden war über-
sät mit Porzellansplittern, und die blutigen Spuren des Kampfes
waren ebenfalls zu sehen. Wohls Spazierstock lag neben seinem
toten Besitzer; der Schädel des Deutschen war von seiner eigenen Waffe zerschmettert worden.

Vanek, der noch immer keuchte, ließ Brunner an der Haustür
stehen und ging ins Wohnzimmer, in dem eine Lampe brannte.
Der Tscheche hatte erwartet, einige Zeit mit der Suche nach dem
Kriegstagebuch und dem Manuskript zubringen zu müssen,
aber beide lagen auf dem Schreibtisch des Deutschen für ihn bereit; Wohl hatte an seinen Erinnerungen gearbeitet, als es klingelte. Vanek überflog ein paar Sätze des in säuberlicher Hand-
schrift abgefaßten Tagebuchs. *1944 wurde der Leopard auf Schritt
und Tritt von einem bösartigen Wolfshund namens César begleitet* . . .

Vanek steckte das Tagebuch und die wenigen Manuskriptsei-
ten in die Tasche und kehrte in den Flur zurück, um seine Luger
zu suchen; auf dem Weg hinaus warf er einen Bücherschrank
um, dessen Inhalt zu Boden flog. Es war undenkbar, Wohls Tod
als Folge eines Unfalls aussehen zu lassen, aber die Szene konnte

wenigstens als Schauplatz eines mißglückten Einbruchs gedeutet werden. Vanek fand die Luger unter einer Kommode und ging zur Haustür, an der Brunner auf ihn wartete. »Da kommt jemand«, warnte ihn Brunner. Als Vanek hinaustrat, fuhr gerade ein Mannschaftswagen vor, der kurz hinter dem Haus anhielt. Eine Sekunde später tauchte im Nebel ein Schatten auf. Es war ein langsam fahrender Tankwagen. Er fuhr sehr langsam an dem Mannschaftswagen vorbei, von dem einige Männer heruntersprangen. Vanek hob die Luger, zielte mit Bedacht und feuerte dreimal.

Die schweren Neun-Millimeter-Patronen durchschlugen die Seite des Tankwagens mit dumpfem Knall. Vanek rannte los, auf den Mercedes zu. Brunner folgte. Hinter ihnen rief jemand mit unterdrückter Stimme. Danach ertönte eine dumpfe Explosion. Der Tankwagen ging in Flammen auf. Die Feuerwand fraß sich durch den Nebel. Hinter den beiden laufenden Tschechen fing jemand an, anhaltend zu schreien. Beißender schwarzer Rauch stieg auf, und in die kühle Nachtluft mischte sich ein Brechreiz erregender Gestank. Vanek erreichte jetzt den Wagen, in dem Lansky mit bleichem Gesicht hinter dem Lenkrad saß. Der Motor lief im Leerlauf.

»Was zum Teufel war das . . .«

»Fahren Sie los!« fauchte Vanek. »Vollgas – wenn wir einen Unfall haben, haben wir eben Pech gehabt . . .«

Der Mercedes beschleunigte auf eine in Anbetracht des Nebels beachtliche Geschwindigkeit. Brunner, der neben dem Wagen herrannte und sich durch die offene Tür hineinzuhechten versuchte, befand sich noch immer halb draußen, als der Mercedes schneller wurde. Wenige Meter weiter hörte Lennox die Schüsse und dann etwas, was wie eine Explosion klang. Er stand am Straßenrand, als der Mercedes mit gebrochenem Scheinwerferlicht auf ihn zufuhr. Die rechte Tür stand offen, und Lennox sah jemanden, der nur halb im Wagen war. Dahinter heulte jetzt eine Polizeisirene auf. Lennox drückte zweimal ab, als der Wagen an ihm vorbeisauste. Beide Kugeln trafen Brunners gekrümmten Rücken. Der Körper des Tschechen flog aus der offenen Seitentür und prallte auf die Straße auf, während der Mercedes mit heulendem Motor im Nebel verschwand.

14

»Der Stern der korruptesten und machtgierigsten Republik, welche die Welt je gekannt hat, ist im Sinken begriffen . . . Amerika, diese Promenadenmischung aus dem Abschaum einer Vielzahl von Ländern, ist jetzt ein Fehment des inneren Verfalls . . . Es hat seine Truppen aus Europa zurückgezogen, als es nicht länger die Kraft hatte, die Welt zu regieren, und heute löst es sich auf und gleitet ins Chaos ab . . . Eines vor allem müssen wir sicherstellen! Daß Amerika seine gierigen Hände niemals wieder nach den Ländern anderer Völker ausstreckt – und Europa unterjocht!«

Es war die bislang bösartigste Attacke Präsident Florians. Er hielt die Rede in Marseille, einer Stadt, in der die KP Frankreichs eine außerordentlich starke Position hat. Kaum übersehbare Menschenmengen applaudierten der Rede. Der Beifall zeigte, welche gewaltige Unterstützung Florian im Süden genoß, dem Teil Frankreichs, in dem gegen Ende des Zweiten Weltkriegs beinahe eine République Soviétique du Sud gegründet worden wäre.

Nach der Rede wurde eine glanzvolle Parade an der Cannebière abgehalten, der großen Verkehrsader der vitalen französischen Hafenstadt. Tausende von Menschen durchbrachen die Absperrungen und versuchten, den Citroën des Präsidenten zu umringen. Auf direkten Befehl von Marc Grelle, der mit nach Marseille geflogen war, drängten Truppen der CRS die wimmelnden Massen zurück. Das führte hinterher fast zu einer Auseinandersetzung zwischen dem Präsidenten und dem Pariser Polizeipräfekten. »Sie haben die ganze spontane Manifestation ruiniert«, tobte Florian. »Das war überhaupt nicht nötig . . .«

»Die spontane Manifestation ist von der Kommunistischen Partei organisiert worden«, entgegnete Grelle scharf. »Und ich kann nur feststellen, daß Sie noch am Leben sind. Wünschen Sie, daß ich Ihr Leben schütze, oder wünschen Sie das nicht?«

Die Heftigkeit des Präfekten brachte den Präsidenten zur Besinnung. Er ging auf Grelle zu und legte ihm den Arm um die Schultern. »Sie haben natürlich recht. Mir darf vor meinem Abflug in die Sowjetunion nichts zustoßen. Der Frieden ist jetzt zum Greifen nah, Grelle, der Frieden . . .«

Der sowjetische Konvoi K 12 hatte jetzt die Dardanellen passiert und fuhr durch die südliche Ägäis. Er fuhr in gemächlichem Tempo, eine Tatsache, welche die Marineanalytiker im NATO-Hauptquartier bei Brüssel verwirrte. Das Expertenteam unterstand einem britischen Offizier, Commander Arthur Leigh-Browne von der Royal Navy. Am Dienstag, dem 21. Dezember – dem Tag, an dem Florian in Marseille seine bislang heftigste antiamerikanische Rede hielt –, ließ Browne sämtlichen westlichen Verteidigungsministern einen Routinebericht zustellen.

»Der Konvoi K 12 nimmt mit hoher Wahrscheinlichkeit Kurs auf den Indischen Ozean und wird demnächst wohl den Suezkanal passieren – dagegen spricht nur, daß der Flugzeugträger *Kirov* zu groß ist, um den Kanal zu passieren . . .

Ein anderer möglicher Zielort ist die vor kurzem eingerichtete Marinebasis in Barcelona, die die spanische Regierung den Sowjets zugestanden hat . . .

Der Faktor, der mit den beiden genannten Vermutungen am wenigsten in Einklang zu bringen ist, ist der Umstand, daß dem Konvoi fünfzehn große Transporter angehören (Ladung bis jetzt unbekannt) . . .«

Nachdem er die Kopien des Berichts abgeschickt hatte, sagte Browne zu seinem deutschen Stellvertreter: »Im Augenblick ist alles nur heiße Luft. Ich habe nicht den geringsten Hinweis darauf, was sie vorhaben. Wir werden das alte Spiel spielen müssen: Abwarten . . .«

Guy Florian hielt seine Rede in Marseille um zwölf Uhr mittags. Zur entsprechenden Ortszeit in Moskau hörte das erweiterte Politbüro, das in aller Eile zusammengerufen worden war, einer kurzen Rede des Generalsekretärs der KPdSU zu. Unter den Anwesenden waren der Außenminister der Sowjetunion sowie Verteidigungsminister Gregorij Pratschko. Diese zwei Männer hatten zusammen mit dem Generalsekretär die Entsendung des sowjetischen Kommandos in den Westen genehmigt.

Der Generalsekretär enthüllte dieser erweiterten Runde die Identität des Franzosen, den er ›unseren Freund‹ nannte. Er fuhr fort und nannte Einzelheiten des französisch-sowjetischen

Pakts, der während der Anwesenheit Präsident Florians in Moskau verkündet werden solle. »Der Präsident der Französischen Republik hat auf Grund der französischen Verfassung natürlich das Recht, Verträge mit anderen Mächten auszuhandeln und zu schließen«, fuhr er fort.

Paragraph 14 des Vertrags sei das Kernstück der Vereinbarung. Dieser Passus besage, daß zur Förderung des Weltfriedens gemeinsame militärische Manöver von Zeit zu Zeit auf den jeweiligen Territorien der Union der Sozialistischen Sowjetrepubliken und der Französischen Republik abgehalten werden sollten. Das heiße im Klartext, daß die Vorausabteilungen zweier sowjetischer Panzerdivisionen, die sich jetzt an Bord der Transporter des Konvois K 12 befänden, in wenigen Tagen in französischen Mittelmeerhäfen an Land gehen würden.

»Wohin werden sie gehen?« fragte Nikolaj Suslov, der Intellektuelle unter den Mitgliedern des Politbüros.

»Das werde ich Ihnen sagen!« Es war der immens breitschultrige Sowjetmarschall Gregorij Pratschko, in voller Uniform und mit Orden geschmückt, der antwortete. Pratschko hatte eine herzliche Abneigung gegen unpraktisch veranlagte Intellektuelle, und seine Abneigung gegen Suslov war besonders groß. »Sie werden in Toulon und Marseille an Land gehen, sobald Florian in Moskau den Abschluß des Pakts verkündet hat. Der Zeitpunkt seines Staatsbesuchs – der 23. Dezember – ist mit Sorgfalt gewählt worden. Die Regierungen des Westens werden über Weihnachten Urlaub machen. Die Minister werden also nicht an ihren Schreibtischen sitzen und können folglich nicht schnell reagieren . . .«

»Aber wohin werden die Truppen marschieren?« beharrte Suslov.

»An den Rhein, zur Grenze nach Deutschland, natürlich! Wenn Bundeskanzler Franz Hauser am 24. aufsteht und sich auf den Heiligen Abend freut, wird er entdecken, daß sowjetische Truppen an der Ostgrenze – und an der Westgrenze der Bundesrepublik stehen! Ganz Westeuropa wird uns zufallen – einschließlich des Industriezentrums an der Ruhr –, und damit werden wir in der Lage sein, jede Konfrontation mit China zu gewinnen . . .«

TEIL DREI

Der Polizeipräfekt von Paris
22. und 23. Dezember

15

Jeder erfahrene Polizeibeamte weiß, wie das ist: Man riegelt ein bestimmtes Gebiet ab, errichtet Straßensperren, und in drei von vier Fällen kommt man zu spät. Gruber ließ einen Sicherheitskordon ziehen, fing aber nichts als aufgebrachte Pkw- und Lastwagenfahrer. Den Mercedes, der in Kehl gemietet worden war, fand man eine Woche später in einem Gebüsch am Rand des Schwarzwalds. Vier der sechs Polizisten, die bei der Explosion des Tankwagens von ihrem Mannschaftswagen abgesprungen waren, hatten Glück gehabt; die Wucht der Explosion war hauptsächlich auf die andere Seite gegangen, auf das offene Feld zu. Die beiden anderen Männer waren schwer verletzt worden; einer hatte Verbrennungen dritten Grades erlitten, die später eine Nachbehandlung mit plastischer Chirurgie notwendig machten. Der Fahrer des Tankwagens war in den Dämpfen erstickt, die seine Fahrerkabine erreicht hatten, bevor er sich in Sicherheit bringen konnte.

Lanz und Gruber durchsuchten Wohls Haus. Sie suchten nach dem Kriegstagebuch, das Lennox gesehen hatte. Sie fanden aber weder eine Spur des Tagebuchs noch des Manuskripts. Brunners Leiche wurde ins Leichenschauhaus gebracht. Die Untersuchung seiner Kleidung und des Inhalts seiner Taschen ergab keinerlei Anhaltspunkte. Brunner hatte eine große Summe Geldes bei sich gehabt – zweitausend D-Mark – und einen französischen Reisepaß, der auf den Namen Emile Bonnard ausgestellt war. »Der sich zweifellos als gefälscht erweisen wird«, bemerkte Gruber. Sein Hut war ein deutsches Fabrikat und unter seinem deutschen Mantel trug Brunner einen französischen Anzug sowie französische Unterwäsche. Davon abgesehen gab es kaum etwas, womit hätte bewiesen werden können, wer er war – bis die ersten Ergebnisse der Obduktion vorlagen.

»Mein Kollege hat etwas Interessantes entdeckt«, sagte der Gerichtsmediziner zu Gruber, der mit dem BND-Vize und Lennox in einem Hotelzimmer zu Abend aß. »Er ist Zahntechniker und ist der Ansicht, daß die Zahnfüllungen und Kronen des Toten mit Sicherheit aus Osteuropa stammen – wahrscheinlich aus der Sowjetunion . . .«

Lanz rief Marc Grelle direkt vom Polizeipräsidium in Freiburg aus an. Ein Gespräch dieser Art hätte eigentlich an die Sûreté gerichtet werden müssen, aber Lanz kannte Grelle gut und vertraute auf seine Diskretion. Den Generaldirektor der Sûreté, den Vorgesetzten Kommissar Suchets, mochte er nicht; er traute ihm auch nicht. Wie Lanz Grelle erklärte, habe er zwei Gründe, ihn von dieser Entwicklung der Dinge zu informieren. Der Attentäter, den Lennox erschossen hatte – Lanz erwähnte den Engländer aber mit keinem Wort –, habe französische Papiere auf den Namen Emile Bonnard bei sich gehabt. Außerdem – und auch hier wählte Lanz eine vorsichtige Formulierung – habe er Grund zu der Annahme, daß das Kommando vor kurzem aus Frankreich gekommen und inzwischen sehr wohl wieder nach Frankreich zurückgereist sei . . .

»Sie haben handfeste Gründe für die Annahme, daß hier ein Killerkommando auf Befehl der Sowjets am Werk ist?« fragte Grelle.

»Ja«, erwiderte Lanz fest. »Ohne ins Detail zu gehen: Ich bin davon überzeugt. Vielleicht wäre es nützlich, wenn wir beide in Verbindung bleiben . . .«

Grelle hatte gerade aufgelegt, als Boisseau mit einer Routinemeldung zu ihm ins Büro kam. »Lesage hat gerade angerufen. Dieser algerische Terrorist, Abou Benefeika, hockt noch immer in diesem verlassenen Gebäude im Goutte d'Or. Noch keinerlei Anzeichen dafür, daß seine Kumpels ihn besuchen kommen. Sollen wir ihn weiter schmoren lassen?«

»Lassen Sie ihn weiter beobachten . . .« Grelle biß in das Sandwich, das ihm heute als Abendbrot genügen sollte. Normalerweise aß er im Chez Bénoit zu Abend, einem exklusiven kleinen Restaurant in der ehemaligen Hallen-Gegend, in dem man sich nur durch telefonische Vorbestellung einen Tisch reservieren lassen konnte; er begann, das Lokal zu vermissen. »Ich habe soeben einen Anruf von Peter Lanz vom BND erhalten«, informierte er Boisseau. »Er hat sich sehr vorsichtig ausgedrückt, hat aber herausgefunden, daß ein sowjetisches Killerkommando am Werk ist. Heute abend haben die Burschen in Freiburg einen ehemaligen Abwehroffizier getötet.« Er machte eine Pause. »Der Name des Abwehrmanns war Dieter Wohl . . .«

»Einer der drei Namen auf Lasalles Liste . . .«

»Genau. Jetzt sieht es also aus, als wäre dieses Kommando nur zu dem Zweck entsandt worden, jeden der Männer umzubringen, die auf dieser Liste standen – und die Burschen haben's geschafft, verdammt noch mal. Alle Kanäle, die uns einen kleinen Einblick in die Zusammenhänge hätten geben können, sind jetzt zu . . .«

»Die Überwachung von Roger Danchin und Alain Blanc hat nichts ergeben?«

»Nichts . . .« Der Präfekt runzelte die Stirn. Das Telefon klingelte. Er sah auf seine Uhr. Zehn Uhr abends. Er war erst vor kurzem von dem Flug nach Marseille zurückgekommen, wo der Präsident seine bislang bitterste antiamerikanische Tirade losgelassen hatte. Grelle fühlte sich sehr erschöpft. Wer zum Teufel konnte das sein, zu dieser Zeit? Er nahm ab und schluckte den letzten Bissen seines Sandwichs hinunter. Es war Alain Blanc.

»Nein, Herr Minister«, versicherte Grelle ihm, »bislang habe ich keinerlei Verbindung zwischen dem Präsidenten und Lucie Devaud entdecken können . . . Wir wissen jetzt, daß ihr Vater Albert Camors hieß. Er war ein wohlhabender Börsenmakler, der vor ein paar Monaten gestorben ist und ihr seine Wohnung am Place des Vosges vermacht hat . . . Nein, mehr wissen wir nicht . . . Ja, sie muß ein uneheliches Kind gewesen sein . . . Nein, überhaupt keine Verbindung mit dem Elysee . . .«

Grelle zuckte die Achseln und legte auf. »Der Kerl macht sich Sorgen wegen eines möglichen Skandals. Wie ich schon sagte, alle Kanäle scheinen verschlossen. Wir können also nur auf den unerwarteten Lichtblick hoffen. Und dennoch, Boisseau, ich habe das Gefühl, daß ich irgendwo etwas übersehe – etwas, was direkt vor meiner Nase liegt . . .«

»Etwas im Zusammenhang mit dem Kommando? Übrigens, die Fahndung nach dem Mann, den die deutsche Polizei in Freiburg erschossen hat, können wir jetzt aufheben. Hat Lanz Ihnen einen Namen genannt?«

Grelle blickte auf seinen Notizblock. »Emile Bonnard«, erwiderte er. »Und ich erwarte auch nicht, daß die beiden anderen Männer – Duval und Lambert – je wieder bei uns aufkreuzen. Die werden nie wieder nach Frankreich kommen.«

Karel Vanek und Antonin Lansky näherten sich der Paßkontrolle an der französischen Grenze am nächsten Morgen. Es war Mittwoch, der 22. Dezember – der Stichtag, den Borisov ihnen in Tábor gegeben hatte, um ihre Mission zu beenden. Sie waren auf dem Weg zu Annette Devaud. Sie gingen getrennt zum Schalter der Paßkontrolle. Zwischen ihnen befanden sich ein halbes Dutzend andere Reisende. Vanek legte seinen Paß als erster hin.

»Ihren Paß, bitte . . .«

Der Paßbeamte nahm das Dokument, das Vanek hingelegt hatte, und öffnete es nach einem Blick in das Gesicht des Tschechen. Er verglich das Paßfoto mit dem Gesicht vor ihm. Den Namen hatte er sich schon gemerkt. Vanek wartete mit einem gelangweilten Gesichtsaudruck und kaute an einem Stück Schokolade herum, während er das äußerst attraktive Mädchen hinter sich musterte. Er grinste es anerkennend an, und nach kurzem Zögern lächelte das Mädchen zurück.

»Sie sind geschäftlich in Deutschland gewesen?« fragte der Paßbeamte.

»Ja.«

Der Beamte gab den Paß zurück, und Vanek ging weiter. Lansky kam wenige Minuten später nach. Vanek hatte vorhin den dritten der Pässe vorgelegt, die er aus Tábor mitgebracht hatte. Diesmal reiste er als Lucien Segard. Das Foto zeigte einen Mann ohne Schnurrbart. Den Schnurrbart hatte Vanek sich am gestrigen Abend im Waschraum des Kehler Bahnhofs abrasiert, bevor er mit Lansky zu einem kleinen Hotel gegangen war, in dem sie übernachtet hatten. Lansky benutzte jetzt gleichfalls seinen dritten Paß. Er war auf den Namen Yves Gandouin ausgestellt. Die Grenzbeamten waren angewiesen worden, nach zwei Männern Namens Duval und Lambert Ausschau zu halten. Es war also nur verständlich, daß sie sich auf Reisende mit diesen Namen konzentrierten und bei anderen keinerlei Verdacht schöpften.

Vanek hatte die Entscheidung am Abend vorher getroffen, nachdem sie den Mercedes hatten stehen lassen. Vanek hatte keine Ahnung, daß die Namen Duval und Lambert der französischen Polizei inzwischen bekannt waren. »Wir haben die französische Grenze mit unseren jetzigen Papieren schon zweimal überschritten«, sagte er zu Lansky, »und zweimal ist genug.« Anschließend hatte er die Papiere verbrannt. Danach gingen sie zu Fuß ins nächste Dorf und bestiegen getrennt einen Bus nach Kehl. Der Bus war voll. Die Leute wollten zu Weihnachtseinkäufen in die Stadt. In der Bundesrepublik waren die beiden Killer kaum in Gefahr: die einzigen Menschen, die ihre Namen kannten, lebten in Frankreich, und Marc Grelle hatte es sich wegen der delikaten Art seiner Nachforschungen versagt, Peter Lanz diese Information am Telefon weiterzugeben.

Nach der Ankunft in Straßburg machte Vanek ständig einen großen Bogen um die Hertz-Autovermietung am Boulevard de Nancy. »Niemals an den gleichen Ort zurück«, lautete eine seiner Lieblingsmaximen. Die beiden Männer nahmen statt dessen ein Taxi zum Flughafen, wo Vanek unter dem Namen Lucien Segard bei Avis einen Renault 17 mietete. Um vierzehn Uhr waren sie schon unterwegs nach Saverne, das nur rund 45 Kilometer von Straßburg entfernt ist.

Alan Lennox hatte im Hotel Colombi in Freiburg die halbe Nacht mit Peter Lanz gesprochen.

Dem Deutschen war ein Exemplar der *Frankfurter Allgemeinen* mit dem Leserbrief Dieter Wohls erst kurz vor dem Abflug aus Bonn vorgelegt worden. »Man hätte mir das schon vor Tagen zeigen sollen, aber kein Mensch hat daran gedacht, die Leserbriefe zu lesen.« Lanz war nicht sicher, ob Annette Devaud noch am Leben war.

»Aus dem, was Wohl Ihnen gesagt hat«, bemerkte er, »muß man den Schluß ziehen, daß sie heute eine sehr alte Dame ist – und wie soll sie jemanden wiedererkennen, wenn sie blind ist? Selbst wenn wir davon ausgehen, daß sie wußte, wie der Leopard damals aussah . . .«

»Es bleibt aber nichts anderes übrig«, beharrte Lennox. »Oder niemand sonst ist mehr übrig, sollte ich vielleicht lieber sagen. Was Léon Jouvel mir sagte, ist nicht sehr zwingend – obwohl es damals glaubwürdig klang. Jedenfalls ist der arme Teufel tot. Ich fahre morgen wieder über den Rhein und werde versuchen, Annette Devaud zu finden.«

»Zum drittenmal mit gefälschten Papieren über die Grenze? Ich kann nicht von Ihnen verlangen, daß Sie das tun . . .«

»Nennen Sie es britischen Blutdurst, wenn Sie wollen – wir sind bekannt dafür. Ich möchte dieser Sache nur auf den Grund gehen und herausfinden, wer der Leopard wirklich ist. Sie können mir Glück wünschen.«

»Ich habe das Gefühl, daß Sie mehr brauchen werden als nur Glück«, erwiderte Lanz ernst.

Lennox erinnerte sich noch sehr gut an das Gewimmel von Polizisten im Straßburger Bahnhof vor sechsunddreißig Stunden. Es kostete ihn einige Überwindung, dem französischen Paßbeamten den Paß hinzulegen und dann zu warten, während er geprüft wurde. Der Beamte warf aber nur einen flüchtigen Blick darauf und reichte ihn dann zurück; für einen Mann namens Jean Bouvier interessierte sich niemand. Eine Kontrolle bringt man wohl immer dann am leichtesten hinter sich, wenn ein anderer gesucht wird.

Die Adresse der Hertz-Autovermietung fand Lennox im Telefonbuch. Er verließ den Bahnhof und ging sofort zum Boulevard de Nancy. Er suchte sich einen Mercedes 350 SE aus. Das war zwar kostspielig, aber er wollte einen Wagen mit Kraft unter der Haube. Um zwölf Uhr mittags verließ er Straßburg und fuhr nach Westen in Richtung Saverne und Vogesen. Er konnte natürlich nicht ahnen, daß er jetzt zum erstenmal seit Beginn seiner Mission, um die David Nash aus New York ihn gebeten hatte, einen Vorsprung von zwei Stunden vor dem Killerkommando hatte.

Es war Boisseau, der von dem Zeitungsausschnitt mit dem Leserbrief Dieter Wohls hörte, der von dem Bonner Agenten des Geheimdiensts nach Paris geschickt worden war. Seltsamerweise war es Kommissar Suchet von der Gegenspionage, der ihm eine Fotokopie des Leserbriefs zeigte. Boisseau hatte Suchet gebeten, sich um Angelegenheiten dieser Art zu kümmern. Das ließ in Suchet das Gefühl aufkommen, das verschaffe ihm einen direkten Draht zur Präfektur und bessere Informationsmöglichkeiten, aber in Wahrheit war es genau umgekehrt; die einzige Information, die Boisseau ihm hatte zukommen lassen, war zuvor von Marc Grelle geprüft und genehmigt worden. Am Mittwochvormittag, dem 22. Dezember, zeigte Boisseau seinem Chef die Fotokopie.

»Es kann also sein, daß es noch einen Zeugen gibt, der nicht auf Lasalles Liste stand«, sagte Grelle nachdenklich. »Das heißt, wenn sie nach all diesen Jahren noch am Leben ist . . .«

»Das ist sie. Ich habe mit dem Polizeiposten von Saverne telefoniert. Sie lebt in einem abgelegenen Bauernhaus weitab von Saverne – hoch oben in den Vogesen. Dieser Brief hat mich dazu gebracht, die Akten noch einmal durchzusehen. Wir hatten eine

übersehen. Annette Devaud unterstanden die Kuriere des Leoparden. Wirklich interessant könnte aber ihr Name sein . . .«

»Annette Devaud – Lucie Devaud . . .« Der Präfekt ver-
schränkte die Hände im Nacken und sah seinen Stellvertreter
vielsagend an. »Alle Kanäle verschlossen, habe ich gesagt.
Kommt drauf an. Also gut, Boisseau, fliegen Sie nach Saverne.
Ja, heute nachmittag, ich bin einverstanden. Angesichts dessen,
was den anderen Zeugen zugestoßen ist, sollten Sie vielleicht
lieber in Saverne anrufen und um Polizeischutz für die alte Dame
bitten.«

»Sie muß alt sein – sie könnten sie erschrecken. Und außerdem: Sie stand nicht auf Lasalles Liste. Warum sollte sie also
beim Kommando auf der Abschußliste stehen? Sowohl Lasalle
wie das Kommando müssen mit der gleichen Liste gearbeitet haben – die Tatsachen sprechen dafür. Wo sehen Sie die Gefahr?«

»Ich überlasse es Ihnen«, sagte der Präfekt.

Bei der Fahrt durch die elsässische Ebene zwischen Straßburg
und den Vogesen geriet Lennox schon bald in schlechtes Wetter.
Dichte Regenschleier senkten sich auf die leere Straße und die
ohnehin schon überfluteten Felder; im Hintergrund war wegen
dichten Nebels nichts mehr von den Vogesen zu sehen. Das
Wasser strömte gegen die Windschutzscheibe, aber Lennox fuhr
weiter. Plötzlich begann der Motor zu klopfen. Lennox fluchte,
denn er wußte, daß die vor ihm liegenden Bergstraßen schwierig
werden konnten. Es war seine eigene Schuld: Die Leute bei
Hertz hatten ihm von diesem Wagen abgeraten, aber es war der
einzige verfügbare Mercedes gewesen. »Die Inspektion ist noch
nicht gemacht worden, Monsieur«, hatte das Mädchen protestiert. »Ich bin nicht befugt . . .« Lennox hatte sich ungeduldig
über ihre Einwände hinweggesetzt, weil er den Wagen unbedingt hatte haben wollen. Jetzt mußte er für seinen Starrsinn bezahlen.

Beim Weiterfahren auf der einsamen Strecke wurde das Klopfen schlimmer, und Lennox wußte, daß er dumm gehandelt hatte. Er blinzelte durch die Windschutzscheibe und sah ein Schild:
Auberge des Vosges und Tankstelle – 500 Meter. Er wollte ohnehin
nach der genauen Adresse von Annette Devaud fragen – und
herausfinden, ob sie überhaupt noch am Leben war. Durch den
Regen hindurch erkannte er die Umrisse eines kleinen Hotels

mit angeschlossener Tankstelle und Werkstatt. Er hielt vor den Zapfsäulen an, kurbelte das Seitenfenster herunter und bat den Tankwart, den Wagen mal anzusehen. Wenige Minuten später kam der Tankwart mit einer schlechten Nachricht an die Hotelbar. Er habe den Fehler gefunden: Es werde ein paar Stunden dauern, bis er den Schaden behoben habe.

»Können Sie's ein bißchen schneller schaffen?« fragte Lennox.

»Ich fange gleich an«, informierte ihn der Tankwart. »Ich kann mich beeilen. Sagen wir, zwei Stunden.«

Lennox bestellte sich einen zweiten Cognac und zwei Schinken-Sandwiches. Es kamen zwei appetitliche Stücke aufgeschnittenen französischen Weißbrots mit gekochtem Schinken. Hätte der Tankwart drei Stunden gesagt, hätte Lennox sich versucht gefühlt, einen anderen Wagen zu mieten. Hungrig biß er in das Sandwich; die zwei Stunden würden die Welt nicht aus den Angeln heben.

Annette Devaud, die ihren Lebensabend auf dem Holzfällerhof verbrachte, hatte 1944 in der Résistance-Gruppe des Leoparden eine Schlüsselposition innegehabt: Ihr waren sämtliche Kuriere unterstellt gewesen, meist Mädchen um die zwanzig, die den Kurierdienst direkt vor der Nase des Feindes aufrechterhalten hatten. Annette Devaud war damals eine fast vierzigjährige, schlanke und gutaussehende Frau mit einer stolzen Römernase und einer Aura von Autorität gewesen, die fast der des Leoparden gleichkam. Von all den Männern und Frauen, die unter ihm gearbeitet hatten, hatte der Leopard Annette Devaud am meisten respektiert, vielleicht weil sie eine erklärte Antikommunistin war. »Bei ihr weiß ich wenigstens, woran ich bin«, hatte er einmal gesagt. Und Annette Devaud unterschied sich noch in einer anderen Hinsicht von den übrigen Mitgliedern der Gruppe – sie wußte, wie der Leopard aussah.

Weil er es für nützlich hielt, sich den Ruf der Unverwundbarkeit aufzubauen, hatte der Leopard es verheimlicht, daß er bei einem Scharmützel in einem Wald einmal ins Bein geschossen worden war. Die Wunde verheilte zwar schnell, aber eine Zeitlang mußte er das Bett hüten. Es war Annette Devaud, die ihm in der Genesungszeit Gesellschaft leistete und ihn rasch gesundpflegte. In dieser Zeit wurde sie natürlich mit dem Aussehen des Leoparden vertraut.

Die Feiern des Tags der Befreiung konnte Annette Devaud zwar hören, aber nicht sehen; sie war über Nacht erblindet. Niemand konnte die Ursache der plötzlichen Erblindung diagnostizieren. Einige meinten, sie sei auf die Nachricht vom Tod ihres Mannes zurückzuführen, der in der Division General Leclercs gekämpft hatte. Es hätte auch der Tod ihrer neunzehnjährigen Tochter Lucie sein können, die im Wagen des Leoparden ertrunken war. Dies geschah, nachdem Annette Devaud den Leoparden gesundgepflegt hatte.

Nach Kriegsende kehrte Annette Devaud auf den Holzfällerhof zurück und wohnte jetzt seit mehr als dreißig Jahren dort. Ihre Erblindung war für sie ein härterer Schlag, als sie für viele andere gewesen wäre; Annette war eine begabte Amateurmalerin gewesen und hatte auch viele Kohlezeichnungen gemacht. In ihrem neuen Leben mußte sie also auch auf Malen und Zeichnen verzichten. In einer Mappe bewahrte sie aber einige der Porträtskizzen auf, die sie während des Krieges aus dem Gedächtnis gezeichnet hatte. Darunter befanden sich zwei genaue Porträts des Leoparden.

Annette Devaud hatte noch eine Tragödie hinnehmen müssen. Ihre Tochter Lucie hatte gegen den Willen der Mutter darauf bestanden, für sie Kurierdienste zu leisten. Während Lucies Arbeit für die Résistance war ein ehemaliger Buchhalter ihr Liebhaber geworden, ein Mann namens Albert Camors. Nur sechs Monate vor Lucies Tod im Wagen des Leoparden war aus der Verbindung ein Kind hervorgegangen. Das Kind hatte den Namen der Mutter erhalten, Lucie. Camors überlebte den Krieg und stritt sich mit der willensstarken Annette Devaud heftig um das Kind. Camors wollte ihr keinerlei Rechte an der Kleinen einräumen. Camors ließ sich in Paris als Börsenmakler nieder, hatte Erfolg und zog sein Kind selbst groß. Eine Ehe ging er nicht ein.

Lucie wuchs als Einzelkind in dem frauenlosen Haushalt ihres Vaters auf. Sie war ein willensstarkes Kind – ein Gegenstück zu ihrer Großmutter Annette, die sie nie kennenlernte. Die Mutter, an die sie sich nicht erinnern konnte, wurde zu einer Obsession für sie. Von ihrem Vater erfuhr sie vom Leoparden und davon, wie ihre Mutter ums Leben gekommen war. Als Lucie fast dreißig war, tat Camors in den Armen seiner neuesten Geliebten seinen letzten Seufzer. Lucie erbte sein Vermögen und seine

Wohnung am Place des Vosges. Zum erstenmal überhaupt besuchte sie ihre Großmutter.

Die beiden Frauen fanden sofort Gefallen aneinander. Eines Tages, als sie sich über den Krieg unterhielten, zeigte Annette ihrer Enkelin die Mappe mit den Skizzen – einschließlich der beiden Porträts des Leoparden. Lucie erkannte den Mann sofort, sagte aber nichts davon zu der blinden alten Frau. Lucie benutzte einige der Namen ehemaliger Résistance-Leute – ihre Großmutter hatte ein paar genannt –, um so mehr über die Vergangenheit zu erfahren. Mit dem Geld ihres Vaters konnte sie auch einen cleveren Anwalt einsetzen, Max Rosenthal, der die Vergangenheit des Leoparden durchleuchten sollte. Ohne Annette etwas zu sagen, nahm Lucie die beiden Skizzen aus der Mappe und brachte sie in ihre Pariser Wohnung.

Es war Max Rosenthal, der Gaston Martin aufspürte, den ehemaligen Stellvertreter des Leoparden. Martin stand in Guyana kurz vor der Entlassung aus dem Zuchthaus. Lucie Devaud schrieb Martin, den ihre Großmutter mehrfach erwähnt hatte, einen vorsichtig formulierten Brief; sie deutete an, der Leopard sei in Frankreich eine wichtige politische Persönlichkeit geworden, und wartete auf eine Antwort. Der Brief erreichte Martin kurz nach seiner Entlassung. Er ließ sich mit der Antwort Zeit. Bei der Eröffnung einer Pariser Modenschau bediente sich Lucie des makabren Tricks, der sie endgültig davon überzeugte, daß es ihr gelungen war, die wahre Identität des Leoparden zu entlarven. Sie hatte ein solches Tier in einem auf exotische Geschenke spezialisierten Geschäft in der Rue de Rivoli entdeckt. Sie kaufte es – zu einem horrenden Preis – und nahm es mit nach Hause. Dann kaufte sie eine Karte für die Modenschau in der Rue Cambon. Sie hatte in der Zeitung gelesen, daß auch Präsident Florian die Vorführung in Begleitung seiner Frau Lise besuchen werde.

Als Guy Florian in Lises Begleitung erschien – er hatte sein Erscheinen zugesagt, um Gerüchte zu zerstreuen, daß er sich mit seiner Frau überworfen habe –, hatte die Schau bereits begonnen. Mannequins paradierten auf dem Laufsteg. Lucie saß auf einem Stuhl in der ersten Reihe und verdeckte mit dem Mantel, was sich unter dem Stuhl befand. Florian und seine Frau setzten sich fast genau gegenüber hin. Ein Mannequin war gerade vorübergeschwebt, als das Leopardenjunge unter dem Stuhl her-

vorkroch, sich breitbeinig auf den Teppich stellte und die Zähne
fletschte.

Es war in einem Moment vorüber. Ein bewaffneter Sicherheitsbeamter in Zivil – einer von mehreren, die Marc Grelle herbeor-
dert hatte – sah den Ausdruck auf dem Gesicht des Präsidenten,
riß Lucie die Kette aus der Hand und zog das Tier aus dem Salon.
Lucie folgte mit dem Mantel überm Arm. Florian erholte sich
schnell, machte eine wegwerfende Handbewegung und einen
Witz: »Ich habe noch keinen Tropfen getrunken, und trotzdem
tanzen mir schwarze Flecken vor den Augen!«

Draußen im Foyer nahm Lucie wortlos das Tier in Empfang
und verließ den Salon. Der Eigentümer des Modehauses hatte
sich amüsiert gezeigt, als sie mit dem Leopardenjungen erschienen war. »Wie *chic*«, hatte er zu seiner Direktrice bemerkt. »Wir
sollten eines der Modelle mit dem Tierchen paradieren lassen . . .« Lucie setzte sich in den Wagen, hob das Leopardenjunge auf den Beifahrersitz und fuhr zurück zur Place des Vosges. Am folgenden Tag brachte sie das Tier in das Geschäft an
der Rue de Rivoli zurück; der Besitzer nahm es zu einem erheblich reduzierten Preis zurück.

Sehr oft trifft eine Frau nur aufgrund ihrer weiblichen Intui-
tion eine Entscheidung; sehr oft behält sie recht damit. Lucie Devaud war jetzt überzeugt, daß Guy Florian der Leopard war. Sie
hatte in seinen Augen einen seltsamen Ausdruck gesehen, bevor
er sich erholte, eine plötzliche Vorsicht und Besorgnis, als er sie
anstarrte – als hätte er verstanden, nachdem er ihr in die Augen
geblickt hatte. »Wer zum Teufel bist du? Du hast mich aufge-
spürt . . .« Lucie wußte, daß man ihre Spur nicht verfolgen
konnte: Sie hatte den kleinen Leoparden in bar bezahlt und hatte
die Karte für die Modenschau unter einem falschen Namen bestellt. Bei der Fahrt zu ihrer Wohnung beschloß sie, Guy Florian
zu töten. Am folgenden Morgen kam Gaston Martins Brief an.

Martin beantwortete ihren Brief in ähnlich behutsamen Wendungen. Er sagte, er finde ihre Theorie interessant und informierte sie, daß er bald per Schiff aus Guyana zurückkehren werde. Ob sie sich nach seiner Ankunft in Paris treffen könnten? Lucie Devaud schrieb postwendend zurück und schlug vor, sie
sollten sich in einem kleinen Hotel auf der Rive Gauche treffen,

dem Cécile in der Rue de Bac. Sie war wohl nicht sonderlich darauf erpicht, einen Ex-Sträfling in ihre luxuriöse Wohnung am Place des Vosges einzuladen – oder vielleicht wollte sie auch nichts weiter, als die Geheimniskrämerei fortsetzen, die so sehr zu einem Bestandteil ihres Lebens geworden war.

Am Abend vor dem Mittwoch, dem 8. Dezember, schrieb sie einen vollständigen Bericht über alles nieder, was sie in Erfahrung gebracht hatte, und steckte ihn zusammen mit den beiden Porträtskizzen vom Leoparden in einen Umschlag, den sie anschließend versiegelte. Auf die Vorderseite des Päckchens schrieb sie mit der Hand: *Im Falle meines Todes dem Polizeipräfekten von Paris auszuhändigen.* Am nächsten Morgen überreichte sie das Päckchen ihrem Anwalt, Max Rosenthal, mit der strikten Anweisung, es ungeöffnet zu lassen. Als Lucie in der Zeitung von Florians Spaziergang vom Elysee zum Place Beauvau las, entschloß sie sich, nicht auf Gaston Martin zu warten – obwohl die Ankunft des Franzosen unmittelbar bevorstand. Am Mittwochabend wartete sie vor dem Pelzgeschäft in der Rue du Faubourg St. Honoré. Als Florian erschien, zog sie ihre Pistole. Es war aber Marc Grelle, der zwei Schüsse abfeuerte.

Der Bericht, den Lucie Devaud geschrieben und den sie bei Max Rosenthal, ihrem Anwalt, hinterlegt hatte, wurde dem Polizeipräfekten von Paris nicht ausgehändigt. Rosenthal war ein Mann mit extravaganten Gewohnheiten. Er verspielte zwar große Summen, war aber nicht bereit, seine Karriere aufs Spiel zu setzen. Als er davon erfuhr, daß seine Klientin versucht hatte, den Präsidenten zu töten, bekam er Angst, die Übergabe des Päckchens könnte ihn in irgend etwas hineinziehen. Lucie war immer persönlich in seiner Kanzlei erschienen und hatte ihm nur mündlich Anweisungen erteilt; es gab keinen Schriftwechsel zwischen ihnen; und seine Honorare hatte sie immer in bar beglichen – und er hatte die Beträge dem Finanzamt verschwiegen. Rosenthal baute darauf, daß man seine Verbindung zu Lucie Devaud nicht würde entdecken können, und verschloß das Päckchen in einer Kassette; dort blieb es, bis er ein Jahr später unvermutet starb.

Bevor Lucie Devaud als verhinderte Attentäterin starb, hatte sie ihrer blinden Großmutter einen großen Dienst erwiesen: Sie hatte ihr geraten, einen Augenspezialisten aufzusuchen. Vielleicht sei die medizinische Forschung inzwischen viel weiter fortgeschritten, oder vielleicht sei das Trauma, das die Erblindung ausgelöst habe, nicht mehr wirksam, hatte Lucie gesagt. Annette Devaud unterzog sich im September – drei Monate vor Guy Florians Abflug in die Sowjetunion – mehreren Operationen und erlangte ihre Sehkraft vollständig zurück. Nach dem Klinikaufenthalt kehrte sie sofort auf den Holzfällerhof zurück und begann, begierig zu lesen und zu zeichnen. Sie nahm ihr altes zurückgezogenes Leben wieder auf, war aber jetzt wieder mit gesunden Augen gesegnet. Als der Mann, der ihr immer die Lebensmittel brachte, ihr die Nachricht vom Tod ihrer Enkelin überbrachte, weigerte sie sich, die näheren Umstände von Lucies Tod als Tatsachen anzuerkennen. »Das ist alles ein schrecklicher Irrtum gewesen«, behauptete sie fest. »Sie müssen sie mit jemandem verwechselt haben.« Dies war die alte Frau, zu der das sowjetische Kommando unterwegs war, um sie zu töten.

16

Vanek ignorierte den Wolkenbruch und fuhr mit hoher Geschwindigkeit über die fast leere Straße von Straßburg Richtung Saverne. Neben ihm saß Lansky, der schweigend die Sandwiches aß, die sie am Straßburger Flughafen gekauft hatten, und trank aus einer Flasche Rotwein. Einmal wies er Vanek darauf hin, daß er schneller als erlaubt fahre. »Essen Sie nur weiter«, sagte der Tscheche zu ihm. »Wir haben nur noch einen Besuch zu machen, bevor wir nach Hause fahren. Und die Zeit bleibt nicht ewig auf unserer Seite. Wenn wir ein bißchen Glück haben, stellt sich vielleicht sogar heraus, daß diese Devaud schon vor Jahren gestorben ist«, fügte er hinzu.

Vanek reduzierte unmerklich die Geschwindigkeit – weil er wußte, daß Lansky recht hatte. Lansky beobachtete das, sah auf den Tacho und lächelte fein, während er den letzten Bissen aß. Brunner hatte zwischen beiden eine Art Pufferfunktion gehabt. Vanek und Lansky waren beide Egozentriker. Lansky war intelligent genug, keine weiteren provokanten Kommentare zu machen. Sie hatten einen schwierigen Job vor sich.

»Wir werden so bald wie möglich prüfen müssen, ob die Adresse der Devaud noch stimmt«, bemerkte Vanek und überholte einen Gemüselaster, dessen Reifen einen Wasservorhang aufsprühten. »Halten Sie Ausschau nach einem Hotel oder einem Lokal. Wenn sie noch am Leben ist und im selben Haus wohnt, müssen die Leute aus der Gegend das wissen. In der Provinz in Frankreich kann man nicht mal hinter einer Mauer stehen und pinkeln, ohne daß das ganze Dorf zusieht . . .«

»Diesmal«, schlug Lansky vor, »sollten wir uns nicht damit abquälen, das Ganze wie einen Unfall aussehen zu lassen, sondern die Sache hinter uns bringen und verschwinden. Wir haben jetzt ja nicht mehr dieses alte Waschweib Brunner am Hals . . .«

»Das werde ich entscheiden, wenn der Augenblick da ist«, bellte Vanek.

Am anderen Ende der Ebene sahen sie kilometerlang keine Spur irgendwelcher Häuser. Sie waren schon recht nah an Saverne herangekommen, als Vanek durch die Windschutzscheibe

blinzelte und das Schild sah: *Auberge des Vosges und Tankstelle –
500 Meter.* Er bremste. »Hier sollte es ein Telefonbuch geben«,
sagte er, »und wir sind jetzt schon in der richtigen Gegend.« Er
verließ die Landstraße und hielt vor den Zapfsäulen. »Volltan-
ken, bitte«, sagte er dem Tankwart. »Wir gehen rein und trinken
etwas . . .« Vanek war der Meinung, daß man nie wissen könne,
was einen erwartet, und sagte sich, daß es sich bezahlt mache,
immer einen vollen Tank zu haben. Als sie aus dem Renault ausstiegen, sahen sie in der Werkstatt einen Mechaniker, der die
Windschutzscheibe eines Mercedes 350, an dem er soeben gearbeitet hatte, sauberwischte.

Lennox sah auf seine Uhr und ging aus der Bar der Auberge des
Vosges hinaus zum Waschraum. Genau zwei Stunden. Der
Mann von der Werkstatt hatte ihm soeben gesagt, daß der Wagen fertig sei, und Lennox hatte die Rechnung bezahlt. Zuvor
hatte er im Telefonbuch nachgesehen, ob Annette Devaud ver-
zeichnet war, hatte aber keinen Eintrag gefunden. Der Barmann
hatte weitergeholfen.
»Komisches altes Mädchen. Muß jetzt schon über siebzig sein.
Sie lebt noch immer auf dem Holzfällerhof, ganz allein. Die
Leute im Ort bekommen sie kaum einmal im Jahr zu sehen – nur
der Bursche, der ihr Lebensmittel bringt. Bemerkenswerte Frau,
diese Annette Devaud. Sie wissen, daß sie dreißig Jahre lang
blind gewesen ist?«
»Ich habe sie noch nicht kennengelernt«, sagte Lennox vorsichtig.
»Bemerkenswerte Frau«, wiederholte der Barmann. »Passierte kurz vor Kriegsende – sie wurde plötzlich blind, einfach
so. Irgendeine Krankheit, ich weiß nicht, was es war. Dann
nimmt sie vor ein paar Monaten irgend so ein Spezialist unter die
Lupe und sagt, er könne was machen.« Der Barmann wischte ein
Glas besonders sorgfältig ab. »Ein Wunder geschieht. Er operiert
sie, und sie kann wieder sehen. Stellen Sie sich das mal vor –
mehr als dreißig Jahre blind, und dann sieht man die Welt wieder, als wäre man neu geboren. Tragödie, übrigens – das mit ihrer Enkelin, Lucie. Wissen Sie, wer sie war?«
»Nein.«
»'n Mädchen, das vor einer Woche versucht hat, Florian um-
zulegen. Muß verrückt gewesen sein – so wie dieser Bursche, der

214

Präsident Kennedy in Dallas erschossen hat.« Der Barmann beugte sich vertraulich vor. »Ich wohne nur zwei Kilometer von dem alten Mädchen entfernt, und die wenigen von uns hier, die wußten, wer Lucie war, haben den Mund gehalten. Nicht mal die Polizei hat kapiert – Lucie ist nur ein paarmal hergekommen. Ich sage Ihnen das nur, weil Sie jetzt zu ihr wollen – könnte ihr einen Schock versetzen, wenn Sie was Falsches sagen . . .«

Lennox dachte darüber nach, als er zum Waschraum ging. Dort ließ er sich Zeit. In der letzten Nacht in Freiburg hatte er nur zwei Stunden Schlaf bekommen. So etwas konnte nur in einem französischen Dorf passieren – eine Verschwörung des Schweigens, um eine ortsansässige und von allen geachtete Dame zu schützen. Über dem Waschbecken war ein Spiegel angebracht, durch den man die Tür sehen konnte. Lennox trocknete sich gerade die Hände, als die Tür aufging. Lennox ließ das Handtuch sinken und starrte in den Spiegel. Der Mann an der Tür starrte zurück. Eine Sekunde lang trafen sich ihre Blicke, dann sah sich der Mann an der Tür im Raum um, als suchte er jemanden, und ging wieder hinaus.

Lennox rocknete sich rasch ab, zog sich Jacke und Mantel an und öffnete dann langsam die Tür. In der Rue de l'Épine in Straßburg, vor dem Hauseingang zu der Wohnung Léon Jouvels, hatte er wenige Sekunden lang das Gesicht des Mannes mit dem Regenschirm sehen können, mit dem er zusammengeprallt war. Dem Mann war dabei die Brille aufs Pflaster gefallen. Lennox war sich seiner Sache noch nicht absolut sicher – der Mann in Straßburg schien älter gewesen zu sein –, er hatte das Licht der Straßenlaterne nicht voll aufs Gesicht bekommen, erinnerte sich Lennox. Der Flur vor dem Waschraum war leer. Er ging hinunter und warf einen Blick in die Bar.

Der Mann, der in den Waschraum gekommen war, drehte Lennox den Rücken zu, aber sein Gesicht war im Spiegel hinter der Bar zu sehen. Er sprach mit einem anderen Mann, einem hochgewachsenen, dunkelhaarigen und glattrasierten Mann von etwa dreißig Jahren. Der hochgewachsene Mann, der gelangweilt ein leeres Glas in der Hand drehte, sah seinem Begleiter kurz über die Schulter, starrte Lennox offen an und wandte sich dann ab. Jetzt war Lennox seiner Sache noch sicherer. Im Wagen des sowjetischen Kommandos in Freiburg hatten drei Männer gesessen. Der Mann namens Bonnard war tot, also blieben noch zwei. Und auf der Rückseite des Kriegstagebuchs, das sie in Wohls Haus mitgenommen hatten, hatte Annette Devauds Adresse gestanden.

Lennox verfluchte sich in diesem Augenblick dafür, daß er Peter Lanz' Theorie akzeptiert hatte, nämlich, daß die Überlebenden des Killerkommandos schnellstens in die Sowjetunion flüchten würden. Das war eine annehmbare Theorie gewesen – vor ein paar Tagen jedenfalls noch –, weil jetzt der dritte Zeuge auf Lasalles Liste soeben umgebracht worden war. Aus welchem Grund hätte das Kommando sich noch länger hier herumtreiben sollen? Lennox ging ins Hotel zurück, so daß man ihn von der Bar aus nicht sehen konnte, und tat, als verließ er das Hotel durch den Vordereingang; anschließend lief er eine Treppe hinauf, die sich zweimal wand, bevor er das nächste Stockwerk erreichte. Dort oben wartete er und blickte durch ein Fenster auf die Straße.

Als Lansky wieder in der Bar erschien, war der Barmann hinter einem Vorhang verschwunden. Vanek lehnte an der Theke. Lansky nahm seinen Drink und leerte das Glas in einem Zug, während Vanek mit dem Glas in der Hand spielte. »Dieser Franzose, den ich aus dem Haus Nr. 49 habe kommen sehen – Jouvels Haus –, der Bursche, mit dem ich zusammengestoßen bin, befindet sich hier im Waschraum«, sagte er mit leiser Stimme. »Das ist kein Zufall . . .«

»Sind Sie sicher? Beschreiben Sie ihn«, sagte Vanek wie beiläufig.

Lansky gab mit wenigen Worten eine Personenbeschreibung von Lennox. »Ich bin ziemlich sicher«, fuhr er fort. »Ich bin darauf trainiert, mir solche Dinge zu merken – falls Sie es vergessen haben sollten. Wir haben uns kurz im Spiegel angesehen, und wir wußten beide Bescheid. Ich hätte ihn erledigen können – der Raum war sonst leer –, aber das hätte die Polizei auf den Plan gerufen, und das können wir im Augenblick nicht gebrauchen, nicht wahr?«

»Nein, wirklich nicht. Übrigens, er sieht jetzt gerade in die Bar, also drehen Sie sich nicht um . . .« Die Situation überraschte Vanek überhaupt nicht; früher oder später mußte einfach etwas schiefgehen – auch in Freiburg war es so gekommen –, jedenfalls bis zu einem gewissen Grad. Die Frage war nur, wie man mit der Lage zurechtkam, wozu man sich entschloß. »Er ist

216

gegangen«, sagte Vanek. »Ich denke, wir sollten auch von hier verschwinden.«

Als sie durch die Vordertür hinaustraten, fuhr gerade ein Peugeot 504, in dem nur ein Mann saß, in Richtung Saverne davon. Der Wagen war soeben aufgetankt worden. Im Regen war nicht zu erkennen, wie der Mann am Lenkrad aussah. »Das wird er sein«, sagte Vanek. Aus dem Fenster im ersten Stock sah Lennox die beiden davonfahren, in Richtung Saverne. Er ging die Treppe hinunter und betrat die Bar, in der der Barmann Gläser polierte. Lennox bestellte sich noch einen Cognac und ließ die Frage so beiläufig wie nur möglich klingen. »Diese beiden Männer, die nach mir hereingekommen sind – ich glaube, ich habe einen von ihnen wiedererkannt. Oder sind es Leute aus der Gegend?«

»Hab' die noch nie gesehen – und möchte sie auch nicht wiedersehen. Der Lange hat irgend so was gesagt, sie hätten mit Marktforschung zu tun. Sie suchen sich die Namen bestimmter Leute raus, und dann marschieren sie los und stellen ihnen dämliche Fragen. Ich glaube, die sind unterwegs zu Annette Devaud . . .«

»Tatsächlich?«

»Hat irgendwas mit einer Kampagne für eine Rentenerhöhung zu tun«, erklärte der Barmann. »Sie wollten wissen, ob ihr Mann noch lebt. Wie sie zum Holzfällerhof kämen. Ich hab's ihnen nur gesagt – und nicht so aufgezeichnet wie für Sie.« Der Barmann lächelte säuerlich. »Und ich hab' ihnen auch nicht gesagt, daß Annette sie mit einem Schießprügel vom Hof jagen wird, der es in sich hat . . .«

Lennox trank schnell seinen Drink aus und ging nach draußen, wo der Mercedes für ihn bereitstand. Es regnete jetzt – falls das überhaupt möglich war – noch heftiger, und als er losfuhr, sah er, daß dicker Nebel und Regenwolken die Vogesen einhüllten. Als das Kommando in Freiburg Dieter Wohl getötet hatte, war es neblig gewesen, und jetzt lag Nebel über den Vogesen. Die Gedankenassoziation machte Lennox zu schaffen, während er aufs Gaspedal trat und die Geschwindigkeitsbeschränkungen mißachtete, um den Renault einzuholen.

Karel Vanek war ein schneller Fahrer, aber Alan Lennox fuhr waghalsiger. Ohne Rücksicht auf Streifenwagen – und das miserable Wetter – fuhr der Engländer mit mehr als hundertzehn Stundenkilometern. Er holte den Tschechen kurz hinter Saverne ein, dort, wo die Straße beginnt, sich in die Berge hinaufzuwinden. Einen kurzen Moment lang durchbrach die Sonne die Wolkendecke und beleuchtete die Gipfel der Vogesen und die regennasse Straße. Weniger als dreihundert Meter weiter vorn sah Lennox den Renault in eine Kurve gehen; die Räder des Wagens schleuderten bei der hohen Geschwindigkeit Wasserkaskaden in die Luft. Dann fing es wieder an zu regnen. Es goß wie aus Eimern, so daß Lennox nicht mehr viel sehen konnte.

In dem kurzen Augenblick, in dem die Sonne durchgebrochen war, hatte Lennox sehen können, daß die Böschung rechts von der Straße steil abfiel. Er nahm den Fuß vom Gaspedal und ließ den Motor ein wenig bremsen, so daß er in etwa den Abstand zu dem vor ihm fahrenden Wagen beibehielt. Seine Gelegenheit kam weniger als eine halbe Minute später, als sie sich noch immer beide den Berg hinaufschlängelten und rechts der Abhang abfiel. In der Ferne – wo die Straße wieder hinunterführte – sah Lennox die nebelhaften Umrisse eines Lastwagens auf den Renault zufahren. Lennox trat das Gaspedal durch und schloß zu dem vor ihm fahrenden Wagen auf, bis er fast die Stoßstange des Renault berührte. Die Straße führte noch immer nach oben. Jetzt folgte aber eine kurze Gerade. Lennox sah, daß das entgegenkommende Fahrzeug ein riesiger Holzlastzug war. Dieser kam rasch näher. Lennox berechnete sorgfältig Geschwindigkeit und Entfernung, schätzte die Breite der Straße und die Gesamtbreite der drei Fahrzeuge. Dann scherte er aus und setzte ohne Vorwarnung zum Überholen an.

»Dieser gottverdammte Irre . . .«

Hinter dem Lenkrad des Renault schrak Vanek zusammen, als der Mercedes dicht an ihn heranfuhr. Vanek hielt noch immer Ausschau nach dem Peugeot 504. Instinktiv lenkte er den Wagen an den rechten Straßenrand heran, wo Regen und Dunst die Sicht versperrten. In wenigen Sekunden würde der Lastwagen gleichauf sein. Vanek versuchte, dem wahnsinnigen Idioten hinter ihm, der in dieser gefährlichen Situation überholen wollte, möglichst viel Spielraum zu geben. Hinter der Windschutzscheibe des Holzlastzuges tippte der Fahrer aufgeregt auf die Lichthupe, als er sah, was da vorging, aber er konnte unmöglich noch weiter nach rechts ausweichen.

»Achtung«, sagte Lansky, der plötzlich hellwach war. »Vorhin, beim Hotel, da stand ein Mercedes . . .«

Lennox fuhr jetzt neben dem Renault. Jetzt durfte der Engländer sich nicht den kleinsten Fehler leisten. Der Holzlastzug donnerte vorüber. Lennox war zwischen beide Fahrzeuge gequetscht. Dann war der Lastzug weg. Lennox drehte das Lenkrad eine Spur nach rechts. Die Seite des Mercedes prallte gegen die Seite des Renaults. Die nasse Straße besorgte den Rest. Der Renault schleuderte und kippte über die Böschung.

An dieser Stelle des Berges war der Abhang weniger steil. Vanek kämpfte verzweifelt mit der Lenkung, als er spürte, daß der Wagen über den Straßenrand schlitterte und den Abhang hinuntersauste. Er nahm den Fuß vom Gaspedal. Der Wagen wurde ein wenig abgebremst und rollte dann von allein weiter. Die Räder rollten über glitschigen Matsch und schleuderten Lehmklumpen in die Luft, die auch gegen die Windschutzscheibe flogen, so daß Vanek nichts mehr sehen konnte. Er hielt das Lenkrad umklammert und fuhr blind weiter. Der Wagen fuhr langsamer und langsamer, rollte aber unbeirrt weiter, schleuderte und rutschte, drehte sich. Es ging abwärts, immer weiter abwärts. Der Tscheche kämpfte, um den Wagen irgendwie auf halbwegs geradem Kurs zu halten. Dann, ohne zu wissen, was vor ihm lag, trat er auf die Bremse. Der Wagen prallte gegen irgend etwas. Dann blieb er stehen.

»Wir leben noch«, keuchte der Tscheche.

»Das ist schon was«, stimmte Lansky zu.

Als sie ausstiegen, entdeckten sie im strömenden Regen, daß sie sich auf halber Höhe des langgestreckten Abhangs befanden. Die Straße dort oben war im Regendunst verschwunden. Ein grasbewachsener, kleiner Wall hatte sie davor bewahrt, noch weiter in die Tiefe zu schlittern. Wenige Meter vom Standort des Renault entfernt schlängelte sich ein verschlammter Feldweg nach oben in Richtung auf die Straße. »Das war dieser Franzose, den ich im Waschraum gesehen habe«, sagte Lansky. »Ich habe ihn ganz kurz gesehen, als er uns überholte, bevor es krachte. Der kann nicht von der Polizei sein, sonst hätte er uns nicht die Böschung runtergehen lassen.«

»Wenn wir den wiedersehen, machen wir ihn kalt«, erwiderte Vanek. »Jetzt müssen wir erst einmal diesen Wagen umdrehen.

Dann werde ich versuchen, auf dem Feldweg da wieder nach oben zu kommen. Das wird aber Zeit kosten«, fügte er hinzu.

Hoch oben auf dem Berg hielt Lennox den Mercedes an. Er stieg aus, stellte sich an den Rand der Böschung und blickte hinunter. Er mußte eine Minute warten, bis der Nebel sich so weit gelichtet hatte, daß er den Renault und zwei kleine Gestalten viel weiter unten erkennen konnte. Die beiden gingen um den Wagen herum. Einer von ihnen stieg wieder in den Wagen. Das leise Geräusch des startenden Motors drang zu Lennox herauf. Nach einer Minute hörte das Motorengeräusch auf. Die beiden Männer versuchten es jetzt mit eigener Kraft. Enttäuscht setzte Lennox sich wieder in den Wagen und fuhr davon. Er hatte gehofft, sie getötet zu haben, und jetzt hatte er nur einen kleinen Aufschub gewonnen.

Weiter oben in den Bergen war das Wetter noch immer schlecht, und er sah sich gezwungen, die Geschwindigkeit zu drosseln. Die Gipfel waren hinter Wolken verschwunden. An den Abhängen waberte grauer Dunst. Die Welt außerhalb des Wagens bestand nur aus kaum erkennbarem Fichtenwald, der im Nebel vorüberrauschte. Die Adresse, die Dieter Wohl Lennox gegeben hatte, war irreführend – Holzfällerhof, Saverne. Das kann einem in einsamen Gegenden Frankreichs oft passieren. Annette Devaud wohnte in einiger Entfernung von Saverne. Lennox warf einen Blick auf die Skizze, die der Barmann der Auberge des Vosges ihm auf eine Speisekarte gekritzelt hatte, und fuhr weiter durch den Nebel. An einer Stelle kam er an einem Kanal vorüber, der unten tief in einem Einschnitt lag. An Bord eines großen Lastkahns bewegten sich Gestalten in Ölzeug. Lennox fuhr in eine Kurve. Als er herauskam, sah er ein grob gezimmertes Schild aus Holz über einer Hecke. *Holzfällerhof.*

Der Feldweg, der hier abzweigte, der sich den Berg hinaufschlängelte und auf beiden Seiten von steilen Abhängen umgeben war, bestand nur aus dickem Schlamm und tiefen Spurrillen, in denen das Wasser stand. Lennox blieb mehrmals stecken. Die Räder drehten durch. Die Sicht war so schlecht, daß er die Scheinwerfer einschalten mußte. Als er einen Hügelkamm erreichte, erfaßten die Scheinwerfer die Frontseite eines langen Bauernhauses mit steilem Dach. Das Gebäude, das sich unter einer mächtigen Felswand voller Kletterpflanzen duckte, war das

Ende des Feldwegs. Lennox ließ den Motor laufen und ging in den Regen hinaus. Er schätzte, daß ihm kaum mehr als fünfzehn Minuten blieben, um Annette Devaud von hier wegzubringen, bevor das Kommando hier ankam.

Die Frau, die die Tür aufgemacht hatte, hielt eine doppelläufige Flinte im Arm, mit der sie auf Lennox' Bauch zielte. Sie sagte, sie habe ihn von einem Fenster im Obergeschoß kommen sehen und lasse keine Fremden herein. Lennox sprudelte los; seine Stimme hatte einen Anflug von Hysterie. »Darf ich Ihr Telefon benutzen? Unten auf der Landstraße hat es einen Unfall gegeben, und eine Frau ist schwer verletzt . . .«

»Ich habe kein Telefon . . .«

»Dann geben Sie mir Verbandszeug, um Himmels willen . . .«

Lennox fuchtelte mit den Armen und gestikulierte. Er stieß den Lauf zur Seite und entwand der alten Dame das Gewehr. »Tut mir leid, aber Gewehre machen mir Angst – manchmal gehen sie von selbst los. Und unten auf der Straße hat es auch keinen Unfall gegeben, obwohl es sehr wahrscheinlich ist, daß es in zehn Minuten hier oben einen geben wird – und Sie werden darin verwickelt sein.« Er holte tief Luft. »Zwei Männer sind hierher unterwegs, um Sie zu töten . . .«

In gewisser Hinsicht fühlte sich Lennox erleichtert. Er hatte eine gebrechliche alte Dame erwartet, aber die Frau, die ihm mit der Flinte entgegengetreten war, konnte man kaum gebrechlich nennen. Sie war mittelgroß, hielt sich gerade. Als er ihr die Waffe weggenommen hatte, hatte sie sich mühelos bewegt. Jetzt stand sie da und sah ihn wütend an, noch immer eine gutaussehende Frau mit einer Römernase und einem festen Kinn. »Sie sehen gar nicht verrückt aus«, sagte sie. »Weshalb sollte jemand mich umbringen wollen?«

»Weil Sie vielleicht in der Lage sind, den Leoparden zu identifizieren . . .«

Es kostete ihn ungefähr eine Viertelstunde – viel zuviel Zeit, wie ihm nach einem Blick auf die Uhr klar wurde –, Annette Devaud davon zu überzeugen, daß er vielleicht doch über das Bescheid wußte, wovon er sprach. Und während dieser Zeit, in der er in ihrem altmodisch eingerichteten Wohnzimmer stand, erhielt er die Erklärung für etwas, was ihm seit dem Gespräch mit dem Barmann vorhin Kopfzerbrechen bereitet hatte: Wenn sie in der Lage war, den Leoparden zu identifizieren – was Lennox bezweifelte –, und wenn Léon Jouvel aus irgendeinem abenteuerlichen Grund recht gehabt haben sollte, warum hatte sie dann in den vergangenen Monaten, in denen sie wieder hatte sehen können, Guy Florians Bild noch nicht gesehen? In einer Zeitung, einer Illustrierten, im Fernsehen? Sie gab Lennox die Antwort, nachdem sie erzählt hatte, wie sie einmal den Leoparden, der ins Bein geschossen worden sei, gesundgepflegt habe.

»Seitdem ich mein Augenlicht wiederhabe, Monsieur Bouvier, lese ich Bücher . . .« Sie zeigte mit der Hand auf die Bücherregale an den Wänden, die vom Boden bis zur Decke reichten. »In all diesen Jahren mußte ich mich mit Brailleschrift begnügen – jetzt kann ich wieder richtige Bücher lesen! Ich habe schon als Mädchen sehr viel gelesen. Jetzt habe ich den Ehrgeiz, noch alle diese Bücher zu lesen, bevor ich sterbe . . .«

»Aber die Zeitungen . . .«

»Ich halte nichts von Zeitungen. Hab's noch nie getan. Sie sind langweilig. Illustrierte? Warum sollte man die lesen, wenn man Bücher hat?«

»Und Fernsehen?«

»Davon halte ich auch nichts. Und ein Radio habe ich auch nicht.« Madame Devaud stand kerzengerade da. »Ich lebe hier ganz allein, und das liebe ich. Mir gehören fünfundzwanzig Hektar Wald, auf denen ich stundenlang spazieren gehe. Auf die Welt, die ich im Krieg gesehen habe, kann ich für immer verzichten. Alle Vorräte, die ich brauche, werden von einem Mann aus dem Dorf geliefert. Ich bin also fast autark. Ich lebe gerne so, Monsieur Bouvier . . .«

»Aber wenn der Leopard noch am Leben wäre, würden Sie ihn wiedererkennen?«

»Der Leopard ist tot . . .«

»Aber wenn er's nicht ist?« beharrte Lennox.

»Ich glaube, ich würde ihn wiedererkennen, ja. Er hatte einen guten Knochenbau. Und Knochen ändern sich nicht . . .«

Lennox gelang es, sie auf den Beifahrersitz des Mercedes zu komplimentieren, aber das nur aus einem Grund. »Wenn Sie diesen Renault mit den beiden Männern wirklich von der Straße abgedrängt haben, dann müßte Ihr Wagen Spuren des Zusammenpralls tragen.« Sie zog sich einen schweren Pelzmantel an und ging mit ihm nach draußen, wo sie kurz den seitlich eingebeulten Mercedes inspizierte. Dann stieg sie schnell ein.

»Wir sollten uns lieber beeilen«, sagte sie kurz, »sonst werden wir ihnen noch auf dem Feldweg begegnen. Ich habe Ihnen geglaubt, bevor ich den Schaden sah – ich bin eine gute Menschenkennerin, aber Sie müssen zugeben, daß ich Grund hatte, mißtrauisch zu sein . . .«

»Ich werde Sie in der Nähe der nächstliegenden Polizeiwache absetzen«, sagte Lennox beim Hinunterfahren.

»Ich kenne eine Stelle, an der wir uns verstecken und trotzdem die Einfahrt zum Hof gut sehen können . . .«

Sie hatte ihr Gewehr mitnehmen wollen, aber er hatte es in einen Schrank gesteckt, bevor sie das Haus verließen. Jetzt näherten sie sich der Landstraße. Die Luger, die Peter Lanz ihm geliehen hatte, steckte in seiner Manteltasche. Er hatte jetzt die Scheinwerfer ausgeschaltet, weil er befürchtete, das Licht könnte verraten, wo sich die Einfahrt befand. Er selbst hätte die Einfahrt verfehlt, wenn er die Skizze nicht gehabt und das Schild nicht gesehen hätte. Kurz vor dem unteren Ende des Feldwegs wurde die Sicht plötzlich durch eine dichte Nebelwand versperrt. Plötzlich wurde der Nebel erleuchtet und glitzerte, als Scheinwerferlicht von der Landstraße aus ihn erfaßte. Der Renault war angekommen – nur Sekunden zu früh. Beinahe wären sie davongekommen.

Lennox trat auf die Bremse, bevor er das Unmögliche versuchte, nämlich rückwärts wieder hinaufzufahren. In dem Lichtschein des Renault blitzten feuchte Nebeltropfen auf. Das Licht wurde schwächer. Auf Lennox Stirn glänzten Schweißperlen, als er den Fuß von der Bremse nahm; auf der Landstraße waren die Scheinwerfer eines Wagens um eine Kurve gekommen und hatten die Einfahrt kurz gestreift. Dann fuhr der Wagen auf der Landstraße weiter. Trotz des glitschigen Schlammes beschleunigte Lennox. »Halten Sie unten an«, befahl Annette Devaud. »Wenn diese Männer den Hof finden, nachdem wir weg sind, könnten sie ihn irgendwie beschädigen. Entfernen Sie also bitte das Hinweisschild . . .«

Um ihr den Gefallen zu tun, hielt Lennox kurz an, sprang aus dem Wagen und stieß kräftig gegen den Pfahl. Verrottetes Holz knirschte, und dann kippte das Schild um. Es war nichts mehr zu sehen. Lennox war ihrer Bitte nicht nur gefolgt, um der alten Dame einen Gefallen zu tun: Wenn das Kommando den Hof nicht finden sollte, fuhren die beiden Männer vielleicht ziellos herum, und in dieser Zeit hatte Annette Devaud die Möglichkeit, den nächsten Polizeiposten zu verständigen. Mit einem Satz saß Lennox wieder hinter dem Lenkrad und gab Gas. Er folgte ihren Anweisungen und bog an der Ausfahrt nach links in die Landstraße ein – sie fuhren jetzt also von Saverne weg. Nach einer kurzen Strecke bog er wieder links ab, in der Annahme, daß die Landstraße sich hier gabelte. Statt dessen fuhr er jetzt wieder auf einem verschlammten Feldweg, der sich immer höher schlängelte und schließlich um eine hohe Felswand herumführte.

»Wohin führt dieser Weg?« fragte er.

»Zurück auf mein Land – zu einem hohen Felsen, von dem aus wir die Einfahrt zum Hof beobachten können . . .«

Es war alles so schnell gegangen. Da Lennox die Gegend nicht kannte, hatte er es für klüger gehalten, ihre Anweisungen zu befolgen, und jetzt hatte sie ihn auf irgendeinen Gipfel geführt, der für seinen Geschmack noch längst nicht weit genug entfernt war. »Hier oben werden sie uns nie finden«, sagte Madame Devaud zuversichtlich. »Und wir werden sehen können, was passiert – ich mag mein Zuhause nicht unbeobachtet lassen . . .« Auf dem höchsten Punkt des sich windenden Feldwegs, der auf beiden Seiten von dichtem Fichtenwald begrenzt war, kamen sie auf eine Lichtung, auf der sich eine alte Scheune zwischen zerklüfteten Felsen befand. Das Gebäude war verfallen, die Balken verrottet; die beiden Scheunentore lagen auf einem Teppich toter Farne. Dichtes, wild wucherndes Unterholz umgab den Rand des Felsens. Lennox stellte den Motor ab und schaltete die Scheinwerfer aus. Die klamme, feuchte Kälte des Hochwalds umgab sie. Sie hatte ihn ans Ende einer Sackgasse geführt.

Es war drei Uhr nachmittags, als André, das Eichhörnchen, dem Alouette-Hubschrauber entstieg, der ihn nach Saverne gebracht hatte. Von dort fuhr ihn ein bereitstehender Wagen zur Polizeistation. Dort stiegen drei Polizeibeamte zu, worauf der Wagen in die Vogesen hinauffuhr. Während des Flugs von Paris hatte Boisseau sich eingestanden, daß es vielleicht besser gewesen wäre, Grelles Rat zu befolgen und Annette Devaud unter Polizeischutz zu stellen. Aus diesem Grund nahm er jetzt auch ein paar Beamte mit, die er auf dem Holzfällerhof zurücklassen wollte, um das Leben der einzig bekannten Überlebenden aus der früheren Umgebung des Leopärden zu schützen. Er war auf das Gespräch gespannt. In der Polizeistation hatte er vorgeschlagen, den Holzfällerhof telefonisch von seinem Kommen zu verständigen, aber man hatte ihm nur sagen können, daß Madame Devaud noch nie ein Telefon besessen habe. Während der Fahrt in die nebelverhangenen Berge wurde Boisseau immer unruhiger.

»Geben Sie Gas«, sagte er dem Fahrer, »ich möchte so schnell wie möglich da sein . . .«

»Gas geben? Bei diesem Nebel, Herr Generaldirektor?«

»Dann schalten Sie die verdammte Sirene ein. Beeilen Sie sich . . .«

Von der Spitze des zerklüfteten Felsens hinter der verfallenen Scheune hatte man tatsächlich, wie Madame Devaud gesagt hatte, eine hervorragende Sicht auf die darunter liegende Landstraße und die Einfahrt zum Hof. An dieser Stelle fiel die Felswand mehr als dreißig Meter tief ab. Rechts von der Stelle, an der Lennox stand, schlängelte sich ein schmaler Pfad hinunter zu einem winzigen Sommerhaus, das etwa zwanzig Meter über der Straße lag. Dort war der Abhang nicht so steil. Das Sommerhaus stand auf einem Felsvorsprung. Direkt unter Lennox fiel die Felswand schwindelerregend steil ab. Jenseits der verfallenen Scheune stand der Mercedes mit der Schnauze zu dem Feldweg, auf dem sie hergekommen waren; Lennox war beunruhigt, weil kein anderer Weg von dieser einsamen Stelle wegführte, und war drauf und dran, Madame Devaud zu sagen, daß sie jetzt abfahren müßten. Aber zuerst wollte er noch einen Blick auf die Landstraße werfen. Durch den Nebel sah er einen Wagen von Saverne her näher kommen. Die Umrisse des Wagens waren zu verschwommen, so daß er nicht sehen konnte, was für ein Fabrikat es war. Lennox sah auf seine Uhr. 15.15 Uhr.

Hinter ihm lehnte sich Annette Devaud in der Scheune gegen einen Fenstersims. Sie versuchte zu erkennen, was geschah. Der Wagen dort unten kroch immer näher heran, fuhr sehr langsam, als hätte der Fahrer sich verfahren. Dann, im nächsten Moment, war Lennox sicher, daß es sich um einen Renault handelte. Der Wagen rollte langsam an der versteckten Einfahrt zum Holzfällerhof vorüber – jetzt, wo das Schild entfernt war, deutete nichts mehr auf Annette Devaud hin – und fuhr auf der Landstraße

weiter, bis er sich genau unter Lennox befand, der aufs Wagendach hinuntersah. Der Wagen hielt einige Sekunden, bog dann
von der Landstraße ab und verschwand außer Sicht. Der Renault
fuhr jetzt den Feldweg hinauf, der zu dem Felsen führte. »Sie
kommen hierher«, rief Lennox Madame Devaud zu. »Kommen
Sie her, so schnell Sie können . . .«

Sie eilte aus der Scheune, lief hintenherum zu Lennox, der sie
den schmalen Pfad zum Sommerhaus hinunterschickte. Er wartete eine Sekunde und sah ihr zu, wie sie sich mit der Gewandt-
heit einer Bergziege davonmachte. Dann rannte er zur Vorderseite der Scheune und versteckte sich in einem dichten Gestrüpp
in der Nähe der Steilwand und wartete. In der rechten Hand
hielt er die Luger.

Vanek fuhr langsam den Feldweg hinauf. Neben ihm zog
Lansky sich dünne und teure Glacéhandschuhe an. Wahrscheinlich würde er die alte Dame, von der der Barmann in der
Auberge des Vosges ihm gesagt hatte, daß sie allein lebte, er-
drosseln müssen. Einen Kilometer weiter unten auf der Landstraße hatten sie in einem Sägewerk nochmals nach dem Weg
gefragt. »Einen Kilometer weiter«, hatte man ihnen gesagt. »Da
führt ein alter Feldweg rauf . . .« Sie waren an der versteckten
Einfahrt vorbeigefahren, die zum Holzfällerhof führte, und waren an der nächsten Abzweigung eingebogen. Sie kamen um
eine Kurve und befanden sich oben auf dem Felsen.

»Da stimmt was nicht – sehen Sie . . .« Vanek nickte in Richtung des geparkten Mercedes. »Ich gebe Ihnen Deckung . . .«
Als Lansky die Tür öffnete, wurde zwischen ihnen nichts mehr
gesagt. Lansky machte kein Geräusch und schlüpfte hinaus. Die
beiden Männer waren darauf trainiert, im Team zu arbeiten; sie
hatten beide die Lage erfaßt, und da waren weitere Worte überflüssig. Irgendwo hier auf diesem Felsen befand sich der Mann,
mit dem Lansky in der Rue de l'Épine zusammengestoßen war,
der Mann, der vor weniger als einer Stunde versucht hatte, sie
von der Straße abzudrängen und zu töten. Vanek blieb im Wagen. Er hielt wie Lennox eine Luger in der Hand und wartete auf
irgendeine kleine Bewegung, während Lansky sich mit dem Ge-
lände vertraut machte und entdeckte, daß die offenstehende
Scheune leer war. Lennox hockte zusammengekrümmt im Unterholz. Er konnte den Mann hinter dem Lenkrad nicht sehen,
weil der Renault auf einer Bodenwelle stehengeblieben war. Die

Karosserie verbarg den zweiten Mann. Lanskys plötzliches Manöver traf Lennox unvorbereitet.

Der Tscheche sprintete die kurze Strecke im Freien und verschwand in der Scheune. Dann, etwa eine oder zwei Minuten lang – so kam es Lennox jedenfalls vor –, geschah gar nichts. In der Scheune versuchte Lansky, irgendwie nach oben zu kommen, unters Dach, um von dort einen Überblick über den ganzen Felsen zu gewinnen. Sehr leise begann er, an der Innenwand der Scheune hochzuklettern. Dabei benutzte er die Querbalken als Fußstützen, bis er ein Loch erreichte, durch das er in den Mercedes hineinsehen konnte. Der Wagen war leer. Lansky suchte den Felsen sorgfältig ab, bis er die Silhouette eines Mannes entdeckte, der in einem Gestrüpp hockte. Danach kletterte Lansky behutsam hinunter.

Mit der Karosserie des geparkten Mercedes zwischen sich und Lennox kroch er vorwärts. Er hielt nur einmal inne, um Vanek ein Zeichen zu geben. Der Tscheche nickte. Lansky hatte die Zielscheibe geortet. Lansky erreichte die eine Seite des Mercedes und öffnete den Türgriff mit äußerster Behutsamkeit. Zentimeter um Zentimeter. Dann öffnete er die Tür. Er glitt hinter das Lenkrad und griff nach dem Zündschlüssel, den er von der Scheune aus im Zündschloß hatte stecken sehen. Um auf ihn zu schießen, mußte der Franzose aufstehen – und wenn er sein Versteck verließ, würde Vanek als erster schießen.

Lennox hockte rund zwölf Meter hinter dem Kofferraum des Mercedes und kämpfte gegen den fast unwiderstehlichen Impuls, den Kopf zu heben, um zu sehen, was zum Teufel da eigentlich vorging. Seitdem der zweite Mann in der Scheune verschwunden war, hatte er keinen Laut mehr gehört. Lansky, der genau im Kopf hatte, wo sich der Franzose befand, hielt inne, als er den Zündschlüssel berührte. Er mußte jetzt tatsächlich verdammt schnell handeln. Außerdem mußte er den Wagen auf den Punkt genau anhalten, sonst würde der Mercedes zusammen mit dem Franzosen den Steilhang hinuntersausen. Was auch immer geschehen würde: Der unbekannte Mann war schon jetzt so gut wie tot. Wenn er dort blieb, wo er sich jetzt befand, würde der Wagen ihn mit in die Tiefe reißen; wenn er sich erhob, würde Vanek ihn mit einem einzigen Schuß erledigen. Dann, plötzlich, hörten es alle vier Menschen dort oben auf dem Felsen – Madame Devaud, die unten im Sommerhaus mit laut pochendem Herzen wartete, und die drei Männer dort oben. Aus der Ferne drang das klagende Geheul einer Sirene herauf. Lansky zögerte nicht. Er drehte den Zündschlüssel herum, riß den Rückwärtsgang herein und fuhr blitzschnell los.

Lennox erfaßte im Bruchteil einer Sekunde, was der Mann vorhatte. Jemand hatte sich in seinen Wagen gesetzt. Sie wollten ihn den Abhang hinunterstürzen lassen. Er überlegte blitzschnell, schätzte die Zeit haargenau ab, stand auf und bot seine Silhouette in dem Augenblick dar, in dem sie durch den heranrasenden Mercedes vor dem Fahrer des Renault verborgen war. Lennox sah den rückwärts gewandten Kopf und den herumgedrehten Oberkörper des Mannes im Mercedes wie im Sucherbild einer Kamera. Lennox feuerte zweimal, ließ den Lauf der Waffe sinken und tauchte dann zur Seite. Alle viere von sich gestreckt, blieb er liegen. Beide Kugeln trafen Lansky in den Rücken, aber keine von beiden hatte den sofortigen Tod zur Folge. Die unwillkürliche Reaktion ließ Lansky hart aufs Gaspedal treten. Der Mercedes fuhr über das Gestrüpp hinweg, raste weiter, verschwand im Nichts und stürzte dann in die Tiefe, bis er rund dreißig Meter weiter unten auf die Landstraße aufprallte. Der Streifenwagen, in dem Boisseau mit den Beamten saß und den ein Mann lenkte, der sich in dieser Gegend gut auskannte, bog gerade in die Einfahrt zum Holzfällerhof ein, als der Mercedes aufschlug. Der Streifenwagen bremste und fuhr weiter. In diesem Augenblick ging der Mercedes in Flammen auf.

Vanek hatte ebenfalls die Polizeisirene gehört und reagierte sofort, als er den Mercedes mit Lansky am Steuer verschwinden sah; er wendete den Renault, so daß er mit der Motorhaube zum Feldweg zeigte. Er sah, wie Lennox sich in wenigen Metern Entfernung aufrappelte und wieder auf die Beine kam. Vanek trat auf die Bremse, ergriff die Luger, die auf seinem Schoß lag, zielte und drückte ab. Der Engländer zielte gerade, als Vaneks Kugel traf. Wieder ging Lennox zu Boden.

Vanek fuhr mit halsbrecherischer Geschwindigkeit den Feldweg hinunter, behielt den Wagen aber dennoch unter Kontrolle. Als er unten an der Ausfahrt ankam, blockierte der brennende Mercedes die rechte Seite, behinderte aber auch den Streifenwagen. Vanek riß das Lenkrad herum, bog nach links ein und fuhr auf der leeren Landstraße weiter, während er fieberhaft überlegte, was jetzt zu tun sei. Die Antwort fiel ihm mit einem einzigen

Satz ein: In Luft auflösen. Es war der Tod seines Partners, den er soeben mitangesehen hatte, der ihm diesen Gedanken eingab. Vanek lenkte den Wagen einen steilen Straßenabschnitt hinauf, bis er an einen Punkt kam, an dem die Straße eine scharfe Biegung machte. Rechts war eine Leitplanke errichtet worden, und ein Verkehrszeichen wies auf die Gefahr hin: *Gefährliche Kurve.* Vanek hielt den Wagen hinter der Biegung an und ging zu Fuß zu der Stelle zurück, an der man erst vor kurzem eine Leitplanke gezogen hatte. Dahinter fiel der Abhang gut sechzig Meter ab; unten endete der Steilhang in einem Felsgeröll. Die dahinterliegende Ebene wurde von einem Kanal durchzogen. Vanek rannte zum Renault zurück, drehte den Zündschlüssel von außen herum, löste die Handbremse und knallte die Tür zu, als der Wagen langsam rückwärts zu rollen begann. Durch die geöffnete Seitenscheibe lenkte er den Wagen mit einer Hand.

Er hatte den Wagen auf einem einigermaßen ebenen Abschnitt angehalten, bevor die Straße wieder steiler wurde. Der Renault rollte jetzt also einige Sekunden lang bedächtig an, während Vanek sich draußen gleichauf hielt; dann wurde die Straße abschüssig, und der Wagen rollte schneller. Jetzt hatte Vanek die Hand vom Lenkrad genommen. Der Renault bewegte sich aus eigener Kraft immer schneller und prallte dann gegen die weißgestrichene Leitplanke – die nur errichtet worden war, um die seitliche Fahrbahnbegrenzung zu markieren –, durchbrach die schwache Konstruktion und war plötzlich nicht mehr zu sehen. Vanek hörte, wie der Renault mit dem Krachen berstenden Metalls auf den Geröllhaufen aufprallte. Anders als der Mercedes ging der Renault aber nicht in Flammen auf. Zufrieden über seinen Erfolg – er hatte sich eine Atempause verschafft –, verließ der Tscheche die Landstraße und ging in den Wald hinauf. Dann machte er sich zu Fuß auf den Weg zu dem zerklüfteten Felsen, auf dem Lansky gestorben war.

17

Vanek behielt auf seinem Weg durch den Wald immer die Straße im Auge, um nicht die Orientierung zu verlieren. Als er eine Hügelkuppe erreichte, von der aus der Felsen zu sehen war, konnte er gerade noch einen Blick auf Madame Devaud werfen, die von einigen Polizeibeamten zu einem Streifenwagen geleitet wurde. Es hatte eine Verzögerung gegeben, weil über Funk angeforderte Verstärkung erst einige Zeit später eingetroffen war. Bis dahin hatte man die alte Dame in der Scheune bewacht. Die Neuankömmlinge durchkämmten den Wald in der nächsten Umgebung des Felsens, aber ohne Ergebnis. Lennox, der noch bei Bewußtsein war und in einem Krankenwagen lag, hatte Boisseau eindringlich gewarnt: Diese Männer seien professionelle Killer, und man dürfe das Leben von Madame Devaud keiner Gefahr mehr aussetzen.

In dem Moment, als Vanek die Hügelkuppe erreichte, von der aus er den Felsen übersehen konnte, machte sich der Konvoi von Polizeifahrzeugen zur Abfahrt bereit. Der Tscheche stand hinter einer Fichtengruppe und beobachtete die Szene durch ein starkes Fernglas, das er immer bei sich trug. Annette Devaud wurde zu einem der Wagen geleitet. Das Fernglas brachte sie so nah heran, daß er ihren Kopf und ihre Schultern deutlich sehen konnte. Er hätte sie ohne weiteres töten können, wenn er ein Gewehr mit Zielfernrohr bei sich gehabt hätte. Plötzlich, als wäre den Polizeibeamten der gleiche Gedanke gekommen, war Annette Devaud von Beamten umringt. Sie verschwand hinter einer Mauer aus Uniformen. Aus dieser Entfernung konnte Vanek unmöglich versuchen, seine Luger einzusetzen.

Vanek hockte reglos da und beobachtete, wie die Streifenwagen mit dem Krankenwagen an der Spitze den Feldweg hinunterfuhren und dann auf der Landstraße auftauchten, auf der der Nebel sich inzwischen gelichtet hatte. In dem späten Nachmittagslicht waren die Fahrzeuge jedoch nur schemenhaft zu erkennen. Es war aber die Richtung, welche die Fahrzeuge einschlugen, die für Vanek von Interesse war. Der Konvoi fuhr nach Saverne.

»Der zweite Killer ist von der Straße abgekommen und einen Abhang hinuntergerast«, berichtete Boisseau Marc Grelle am Telefon der Saverner Polizeistation. »Er ist neben einem Kanal aufgeschlagen. In diesem Augenblick müßten die Beamten schon am Unfallort sein. Und dieser Engländer, Lennox, ist hier. Er hat den ersten Killer erschossen, hat aber selbst auch eine Kugel abbekommen . . .«

»Ist er tot?« fragte der Präfekt.

»Nein, er wird durchkommen, muß aber einige Tage im Krankenhaus bleiben. Er hat eine Nachricht für Sie. Er ist ein sehr vorsichtiger Mann, dieser Lennox – ich mußte ihm erst meinen Dienstausweis zeigen, bevor er mir die Nachricht anvertraute. Er sagt, er glaube, Madame Devaud könne den Leoparden identifizieren . . .«

»Madame Devaud ist bei Ihnen?«

»Ich kann sie von hier aus sehen . . .«

Boisseau verstummte, als der Inspektor aus Saverne, der auf einer anderen Leitung gerade ein Gespräch entgegennahm, ihm ein Zeichen gab. Boisseau hörte einen Augenblick zu, dann setzte er das Gespräch mit Paris fort. »Ich glaube, ich habe eine schlechte Nachricht. Der Renault – der Wagen der Mörder –, der den Abhang hinuntergestürzt ist, ist jetzt untersucht worden. Von dem zweiten Mann ist keine Spur zu finden. Er wird ihn absichtlich über den Rand gekippt haben, um uns auf eine falsche Fährte zu locken. Einer der Mörder läuft also noch frei herum . . .«

Der Lastkahn tuckerte gemächlich aus dem Nebel auf Vanek zu, der am Ufer des einsamen Kanals stand. Sein Atem ging noch schnell. Er hatte sich beim Hinuntersteigen von der Hügelkuppe beeilt, bevor er die Landstraße überquerte und den sanften Abhang hinunterrannte, der zum Kanal führte. Er war den menschenleeren Treidelpfad entlanggegangen, als er plötzlich hinter sich das tuckernde Motorengeräusch hörte.

Er gestikulierte, um den Mann in gelbem Ölzeug und Schirmmütze, der am Heck des Kahns am Ruder stand, auf sich aufmerksam zu machen. Vanek rief mehrmals »Polizei«, dann wartete er, bis der Kahn nah genug am Ufer war, so daß er an Bord springen konnte. Er zeigte dem Binnenschiffer mit der gegerbten Haut seinen gefälschten Sûreté-Ausweis. »Sind Sie allein an Bord?« Der Mann bejahte und erklärte, er sei schon ein Stück weiter oben von Polizisten angehalten worden, die einen abgestürzten Wagen untersucht hätten. »Wie weit ist es bis zur nächsten Schleuse?« fragte Vanek. Sechs Kilometer. »Ich fahre mit Ihnen«, sagte Vanek zu dem Mann. »Ich suche den Mörder, der diesen Wagen aufgegeben hat . . .«

Mehrere Minuten lang stand Vanek hinter dem Schiffer und tat, als betrachtete er die Felder, an denen sie vorüberglitten. In Wahrheit beobachtete er, wie der Schiffer die Instrumente bediente. Beiläufig, als wollte er nur die Zeit totschlagen, fragte er nach einigen technischen Details, während der Kahn durch leichte Nebelschwaden weitertuckerte. Während der Nebel in den Bergen sich lichtete, senkten sich jetzt graue Schwaden auf die enge Schlucht, durch die der Kanal in die Ebene vor Straßburg hinausführt. »Ihre Mütze sieht aus wie eine Chauffeurmütze«, bemerkte Vanek. »Na ja, statt eines Wagens fahren Sie eben einen Kahn . . .« Vanek sprach noch, als er die Luger aus der Tasche zog und dem Mann in den Rücken schoß.

Bevor er den Schiffer über Bord warf, nahm Vanek ihm das Ölzeug und die Schirmmütze ab. Vanek zog das Ölzeug an und setzte sich die Mütze auf. Er benutzte eine an Deck liegende schwere Kette, um die Leiche des Schiffers zu beschweren; er legte sie dem Toten um die Schultern und zwischen die Beine. Der Lastkahn, den er gestoppt hatte, trieb jetzt sacht weiter, während Vanek die Leiche über Bord kippte. Er sah nur einen Augenblick zu, wie der Tote in dem grauen, schmutzigen Wasser versank. Dann ließ Vanek die Maschine an und stellte sich ans Ruder. Wenige Minuten später tauchte im Nebel eine Brücke auf. Ein Streifenwagen hielt mitten auf der Brücke, und ein Polizist beugte sich übers Geländer. Der Beamte wartete, bis der Kahn nahe genug herangekommen war.

»Haben Sie unterwegs einen Mann gesehen?« rief er hinunter.

»Nur ein paar von Ihren Kollegen, die einen abgestürzten Wagen untersuchten«, rief Vanek zurück.

Der Polizist wartete und starrte auf Vanek hinunter, der jetzt starr geradeaus blickte und den Kahn unter den Brückenbogen hindurchsteuerte und kanalabwärts weiterfuhr. Wenige Minuten später war die Brücke hinter ihm im Nebel verschwunden. Dann tauchten die Umrisse einer weiteren Brücke vor ihm auf. Vanek nahm an, daß er jetzt aus der unmittelbaren Gefahrenzone heraus sein mußte. Hier würden sie nicht mehr nach ihm suchen. Er mußte den Kahn aber auf jeden Fall verlassen, bevor er die Schleuse erreichte. Nachdem er die Brücke passiert hatte, stoppte er den Kahn, versteckte das Ölzeug unter aufgerolltem Tauwerk, sprang über Bord und ging einen verschlammten Fußpfad hinauf, der ihn auf eine Straße führte. Die Schirmmütze hatte er in den Mantel gesteckt.

Vanek ging ein kurzes Stück zu Fuß, bis er ein passendes Versteck gefunden hatte, eine Baumgruppe. Dort stellte er sich hin und wartete. Im Lauf von fünfzehn Minuten ließ er zwei Lastwagen passieren. Dann sah er eine BMW-Limousine näher kommen, die von der Landstraße nach Saverne abgebogen sein mußte. Es saß nur ein Mann im Wagen. Das Fahrzeug stank nach Geld. Vanek trat auf die Fahrbahn hinaus und winkte dem Fahrer zu, er solle anhalten. »Polizei, Polizei«, rief er.

Wieder zeigte er seinen gefälschten Sûreté-Ausweis. Der mißtrauische Fahrer protestierte. Er sei schon einmal angehalten und kontrolliert worden. »Ich glaube Ihnen nicht«, sagte Vanek und steckte seinen Ausweis ein. »Wie weit weg war das?« Etwa einen Kilometer weiter, erwiderte der Fahrer des BMW, ein Mann Ende der Fünfzig mit einem teuren Maßanzug. Er machte einen arroganten Eindruck, was Vanek amüsierte. Er zog seine Luger und befahl dem Fahrer, sich auf den Beifahrersitz zu setzen, während er sich selbst hinter das Lenkrad klemmte. Er setzte die Schirmmütze auf, die er dem toten Schiffer abgenommen hatte. »Ich bin Ihr Chauffeur«, verkündete er. »Wenn wir von einer Polizeistreife angehalten werden sollten, werden Sie das bestätigen. Wenn Sie den kleinsten Fehler machen, werde ich Ihnen drei Schüsse in den Bauch verpassen, und Sie werden sehr langsam sterben.«

Die Drohung erschreckte den Mann nicht so sehr wie die beiläufige Art, in der Vanek sie ausgesprochen hatte. Der Tscheche fuhr in der gleichen Richtung weiter, die der BMW-Fahrer eingeschlagen hatte – weg von der Landstraße nach Saverne. Fünf Minuten später hielt Vanek in einem Waldstück an. Er war überzeugt, jetzt aus dem Gebiet heraus zu sein, in dem die Polizei nach ihm suchte. Er konsultierte die Straßenkarte, die er am Straßburger Flughafen gekauft hatte und die ihn und Lansky nach Saverne geführt hatte. Vanek sah jetzt, daß er Saverne auch auf einem anderen Weg erreichen konnte, wenn er sich nördlich des Kanals und der Landstraße hielt, bis er kurz vor Saverne auf eine andere Straße einbog. »Sie sollten mir lieber die Wagenpapiere geben«, sagte er zu dem Eigentümer des BMW. »Die aufzubewahren ist Sache des Chauffeurs.« Der Mann, der Vanek gesagt hatte, er fahre nach Metz zurück, hatte verschwiegen, daß er Bankier war. Er gab Vanek die verlangten Papiere.

»Ich werde Sie hier schön verschnürt zurücklassen.« Vanek klopfte sich auf die Tasche, in der er das Seil mitführte. »In einer Stunde werde ich die Polizei von Saverne anrufen und sagen, wo man Sie finden kann. Ich bin nur ein kleiner Dieb und habe nicht die Absicht, Sie hier erfrieren zu lassen.« Er stieg mit seinem Gefangenen aus dem Wagen aus, erschoß ihn am Straßenrand und versteckte die Leiche hinter einem Gebüsch. Dann setzte er sich wieder in den BMW und fuhr auf dem Umweg über die Nebenstraßen nach Saverne.

Boisseau hatte all seinen Charme und beträchtliche Überredungskünste aufgeboten, aber das machte auf Annette Devaud keinerlei Eindruck. Sie blieb bei ihrer Entscheidung. Ja, sie würde nach Paris mitfahren und den Polizeipräfekten treffen, wenn das wirklich so wichtig sei – und hier meinte Boisseau, einen Anflug von Aufregung angesichts dieser Aussicht heraushören zu können. Vielleicht hatte die Tatsache, daß sie so knapp dem Tod entronnen war, in ihr den Wunsch geweckt, noch einmal die Hauptstadt zu sehen. Aber Fliegen? Nein, sie werde sich nicht in ein Flugzeug setzen, und wenn er ihr eine Million Franc böte. Nein, eine Fahrt mit dem Auto komme auch nicht in Frage; Autofahren mache sie krank. Sie werde nur nach Paris fahren, wenn sie mit der Bahn reisen könne.

Von der Polizeistation in Saverne aus, wohin man sie eilig gefahren hatte – »Und diese Autofahrt reicht mir«, hatte sie entschlossen verkündet –, rief Boisseau mehrmals Marc Grelle an. Er berichtete über die jeweils jüngste Entwicklung der Dinge – oder über das Fehlen neuer Erkenntnisse. Es war Grelle, der entschied, man solle die alte Dame per Bahn nach Paris bringen. »Sie müssen aber alle nur erdenklichen Vorsichtsmaßnahmen ergreifen«, schärfte er Boisseau ein. »Vergessen Sie nicht, daß drei Zeugen schon umgebracht worden sind, und um ein Haar hätten die Burschen auch Annette Devaud erwischt. Es müssen sehr sorgfältige Arrangements getroffen werden – denn mindestens einer der Mörder ist noch auf freiem Fuß.« Nach dem Gespräch mit Boisseau rief der Präfekt persönlich in Straßburg an, um seinen Wünschen mit dem ganzen Gewicht seines Einflusses Nachdruck zu geben. Wenn jeder wie geplant kooperierte, würde Annette Devaud um neun Uhr abends wohlbehalten in Paris sein – wenig mehr als zwölf Stunden vor Guy Florians Abflug in die Sowjetunion.

Auf der Karte, die Vanek bei sich hatte, war die Polizeistation von Saverne eingezeichnet. Nachdem er die Stadt erreicht hatte, hatte er also keine Mühe hinzufinden. Er trug noch immer die Schirmmütze und fuhr langsam die Straße hinunter, als hielte er nach einem geeigneten Parkplatz Ausschau. Vor der Wache parkten vier Streifenwagen, Stoßstange an Stoßstange, und uniformierte Polizisten gingen auf und ab und bewachten das Gebäude. Einer von ihnen warf einen Blick auf den BMW und wandte sich dann ab; Vanek hatte einmal zu Brunner bemerkt, daß die Polizei im kapitalistischen Westen wohlhabende Leute unbehelligt lasse – und was konnte wohlhabender wirken als eine schwere Limousine mit Chauffeur?

Vanek hatte noch einen Grund, sich sicher zu fühlen: Während seines Gesprächs mit dem Bankier, den er später getötet hatte, hatte er herausbekommen, daß dieser nach Metz unterwegs gewesen war. Das bedeutete, daß noch mindestens zwei Stunden vergehen würden, bevor irgend jemand den Bankmann vermißte. Vanek fuhr weiter. Er war jetzt überzeugt, daß man Annette Devaud in der Polizeistation unter Verschluß hielt – die Polizisten würden sie also bald wegbringen müssen – vielleicht sogar zurück zu ihrem Haus auf dem Holzfällerhof. Vanek bog in eine Seitenstraße ein, wendete den Wagen, um jederzeit losfahren zu können, und steckte eine Münze in die Parkuhr. Dann betrat er eine nahegelegene Bar, von der aus er die Polizeistation im Auge behalten konnte.

Die Vorsichtsmaßnahmen zum Schutz von Annette Devauds Leben wurden von Boisseau organisiert, der von der Polizeistation aus die notwendigen Telefonate führte. Er wußte die volle Autorität von Marc Grelle hinter sich – »Hier geht es um die Sicherheit des Präsidenten der Französischen Republik« – und erließ eine Flut präziser Anweisungen. Bevor der Trans-Europ-

Express *Stanislas* um 17.14 Uhr den Bahnhof von Straßburg verließ, wurde ein Sonderwagen direkt an die Lok gekoppelt. An die Fenster wurden Schilder geklebt, die darauf hinwiesen, daß sämtliche Abteile in diesem Waggon reserviert seien. Eine Minute vor Abfahrt des Zuges wurde der Bahnsteig abgeriegelt und Gendarmen, die sich bis dahin in der Gepäckaufbewahrung verborgen gehalten hatten, bestiegen den ›reservierten‹ Waggon mit automatischen Waffen.

Der Expreß befand sich noch fünf Minuten von Saverne entfernt – einem Bahnhof, den der Zug normalerweise mit hoher Geschwindigkeit passierte –, als die Gendarmen den Waggon verließen und sich auf den gesamten Zug verteilten. Sie schlossen sämtliche Fenstervorhänge. »Eine Sicherheitsmaßnahme«, sagte der verantwortliche Inspektor zu einem Fahrgast im Speisewagen, der die Stirn gehabt hatte zu fragen, was dieser Unfug bedeuten solle. »Wir haben einen Hinweis erhalten, daß Terroristen einen Anschlag planen . . .«

Der TEE *Stanislas* bremste ab, als er sich dem Bahnhof von Saverne näherte, der zuvor von starken Polizeieinheiten, die man aus Straßburg herbeigerufen hatte, abgeriegelt worden war. Als der Expreß einlief, herrschte eine unheimliche Atmosphäre im Bahnhof. Um jeden abzuschrecken, der versuchen sollte, die elektrisch betätigten Vorhänge zu öffnen, hatte man auf dem Bahnhof starke Scheinwerfer auf Elektrokarren installiert, die den gesamten Zug in gleißendes Licht tauchten, als dieser am Bahnsteig hielt. Jeder, der hinaussehen wollte, würde geblendet werden. Im Warteraum saß Boisseau mit Annette Devaud an einem Tisch. Sie hatte sich in ihren altmodischen Pelzmantel gehüllt. Trotz all der Aufregung um ihre Person blieb sie ruhig und beherrscht. »Stimmt es, daß ich einen ganzen Waggon für mich allein bekomme?« fragte sie. Boisseau versicherte ihr, dies sei der Fall. Er bat sie, eine dunkle Brille aufzusetzen – teils zur Tarnung, teils zum Schutz vor dem grellen Lichtschein. Dann geleitete er sie persönlich auf den Bahnsteig und brachte sie zu ihrem Waggon. Als sie den schmalen Gang zu ihrem Abteil entlangging, rollte der Zug wieder an.

Ganz in der Nähe des Bahnhofs – außer Sichtweite der Beamten, die vor ihren geparkten Streifenwagen patrouillierten – stand ein BMW, dessen Fahrer Ärger mit dem Motor zu haben schien. Der Mann hatte die Motorhaube geöffnet und prüfte die elektrischen Leitungen. Der Expreß hatte sich gerade in Bewegung gesetzt, als der Mann den Fehler gefunden zu haben schien. Er schloß die Motorhaube und setzte sich ans Steuer. Er fuhr sofort los, und nachdem er Saverne hinter sich gelassen hatte, lenkte er den Wagen mit hoher Geschwindigkeit durch die Dunkelheit. Sein Ziel war der Straßburger Flughafen, von dem aus die Fluggesellschaft Air Inter mehrmals täglich Paris anfliegt.

18

In Paris glaubte Marc Grelle herausgefunden zu haben, wie die Liste mit Lasalles drei Zeugen nach Moskau gelangt war. Im Verlauf der jüngsten Ereignisse, als immer mehr Informationen einliefen, daß ein sowjetisches Killerkommando gerade die Leute beseitigte, deren Namen auf Lasalles Liste gestanden hatten, wurde dem Präfekten klar, daß dies kein Zufall sein konnte. In Paris hatte außer ihm noch jemand die Liste gesehen und dann veranlaßt, daß sie nach Moskau übermittelt wurde. Danach war das sowjetische Kommando in den Westen geschickt worden. Grelle begann mit seinen diskreten Nachforschungen im Innenministerium; er verfolgte den Weg, den seine Notiz mit der beigefügten Liste zurückgelegt hatte. Am Dienstagmorgen, dem 14. Dezember, hatte Grelle die Notiz Roger Danchin durch Boten zustellen lassen. François Merlin, der Referent des Ministers, zeigte sich hilfsbereit. Er mochte den Präfekten. »Wir haben lange nichts mehr von Hugon gehört, unserem Mann bei Oberst Lasalle«, erklärte Grelle. »Ich bin jetzt dabei, die Zuverlässigkeit unserer Sicherheitsvorkehrungen zu prüfen . . .« Es überraschte Merlin nicht, daß der Präfekt sich dieser Aufgabe persönlich annahm: Ganz Paris wußte von seiner wunderlichen Angewohnheit, sich persönlich um kleinste Details zu kümmern.

Kopien von Hugons Meldungen waren nur einem sehr kleinen Personenkreis zugänglich: Grelle selbst, Boisseau, dem Innenminister und dessen Referenten, Merlin. Auf Grelles Drängen, er möge sich noch einmal die Akten ansehen, erzählte Merlin Grelle, daß die vertrauliche Aktennotiz mit den Namen und Anschriften der drei Zeugen kurz vor zwölf Uhr mittags im Place Beauvau eingetroffen sei. »Ich war im Büro, als er sie las«, bemerkte Merlin. »Wenige Minuten später erschien Botschafter Vorin zu einem kurzen Privatgespräch mit dem Minister; Vorin wollte anschließend in den Elysee-Palast. Zu der Zeit hatte mein Chef die Notiz schon erledigt . . .«

»Erledigt?«

»Er ließ eine Kopie der Notiz sofort dem Präsidialbüro zuleiten. Ich habe sie selbst sofort nach unten gebracht und einem Boten übergeben, der gerade zum Elysee hinüber wollte. Auf dem Weg nach unten begegnete ich Botschafter Vorin, der gerade angekommen war und darauf wartete, bei Danchin vorgelassen zu werden. Der Elysee-Palast bekommt natürlich alles zu sehen, was Oberst Lasalle betrifft«, erklärte Merlin.

Der Präfekt grunzte und trank den Rest seines Kaffees, den Merlin ihm hatte bringen lassen. »Glauben Sie, ich könnte mich mal mit jemandem aus der Abhörabteilung unterhalten?« fragte er.

In dem Gewirr von Rundfunkmasten, die sich über dem Dach des Innenministeriums am Place Beauvau erheben, befindet sich auch die Antenne, mit der Funksprüche ausländischer Botschaften aufgefangen werden. Am 14. Dezember um 16 Uhr hatte der diensttuende Techniker im Abhörraum einen langen Funkspruch aus der sowjetischen Botschaft in der Rue de Grenelle 79 registriert. Die Bandaufzeichnung des Funkspruchs wurde der russischen Dechiffrierabteilung zugeleitet, die den Spruch routinemäßig zu knacken versuchte – routinemäßig, denn niemand erwartete ernsthaft, daß es gelingen würde, den Spruch zu dechiffrieren.

Die Sowjets benutzten immer einen Einmal-Code, der nicht zu knacken ist. Man kann einen Code knacken, wenn man ein bestimmtes Schema erkennt; besitzt man einmal ein kleines Bruchstück, kann man den Schlüssel zum Ganzen finden. Wenn aber jeder Bestandteil eines Codes an ein bestimmtes Buch gekoppelt ist – oft an einen Roman (in der Vergangenheit haben die Sowjets Charles Dickens' Romane bevorzugt) –, besteht nicht die geringste Aussicht, den Code zu knacken, es sei denn, man weiß, welches der Zehntausende von Büchern, die in den letzten hundert Jahren veröffentlicht worden sind, benutzt worden ist. Und da ein bestimmtes Buch nie zweimal benutzt wird, hat man es mit einem Einmal-Code zu tun.

Der Kryptograph Pierre Jadot hatte sich des Funkspruchs angenommen. Er erinnerte sich sofort, als Grelle ihn nach Funksprüchen der sowjetischen Botschaft am 14. Dezember fragte. »Ich schrieb wie üblich eine Routinemeldung an den Minister«, sagte er, »und ich weiß noch, daß ich bemerkte, ein Teil des Funkspruchs könne eine Liste mit Namen und Adressen gewesen sein . . .«

»Sind Sie da sicher?« fragte Grelle beiläufig.

»Keineswegs – das war nur eine vorsichtige Vermutung. Es gibt keine Möglichkeit, die sowjetischen Codes zu knacken.«

»Können Sie mir in etwa sagen, wie lange der sowjetische Kryptograph brauchen würde, um diesen Funkspruch sendefertig zu machen? Selbst eine Schätzung würde mir weiterhelfen.«

Jadot nahm eine Akte aus dem Regal, entnahm ihr seine Kopie des Funkspruchs und vertiefte sich einige Minuten darin. »Ich würde schätzen – aber mehr als eine Schätzung ist das nicht –, daß er zwischen einer und zwei Stunden brauchen würde. Wahrscheinlich eher zwei Stunden . . .«

Der Präfekt bedankte sich bei Jadot, verließ das Ministerium und ging kurz in den Elysee-Palast, bevor er zur Präfektur zurückfuhr. Er bat um Einsicht in die Besucherliste, und wie beim letztenmal verbarg er auch diesmal seine Absichten, indem er sich mehrere Seiten ansah. Danach fuhr er sofort in sein Büro zurück und rief Boisseau herein. Er brauchte nur wenige Minuten, um seinem Stellvertreter die Zusammenhänge zu erklären.

»Worauf es ankommt, ist folgendes: Leonid Vorin, der sowjetische Botschafter, kehrte um dreizehn Uhr fünfundvierzig aus dem Elysee in seine Botschaft zurück. Wenn wir den Verkehr berücksichtigen, muß er etwa eine halbe Stunde später in der Rue de Grenelle gewesen sein – um vierzehn Uhr fünfzehn. Damit hatte der sowjetische Kryptograph knapp zwei Stunden Zeit, den Spruch zu chiffrieren. Um sechzehn Uhr begann der Funkspruch – das entspricht der Zeit, die Jadot genannt hat. Dieser Funkspruch kann durchaus die Namen und Adressen auf der Liste Oberst Lasalles enthalten haben . . .«

»Was uns wieder auf die Männer bringt, die von der Liste wußten und die Botschafter Vorin getroffen haben«, erwiderte Boisseau ernst. »Auf Danchin und . . .«

»Den Präsidenten«, fügte Grelle hinzu. »Ich habe das Gefühl, daß jetzt allmählich Licht in diese Angelegenheit kommt.«

»Oder schwärzeste Nacht«, bemerkte Boisseau düster.

Es war sechs Uhr abends, als Alain Blanc grimmig und mutlos zugleich zu Marc Grelle in dessen Büro in der Präfektur kam. Der TEE *Stanislas* mit Annette Devaud in einem Abteil des Sonderwagens raste jetzt durch die Nacht nach Paris. Am Flughafen Charles de Gaulle waren Mechaniker mit der Wartung der Concorde beschäftigt, die Präsident Florian in wenigen Stunden nach Moskau fliegen sollte. Als Blanc Grelles Büro betrat und die Tür schloß, schien er äußerst erregt zu sein. Er ließ sich auf einen Stuhl fallen.

»Von dem sowjetischen Konvoi im Mittelmeer haben Sie natürlich gehört?« fragte der Verteidigungsminister. »Er befindet sich jetzt in der Straße von Messina. Bestimmungshafen kann sowohl Barcelona wie auch Lissabon sein.«

»Was bedrückt Sie, Herr Minister?« fragte Grelle leise.

»Alles!« Blanc riß die Arme hoch. »Der sowjetische Konvoi. Die anhaltenden Gerüchte über einen bevorstehenden Staatsstreich in Paris. Wer um Himmels willen soll denn dahinterstehen? Und vor einer halben Stunde höre ich zum erstenmal davon, daß der Präsident am Montag insgeheim nach Deutschland geflogen ist – zum französischen Armeehauptquartier in Baden-Baden!«

Grelle starrte den Minister erstaunt an. »Sie haben nicht gewußt, daß er nach Baden-Baden geflogen ist? Er hat Sie nicht informiert? Den Verteidigungsminister? Ich dachte, Sie wüßten Bescheid – ich habe den Flug selbst mit der GLAM organisiert . . .« Die GLAM – Groupe Liaison Aérien Ministériel – ist der Name der kleinen Luftflotte, deren Maschinen für den Dienstgebrauch der Minister und des Staatspräsidenten reserviert sind. »Was geht eigentlich vor?« fragte der Präfekt.

»Das würde ich auch gern wissen«, sagte Blanc grimmig. »Ich habe soeben übrigens auch erfahren, daß unsere beiden Panzerdivisionen in Deutschland, die zweite und die fünfte, gegenwärtig durch die Ardennen nach Frankreich zurückrollen. Das bedeutet, daß morgen keine französischen Truppen mehr auf deutschem Boden stehen werden. Als ich im Elysee anrief und um ein dringendes Gespräch mit dem Präsidenten bat, wurde mir mitgeteilt, er spreche gerade mit dem sowjetischen Botschafter und könne mich nicht empfangen . . .«

»Und morgen fliegt er nach Moskau.«

»Genau«, explodierte Blanc. »In den letzten Tagen hat er sich verhalten, als gäbe es mich nicht mehr – ein totaler Umschwung im Verhalten, auf den ich mir keinen Vers machen kann. Ich habe fast das Gefühl, daß er mich zum Rücktritt provozieren will. Er könnte damit Erfolg haben – vielleicht werde ich mich zum Rücktritt gezwungen sehen . . .«

»Tun Sie das bitte nicht«, sagte Grelle rasch. »Es kann sein,

daß wir Sie noch brauchen werden. Sie haben diese Angelegenheit mit anderen Ministern besprochen?«

»Die können sich doch zu nichts aufraffen!« erwiderte Blanc
zornig. »Sie glauben, er sei Gott, und sie seien seine Apostel! Ich
bin der einzige, der angefangen hat, Fragen zu stellen, der wissen will, was zum Teufel eigentlich gespielt wird. Ich sage Ihnen,
ich werde zurücktreten müssen, wenn das so weitergeht . . .«

»Tun Sie das nicht. Es kann sein, daß wir Sie noch mehr als
dringend brauchen werden«, wiederholte Grelle.

Wenige Minuten, nachdem Blanc ihn verlassen hatte, wurde
Grelle ein weiterer Besucher gemeldet. Er bat seine Sekretärin,
den Namen zu wiederholen. Er glaubte, sich verhört zu haben.
Aber nein, es war Kommissar Suchet, sein alter Intimfeind von
der Gegenspionage. Suchet entschuldigte sich für sein unange-
meldetes Kommen, quetschte seine Leibesfülle auf einen Stuhl
und kam sofort zur Sache. »Diese Gerüchte über einen bevorstehenden Staatsstreich kommen aus den Vororten des ›Roten
Gürtels‹ – vor allem aus Billancourt. Dort sind bestimmte Agita-
toren heute sehr beschäftigt gewesen. Sie sagen, bald könne das
Volk gezwungen sein, die Republik zu verteidigen. Wenn diese
Typen so etwas behaupten, ist das natürlich ein großer Witz,
aber ich kann nicht darüber lachen – ich mache mir größte Sorgen. Vor einer Stunde haben einige meiner Leute bei Renault ein
Waffenlager entdeckt. Ich dachte, Sie sollten das wissen. Irgend
jemand muß jetzt handeln . . .«

Grelle handelte sofort. Zuerst rief er Roger Danchin an, um
dessen Zustimmung einzuholen, dann erließ er eine Flut von
Anweisungen. Vor allen öffentlichen Gebäuden wurden die
Wachen verdreifacht. Zu besonders wichtigen Punkten wie etwa
den Fernmeldezentralen und den Fernsehsendern wurden Spe-
zialeinheiten entstandt. Die Eliteeinheiten der CRS wurden aus
den vor Paris liegenden Kasernen in die Stadt beordert, um die
Seine-Brücken zu bewachen. Fast lautlos wurde Paris in den
Ausnahmezustand versetzt. Dann, um 19.30 Uhr, ging Grelle zu
einem, wie es schien, Routinebesuch in den Elysee-Palast, um
die Sicherheitsvorkehrungen für die für den folgenden Tag an-
gesetzte Fahrt zum Flughafen nochmals zu prüfen.

Bei der Ankunft im Palast überraschte es Grelle nicht, daß der
sowjetische Botschafter nicht nur nicht anwesend war, sondern
daß er sich den ganzen Tag nicht in der Nähe des Palasts hatte

blicken lassen. Irgend jemand war angewiesen worden, den Verteidigungsminister und ehemaligen Fallschirmspringer Blanc auf keinen Fall vor dem Abflug des Präsidenten am folgenden Tag vorzulassen. Ein uniformierter Palastdiener öffnete Grelle die hohe Glastür und ließ ihn ein. Grelle ging zur Rückseite des Gebäudes und öffnete und schloß Türen, als suchte er etwas. Er hielt nach Kassim Ausschau, Florians Hund.

Er fand ihn draußen in dem ummauerten Garten, in dem das Tier soviel Zeit zubrachte – und in dem der Präsident mit Leonid Vorin spazierenging, wenn der Sowjetrusse den Elysee-Palast besuchte. Als Grelle auftauchte, bellte der Schäferhund und stellte sich auf die Hinterbeine. Er legte die Vorderpfoten auf die Schultern des Präfekten und hechelte ihn freudig an. Grelle langte nach oben und kraulte das Tier eine Weile neben dem Würgehalsband, das den mächtigen Hals des Tiers umgab. Dann versetzte Grelle dem Hund einen kräftigen Klaps, um ihn loszuwerden, und ging wieder in den Palast.

Von dort ging er rasch zu der nahegelegenen Rue des Saussaies hinüber und in den vierten Stock des Sûreté-Hauptquartiers hinauf. Der Elektronik-Experte, den er vorhin von der Präfektur hinübergeschickt hatte, wartete bereits auf ihn. Grelle gab ihm bestimmte Anweisungen, bevor er zum Elysee-Palast zurückkehrte, seinen Wagen abholte und zu seinem Büro zurückfuhr. Es war leichter gegangen, als er erwartet hatte. Dies war eine Entscheidung, über die er Boisseau nicht informiert hatte. Eine aufs Spiel gesetzte Karriere reichte vollauf.

Der Präfekt hatte auf der Innenseite von Kassims Würgehalsband soeben einen Minisender angebracht. Jedes Wort, das in der Nähe des Hundes gesprochen werden würde, würde von einem Empfänger in dem verschlossenen Raum in der Rue des Saussaies aufgenommen und auf Band aufgezeichnet werden. Der Abhörraum war nur wenige Dutzend Meter vom Elysee-Palast entfernt.

19

Bislang hatte Vanek es vermieden, zu fliegen. Auf Flughäfen ist es leicht, Einzelreisende unter die Lupe zu nehmen, sie zu durchsuchen, aber da er Paris unbedingt vor Annette Devaud erreichen mußte, blieb ihm keine Wahl. Als er sich bei der Air Inter sein Ticket kaufte und anschließend zur Abflughalle ging, hatte der Tscheche nichts bei sich, was Verdacht hätte erregen können. Die Luger hatte er auf der Fahrt zum Flughafen in einen Kanal geworfen. Der BMW stand auf dem Flughafenparkplatz. Die Schirmmütze des Binnenschiffers hatte er ebenso in den Kanal geworfen wie die Luger.

Am Schalter hatte er gleich ein Rückflugticket gekauft: Er hatte nicht die Absicht, nach Straßburg zurückzufliegen, aber für das Flughafenpersonal hat ein Rückflugticket etwas Normales und Beruhigendes. Die Sicherheitskontrollen passierte Vanek ohne Zwischenfall, was zum Teil darauf zurückzuführen war, daß er jetzt nicht mehr allein war. In der Flughafenhalle, während er auf das Aufrufen des Air-Inter-Flugs wartete, hatte er ein attraktives Mädchen von etwa zweiundzwanzig Jahren bemerkt, das offensichtlich allein reiste; als sie sich die Handschuhe ausgezogen hatte, um sich eine Zigarette anzuzünden, war ihm auch aufgefallen, daß sie weder einen Ehe- noch einen Verlobungsring trug.

Er gab ihr Feuer und setzte sich mit einem besorgten Gesichtsausdruck neben sie. »Ich hoffe, daß die Maschine nicht zu spät startet. Meine Schwester hat heute Geburtstag, und sie erwartet, daß ich mit einem Geschenk ankomme . . .« Er plauderte weiter. Er hatte sich instinktiv für die richtige Masche entschieden. Die meisten Frauen ließen sich von Vanek gern in ein Gespräch verwickeln, wenn er sich nicht zu auffällig an sie heranmachte; die Erwähnung einer Schwester wirkte beruhigend und ließ deutlich erkennen, daß er ein Mann war, der Frauen mit Achtung behandelte. Sie passierten die Sicherheitskontrolle gemeinsam. Vanek hielt ihren kleinen Handkoffer und scherzte mit ihr. Jedermann glaubte, sie seien ein Paar.

In der Maschine saß er neben ihr. Er fand heraus, daß sie Michelle 'Robert hieß und Assistentin des Direktors einer Reifen-firma mit Hauptsitz in La Défense war. Schon bevor sie die Hälfte des Fluges nach Paris zurückgelegt hatten, hatte er ihre Telefonnummer. Und irgendwo über der Champagne überholte ihre Fokker 27 den TEE *Stanislas*, der Madame Devaud in die Hauptstadt brachte.

Der Trans-Europ-Express sollte um 21 Uhr am Gare de l'Est ankommen. Vanek, der den Bahnhof vom Straßburger Flugha-fen aus angerufen hatte, um die Ankunftszeit des Zuges zu er-fragen, erwischte den Air-Inter-Flug um 18.30 Uhr. Um 19.30 Uhr landete die Maschine in Orly. Michelle Robert wurde glück-licherweise von einem Freund abgeholt, so daß er sie ohne jede Mühe loswurde. Vanek mißtraute dem Pariser Straßenverkehr und nahm die Schnellbahn von Orly in die Stadt; danach stieg er in die Metro um. Er rechnete sich aus, daß er mit ein wenig Glück den Gare de l'Est vor dem Einlaufen des Zuges erreichen würde.

Der Expreß aus Straßburg lief um 21.06 Uhr im Gare de l'Est ein. Normalerweise sind die Bahnsteigsperren nicht besetzt – die Fahrkarten werden in den Zügen kontrolliert –, und die Reisen-den steigen einfach aus und gehen in die Halle, aber am Abend des 22. Dezember waren die Bahnsteigsperren geschlossen. Niemand durfte den Bahnsteig betreten.

»Das ist unerhört«, tobte ein Reisender im TEE. »Meine Frau erwartet mich . . .«

»Es hat Terroristenalarm gegeben. Sie müssen leider warten«, beschied ihn der Inspektor. Und wenn du es so eilig hast, fügte er in Gedanken zynisch hinzu, ist es nicht deine Frau, sondern deine Freundin, die auf dich wartet.

Der Polizeidirektor, den Grelle persönlich zum Bahnhof beor-dert hatte, hatte zahlreichen bewaffneten Beamten in Zivil den Befehl gegeben, sich unter die Menge auf der anderen Seite der Sperre zu mischen. Ein Mann, der mit Gewehr und Zielfernrohr ausgerüstet war, hielt sich an einem Fenster bereit, von dem aus man den Bahnsteig übersehen konnte. Und einige der Kriminal-beamten, die in der Bahnhofshalle herumgingen, hatten sogar Koffer bei sich, die sie mit Akten aus den Büros beschwert hat-ten, um wie echte Reisende zu wirken. Die Tür des plombierten Waggons wurde geöffnet, und eine Reihe von Beamten in Zivil bildeten einen Halbkreis auf dem Bahnsteig. Gendarmen in Uniform waren nicht zu sehen. »Nicht zu auffällig«, hatte Grelle gewarnt. »Es sollte möglichst normal aussehen.«

Boisseau stand auf dem Bahnsteig. Madame Devaud stieg aus, und die Beamten in Zivil nahmen sie in die Mitte. Boisseau verließ die Gruppe und ging in die Bahnhofshalle. Dort stellte er sich scheinbar lässig hin, zündete sich eine Zigarette an und öffnete den Mantel, um notfalls in Sekundenschnelle an seinen Revolver heranzukommen. Dies war der Augenblick, den er am meisten fürchtete – sie vom Zug zum draußen wartenden Wagen zu bringen. Die Gruppe bewegte sich durch die Bahnhofshalle.

Die Männer paßten sich Madame Devauds Tempo an. Die Prozession strebte dem Ausgang zu; dann nahm die Gruppe Kurs auf den Vorplatz, wo bereits ein Wagen mit geöffnetem Schlag wartete. Jetzt blieben schon verschiedene Reisende stehen. Sie hatten etwas gemerkt. Es war unmöglich, ein derartiges Unternehmen völlig unbemerkt ablaufen zu lassen.

Boisseau hörte, wie eine Autotür zugeschlagen wurde, und seufzte erleichtert auf. Er verließ den Bahnhof rasch und setzte sich in einen anderen Polizeiwagen. Er knallte die Tür zu. »Ich wünsche, daß unterwegs ständig die Sirenen heulen«, sagte er zu dem Mann auf dem Beifahrersitz, der mit den anderen Fahrzeugen über Funk Verbindung hielt. »Wo wir können, fahren wir bei Rot über die Kreuzungen . . .« Der Mann auf dem Vordersitz leitete den Befehl weiter, und die Autokolonne setzte sich in Bewegung. Es waren vier Fahrzeuge. Ein Wagen vornweg, dann der Wagen mit Madame Devaud. Dann ein dritter Wagen – der jedes Fahrzeug rammen sollte, das versuchen würde, den Wagen mit Madame Devaud abzufangen. Der Wagen mit Boisseau am Schluß. Es war 21.09 Uhr.

Vanek rannte die Treppe von der Metro-Station hinauf und in die Halle des Gare de l'Est. Er verlangsamte seine Schritte und ging in ruhigem Tempo weiter, als er hinten am Bahnsteig den *Stanislas*-Expreß sah. Als er näher kam, konnte er gerade noch die letzten Reisenden des Zuges durch die offene Sperre gehen sehen. Es war 21.15 Uhr. Er hatte sich in der Metro ziemlich verspätet, war aber machtlos gewesen. Wäre er ausgestiegen, um ein Taxi zu nehmen, hätte er noch mehr Zeit gebraucht. Er wartete ein paar Minuten an einem Zeitungsstand – in der vagen Hoffnung, sie würden die Devaud erst dann hinausbegleiten, wenn die übrigen Reisenden ausgestiegen wären – und ging dann zur nächsten Telefonzelle, um die Pariser Kontaktnummer anzurufen.

»Hier Saliceti . . «

»Ich habe nichts für Sie . . .«

»Aber ich habe was für Sie«, bellte Vanek, »also bleiben Sie dran. Ihr vorhergehender Befehl kann jetzt nur in Paris ausgeführt werden – ich rufe vom Gare de l'Est aus an. Ich brauche die Adresse der Firma.«

Zum erstenmal seit Beginn dieser Telefonate wirkte die kalte und anonyme Stimme am anderen Ende der Leitung unsicher. Es gab eine kurze Pause. »Es ist besser, wenn Sie alle halbe Stunde anrufen – zehn Uhr, zehn Uhr dreißig, und so weiter«, erwiderte sie dann. »Ich habe im Augenblick keine Informationen . . .«

»Ich brauche weitere Warenproben«, sagte Vanek in hartem Ton.

Die Stimme gewann ihre Sicherheit zurück; auf diesen Fall war ihr Inhaber vorbereitet. Er, Saliceti, müsse zur Bar Lepic am Place Madeleine gehen und dem Inhaber den Namen der Firma, Lobineau, nennen. Der Barbesitzer werde ihm dann den Schlüssel zu einem Gepäckschließfach geben. Die Warenproben befänden sich im Gare du Nord. Zur Sicherheit solle er alle halbe Stunde anrufen. Um zehn, halb elf . . . Vanek knallte den Hörer auf die Gabel. Nicht zu fassen, so ein primitives Arrangement. Als er noch in Paris war, wurden solche Dinge mit mehr Raffinesse gehandhabt. Er nahm ein Taxi zur Bar Lepic, nahm einen Umschlag in Empfang und gab ein Trinkgeld von fünf Franc, um die Übergabe des Umschlags für jeden normal aussehen zu lassen, der zufällig zusah. Anschließend nahm er ein anderes Taxi zum Gare du Nord.

Mit dem numerierten Schlüssel, den er im Umschlag gefunden hatte, öffnete er das Schließfach im Gare du Nord und entnahm ihm eine Reisetasche mit einem Schottenmuster. Auch das war hirnverbrannt: Die Tasche fiel zu sehr auf. Es war eine längliche Tasche von der Art, in der man auch Tennisschläger unterbringen kann. Der Inhalt der Tasche zeigte dann aber doch, daß irgend jemand gründlich nachgedacht hatte: Vanek entdeckte eine französische MAT-Maschinenpistole mit Metallschaft und gesichertem, nach vorn geklapptem Magazin sowie ein Ersatzmagazin; einen 38er Smith & Wesson-Revolver mit genügend Munition sowie ein Messer mit breiter Schneide, das in einer Klappscheide steckte. Vanek durchquerte die leere Halle und ging zu der anderen Wand mit Schließfächern. Er steckte die Tasche in ein leeres Fach, schloß die Tür, steckte eine Münze in den Münzschlitz und drehte den Schlüssel um. Er hatte nicht die Absicht, Waffen bei sich zu tragen, wenn es nicht unbedingt nötig war – vor allem deshalb nicht, weil ihm bei seinen beiden Taxifahrten aufgefallen war, daß ungewöhnlich viele Polizisten auf den Straßen unterwegs waren. Vanek hatte auch Mannschaftswagen mit den harten Burschen der CRS an verschiedenen strategischen Punkten der Stadt entdeckt. Er hatte aber auch notiert, daß die Taxis wie immer durch die Stadt fuhren. Den Pariser Taxifahrern schenkte kein Mensch Beachtung; sie gehören zum Stadtbild wie der Louvre.

Vanek, der seit dem Imbiß im Renault auf der Fahrt von Straßburg nach Saverne nichts mehr gegessen hatte, hätte nur zu gern eine Kleinigkeit gegessen und eine Tasse Kaffe getrunken. Er sah auf seine Armbanduhr und fluchte. Es war fast zehn; Zeit für den nächsten Anruf. Er betrat eine der Telefonzellen im Bahnhof und wählte die Nummer. Er hatte kaum seinen Namen, Salicetti, genannt, als die Stimme am anderen Ende der Leitung so abrupt wie immer einfiel.

»Rue des Saussaies. Jetzt! Sie wissen, welche Adresse ich meine?«

»Ja . . .«

Diesmal unterbrach Vanek als erster die Verbindung. Sie hatten Madame Devaud also ins Hauptquartier der Sûreté Nationale gebracht, in die schwerbewachte Hochburg der kapitalistischen Polizeiorganisation. Vanek holte die Reisetasche mit dem Schottenmuster aus dem Schließfach und betrat die Straße hinter dem Gare du Nord. Den Taxenstand beachtete er nicht. Er wollte sich seinen nächsten Fahrer genau aussuchen. Er suchte einen bestimmten Typus. Das war für den nächsten Schritt seines Unternehmens unerläßlich.

Der Polizeipräfekt von Straßburg, der – anders als der Präfekt von Lyon – Marc Grelle nicht sonderlich zugetan war, machte sich Sorgen wegen der ausgeklügelten Vorsichtsmaßnahmen beim Transport von Madame Devaud nach Paris. Beim Versuch,

Grelle am Telefon einige tiefergehende Details zu entlocken, hatte der Pariser Polizeipräfekt ihn brüsk abfahren lassen.

»Dieses Unternehmen betrifft die Sicherheit des Staatspräsidenten, und ich sehe mich nicht in der Lage, nähere Einzelheiten mitzuteilen . . .« Der Polizeipräfekt von Straßburg – aufgebracht, aber auch darauf bedacht, sich abzusichern – hatte daraufhin im Innenministerium in Paris angerufen, wo er den Referenten des Ministers, François Merlin, an den Apparat bekam.

»Grelle hat am Telefon ziemlich gemauert«, beklagte sich der Straßburger Präfekt. »Ich hatte den Eindruck, daß diese Madame Devaud eine wichtige Zeugin in irgendeinem Fall ist, an dem er gerade arbeitet . . .« Als er weitersprach, überschritt er seine Kompetenzen. »Ich bestehe darauf, daß der Herr Innenminister von dieser Sache in Kenntnis gesetzt wird.«

Der stets tüchtige Merlin diktierte daraufhin sofort eine Aktennotiz, die dem Minister anschließend auf den Schreibtisch gelegt wurde. Dort blieb sie unberührt – und ungelesen – mehr als eine Stunde liegen. Roger Danchin, der soeben eine lange Sitzung hinter sich gebracht hatte, in der die Sicherheitsvorkehrungen für die morgige Fahrt des Präsidenten zum Flughafen erörtert worden waren, kehrte erst um 20.45 Uhr in sein Büro zurück.

»Ein wichtiger Fall, an dem Grelle gerade arbeitet?« wollte er von Merlin wissen, nachdem er die Aktennotiz gelesen hatte. »Devaud ist zwar ein ziemlich gewöhnlicher Familienname, aber es könnte doch sein, daß diese Geschichte etwas mit dem versuchten Attentat zu tun hat. Ich muß dem Präsidenten die Sache vorlegen . . .« Danchin griff zum Telefon, das ihn direkt mit dem Elysee verband.

Um 21.15 Uhr fuhr Botschafter Vorin, der durch einen dringenden Anruf gebeten worden war, vor dem Elysee vor. Seine Ankunft wurde von dem diensttuenden Beamten der Präsidentenwache getreulich in der Besucherliste notiert. Florian hatte schon seinen Mantel angezogen, und gewohnheitsgemäß führte er den sowjetischen Botschafter in den von hohen Mauern umgebenen Garten, in dem sie ungestört sprechen konnten. Der Schäferhund Kassim, der sich wie sein Herrchen auf ein bißchen frische Luft freute, begleitete die beiden Männer und schnupperte in einem Gebüsch herum, während sie sich leise unterhielten. Dieser Besuch Vorins geriet sehr kurz. Er dauerte nur wenige Minuten. Anschließend ließ er sich mit hoher Geschwindigkeit in die sowjetische Botschaft in der Rue de Grenelle zurückfahren.

Die Kommunikation zwischen Botschafter Vorin und Karel
Vanek war so sorgfältig arrangiert worden, daß eine Verbindung
zwischen diesen beiden Männern sich niemals nachweisen lassen würde. Nach der Ankunft in der Botschaft rief Vorin sofort
den stellvertretenden Botschafter zu sich und trug ihm auf, unverzüglich eine Nachricht weiterzugeben. Der Stellvertreter, der
unter normalen Umständen vom nächstliegenden Metro-Bahnhof aus angerufen hätte, ging jetzt sofort in sein Büro zurück,
schloß die Tür hinter sich ab und wählte eine Nummer auf dem
linken Seine-Ufer in der Nähe des Musée de Cluny. »Die Urkunden über das Devaudsche Vermögen befinden sich in der
Rue des Saussaies. Haben Sie verstanden?« Der Mann am anderen Ende der Leitung hatte nur Zeit, die Frage zu bejahen, als die
Verbindung schon unterbrochen wurde.

Die Wohnung in der Nähe des Musée de Cluny wurde von einem Mann bewohnt, der der Polizei noch nie aufgefallen war. Er
besaß dänische Papiere auf den Namen Jørgensen, war aber in
Wahrheit ein Pole namens Jaworski, der nicht einmal wußte, daß
die Anrufe, die ihn in unregelmäßigen Abständen erreichten,
von der sowjetischen Botschaft kamen. Es war 21.50 Uhr, als ihn
der letzte Anruf erreichte. Um 22 Uhr leitete er die Information
weiter, als Vanek ihn erneut vom Gare du Nord aus anrief.

Sie brachten Annette Devaud in ein Zimmer im vierten Stock des
Gebäudes in der Rue des Saussaies, in dem Grelle sie schon erwartete. Er hätte Madame Devaud auch in der Präfektur auf der
Ile de la Cité vernehmen können, aber er hielt es noch immer für
klüger, die Fiktion aufrechtzuerhalten, daß es in dieser Sache
noch um den *Fall Lasalle* gehe. Offiziell war die Sûreté federführend. Um Danchin nicht unnötig aufzuregen, hatte Grelle um
zwanzig Uhr sogar dessen Referenten Merlin angerufen, um
diesem mitzuteilen, daß eine Zeugin aus dem Elsaß nach Paris
unterwegs sei, die er in der Rue des Saussaies vernehmen werde. Merlin hatte diesen Anruf dem Minister gegenüber erwähnt,
bevor dieser mit dem Elysee telefonierte. Als Grelle endlich mit
dem einzig überlebenden Zeugen aus der Résistancezeit des
Leoparden, den er hatte greifen können, sprechen konnte, re

dete er einige Minuten auf Madame Devaud ein, um sie zu beruhigen. Dann erklärte er ihr, warum sie nach Paris gebracht worden war.

»Und Sie glauben wirklich, den Leoparden nach all diesen Jahren identifizieren zu können?« fragte er sanft.

»Wenn er – wie Sie sagen – noch am Leben ist: ja! Ich habe vor dreißig Jahren mein Augenlicht verloren und es erst wiederbekommen, als dieser Doktor es mir mit seiner wunderbaren Operation wiedergab. Was habe ich in all diesen Jahren wohl gesehen, als die Welt für mich nur aus Lauten und Gerüchen bestand? Was meinen Sie? Ich sah jeden Menschen vor mir, der mir je begegnet ist. Und, wie ich Ihnen schon gesagt habe, habe ich in dieser Zeit den Leoparden gesundgepflegt.« Ihre Stimme wurde kaum hörbar. »Und später zeigte sich, daß er für den Tod meiner einzigen Tochter verantwortlich war, für Lucies Tod . . .«

Wie Grelle vorausgesehen hatte, war ihm schrecklich unwohl zumute. Obwohl Madame Devaud nichts davon ahnte – und Boisseau hatte bei seinem Anruf aus Saverne ausdrücklich auf diesen Umstand aufmerksam gemacht –, so ließ sich doch nicht wegleugnen, daß der Präfekt der Mann war, der sich gezwungen gesehen hatte, Lucie Devaud zu erschießen. »Es ist schon viele Jahre her«, erinnerte er Madame Devaud, »seit Sie den Leoparden zum letztenmal gesehen haben. Selbst wenn er noch am Leben sein sollte, könnte er sich so verändert haben, daß kein Mensch ihn wiedererkennt . . .«

»Der Leopard nicht.« Ihr charaktervolles Kinn reckte sich in die Höhe. »Er hatte einen guten Knochenbau – wie ich. Knochen verändern sich nicht. Und Knochen kann man nicht verstekken . . .«

Grelle war so fest entschlossen, die alte Dame zu testen, daß er eine nur selten angewandte Identifizierungsmethode gewählt hatte. Er hatte nicht vergessen, daß Boisseau am Telefon erwähnt hatte, sie sei Amateurmalerin, und die ›Identikit‹-Ausrüstung in sein Büro bringen lassen. Er erklärte ihr, wie das System funktioniere, fragte sie, ob sie etwas zu trinken wünsche. Sie bat um einen Cognac. Das amüsierte ihn so, daß er sich auch einen einschenkte. Bei den ersten Handgriffen mit dem Identikit half er ihr, dann ließ er sie allein weitermachen. Das neue Spiel machte ihr offensichtlich Spaß.

Sie fing mit den Umrissen des Kopfes an und baute dann nach und nach das Gesicht eines Mannes auf. Erst kam das Haarstück. Grelle öffnete einige Kartons mit gedruckten Haarteilen und half ihr, mehrere auszusuchen. Schon bald kam es zu Meinungsverschiedenheiten. »Das haben Sie falsch gemacht«, sagte sie ärgerlich. »Ich habe Ihnen doch gesagt, daß er sein Haar über der Stirn hochgebürstet trug . . .« Das Gesicht nahm allmählich Gestalt an.

Die Augenbrauen fand sie schnell, aber die Augen machten ihr Mühe. »Die Augen waren ungewöhnlich – sie schlugen einen in ihren Bann«, erklärte sie. Sie fand die Augen am hinteren Ende des Stapels und machte sich dann an die Arbeit mit der Nase. »Nasen sind schwierig . . .« Sie wählte eine Nase aus und fügte sie dem Porträt hinzu. »Das ist die Nase. Ich glaube, sie ist das auffallendste Merkmal seines Gesichts.« Den Mund an die richtige Stelle zu setzen, kostete sie fünf Minuten. Sie wühlte in einem Stapel von Mündern, versuchte einen nach dem anderen, bis sie endlich zufrieden war. Sie schürzte die Lippen und kniff die Augen zusammen, als sie letzte Hand anlegte. Grelle sah mit ausdruckslosem Gesicht zu. »Das ist der Leopard«, sagte sie wenige Minuten später. »So sah er damals aus.«

Der Präfekt stand auf. Er zeigte keine Reaktion. »Madame Devaud, ich weiß, daß Sie das Fernsehen nicht mögen, aber ich möchte Sie trotzdem bitten, sich ein paar Ausschnitte anzusehen, die ich vorhin habe machen lassen. Sie sind auf etwas aufgezeichnet, was wir Kassetten nennen. Sie werden ganz kurz drei Männer sehen – alle älter als der Mann, dessen Gesicht Sie mit dem Identikit zusammengestellt haben. Ich möchte Sie bitten, mir zu sagen, welcher der drei Männer – falls es überhaupt einer von ihnen ist – der Leopard ist.«

»Dann hat er sich also sehr verändert?«

Grelle antwortete nicht, sondern ging zum Fernsehgerät und schaltete es ein. Der erste Ausschnitt zeigte Roger Danchin bei der Fernsehansprache vor einem Jahr zur Zeit der schweren Unruhen. Er appellierte an die Bürger, Ruhe und Besonnenheit zu wahren; bei weiteren Demonstrationen werde es Massenverhaftungen geben. Es folgte ein Schnitt, und dann erschien Alain Blanc, selbstbewußt und emphatisch; er erklärte der Nation, weshalb der Verteidigungshaushalt aufgestockt werden müsse. Madame Devaud sagte nichts und griff nach ihrem Cognacglas, als Blanc ausgeblendet wurde und Guy Florian erschien. Er hielt eine seiner antiamerikanischen Reden. Er sprach wie immer großspurig und mit sardonischem Witz, gestikulierte mitunter heftig; sein Gesichtsausdruck war ernst. Erst zum Schluß erschien sein berühmtes Lächeln. Der Bildschirm wurde leer. Grelle stand auf und schaltete das Gerät aus.

»Der letzte Mann«, sagte Annette Devaud, »der die Amerikaner angriff. Er hat sich doch kaum verändert, nicht wahr?«

Karel Vanek suchte sich sein Taxi mit großer Sorgfalt aus. Er stand auf dem Bürgersteig. Die Tasche lag zu seinen Füßen. Taxis mit einem jungen Mann am Steuer ließ er vorbeifahren; einen älteren Fahrer wollte er aber auch nicht. Ältere Menschen geraten leicht in Panik und handeln impulsiv. Er hielt nach einem Taxifahrer mittleren Alters Ausschau, nach einem Mann, der eine Familie zu versorgen hatte und genügend Erfahrung besaß, um vorsichtig zu sein. Er rief einem näherkommenden Taxifahrer etwas zu und winkte den Wagen heran.

»Es ist ein Haus in der Nähe des Boulevard des Capucines«, sagte er dem Fahrer. »Ich weiß die Adresse nicht mehr, aber ich werde die Straße wiedererkennen, wenn ich sie sehe. Es ist eine Seitenstraße auf der linken Seite . . .«

Vanek lehnte sich auf dem Rücksitz zurück. Die Tasche hielt er auf dem Schoß. Es stimmte, was er dem Fahrer gesagt hatte: Er erinnerte sich zwar nicht mehr an den Namen der Straße, er war aber vor drei Jahren mehrmals in ihr auf und ab spaziert; es war eine enge und dunkle Straße, in der kaum Straßenlaternen brannten. Um diese Zeit gab es kaum noch Verkehr, und der Boulevard des Capucines, eine Straße mit teuren Geschäften, war an diesem kühlen Dezemberabend wie leergefegt, obwohl Weihnachten vor der Tür stand. Der Taxifahrer fuhr langsamer, um seinem Fahrgast Gelegenheit zu geben, die Straße zu finden.

»Hier müssen Sie einbiegen!«

Vanek hatte die Trennscheibe zum Fahrer geöffnet, um ihm Anweisungen zu geben. Als der Wagen in eine enge, kurvenreiche Straße einbog, blieb Vanek vornübergebeugt sitzen. Links und rechts ragten hohe Häuser auf; die Straße war so leer, wie Vanek sie in Erinnerung hatte. An den Boulevard des Capucines erinnerte in dieser tiefen Straßenschlucht nichts mehr. Der Fahrer fuhr weiter und wartete auf neue Anweisungen. Vanek sah angestrengt durch die Windschutzscheibe; eine Hand steckte in der Reisetasche. Bald würden sie am anderen Ende der Straße sein und in eine belebtere Gegend kommen.

»Wir sind da. Halten Sie!«

Der Fahrer hielt, zog die Handbremse an und ließ den Motor laufen. Vanek preßte ihm die Mündung der Smith & Wesson in den Nacken. »Keine Bewegung. Das ist eine Pistole.« Der Fahrer erstarrte und saß sehr still. Vanek schoß einmal.

Um 22.45 Uhr fuhr ein Streifenwagen vor dem Eingang des Sûreté-Hauptquartiers in der Rue des Saussaies vor. Als erster trat Boisseau auf die Straße und blickte nach links und nach rechts. Die Straße war leer. Außer einem einsamen Taxi, das aus der Richtung des Place Beauvau kam, war nichts zu sehen. Boisseau hob die Hand, um anzudeuten, daß man Madame Devaud noch nicht auf die Straße bringen solle. Er wartete. Neben ihm auf dem Bürgersteig standen zwei Gendarmen. Im Streifenwagen saß ein Beamter am Steuer und ließ den Motor laufen. Grelle hatte sich im letzten Moment entschlossen, Madame Devaud nur mit einem Wagen in ein Hotel bringen zu lassen, in dem die Sûreté öfter wichtige Zeugen einquartierte; ein einzelner Wagen fällt weniger auf als eine Autokolonne. Außerdem würde er zu dieser späten Stunde, wenn die Pariser Straßen leer waren, sehr schnell fahren können. Grelle stand mit Madame Devaud und drei Beamten im Hauseingang, um die alte Dame persönlich zu verabschieden. Das Taxi fuhr jetzt langsam auf den Eingang zu. Boisseau bemerkte, daß das ›Frei‹-Schild zurückgeklappt war. Soweit er sehen konnte, saß niemand im Fond; der Fahrer hatte wahrscheinlich seine Schicht beendet und fuhr nach Hause. Das Taxi fuhr vorüber, und der Fahrer nahm eine Hand vom Lenkrad, um ein Gähnen zu unterdrücken.

Boisseau sah die Rücklichter des Taxis verschwinden und machte eine auffordernde Handbewegung. Die kleine Prozession trat aus dem Hauseingang heraus. Die drei Beamten hatten Madame Devaud in die Mitte genommen und paßten sich ihren Schritten an. Sie erreichten den Bürgersteig. Im Hauseingang stand Grelle und zündete sich eine Zigarette an; er hatte sich ein Walkie-talkie unter den Arm geklemmt. Er würde mit dem mit Funk ausgerüsteten Streifenwagen in Verbindung bleiben, bis er seinen Bestimmungsort im VII. Arrondissement erreicht hatte.

Madame Devaud hatte den Bürgersteig überquert und war jetzt im Begriff einzusteigen.

»Keine Sorge – wir haben nur wenige Minuten zu fahren«, versicherte ihr Boisseau.

»Sagen Sie ihm, er soll nicht zu schnell fahren. Die Fahrt vom Gare de l'Est hierher hat mir gar nicht gefallen.«

»Ich werd's ihm sagen. Es sind wirklich nur ein paar Minuten«, wiederholte Boisseau.

Vanek, der sich die Mütze des Taxifahrers aufgesetzt hatte – er hielt sehr viel davon, sein Aussehen durch Kopfbedeckungen zu verändern –, erreichte den Place des Saussaies. Der Platz ist nur einen Steinwurf vom Eingang zur Sûreté entfernt und beginnt an der nächsten Straßenecke. Er war in unregelmäßigen Abständen am Eingang vorbeigefahren – diese Abkürzung wird nachts von vielen Taxifahrern benutzt – und hatte das Gebäude mehrmals umrundet. Jetzt wendete er rasch und fuhr die Einbahnstraße in der verkehrten Richtung hinunter. Boisseau half Madame Devaud gerade in den Wagen, als er das Taxi mit hoher Geschwindigkeit heranbrausen sah. Er rief eine Warnung, aber das Taxi kam im denkbar unglücklichsten Moment an – die Gruppe, die eng zusammenstand, bot eine hervorragende Zielscheibe.

Vanek hielt das Lenkrad mit einer Hand, während er die Maschinenpistole fest unter den rechten Arm klemmte. Sein Zeigefinger lag am Abzug. Er hatte die Waffe auf automatisches Feuern eingestellt und jagte jetzt eine Salve los. Den Lauf hielt er starr, so daß die Bewegung des Taxis den Feuerstoß verteilte. Als Vanek vorbeifuhr, hatte er das gesamte Magazin geleert. Er fuhr noch immer in die verkehrte Richtung und verschwand in Richtung Place Beauvau.

Grelle, der im Hauseingang gestanden hatte, war der einzige, der überhaupt zurückgeschossen hatte; ein Revolverschuß zertrümmerte die Heckscheibe des Taxis. Dann schaltete er sein Walkie-talkie ein, das ihn sofort mit der Funkleitstelle verband. Dort war bereits alles für die Autokolonne des Präsidenten am folgenden Tag vorbereitet. Die Beschreibung des Taxis, die Grelle durchgab, einschließlich der zertrümmerten Heckscheibe, wurde innerhalb einer Minute an sämtliche Streifenwagen im Umkreis von acht Kilometern weitergegeben. Grelle hatte auch die Richtung genannt, in die das Taxi verschwunden war.

Erst danach wandte er sich der tragischen Szene auf dem Bürgersteig zu.

Die beiden Gendarmen waren ein Stück hinter dem Taxi hergerannt. Boisseau, der durch die offene Wagentür geschützt worden war, war unverletzt davongekommen, aber die drei Beamten lagen reglos auf dem Pflaster. Zwei von ihnen stöhnten und keuchten, der dritte gab keinen Laut von sich. Sie mußten die beiden Männer vorsichtig hochheben, um an Madame Devaud heranzukommen, die mit dem Gesicht nach unten lag. Als sie sie umdrehten, sahen sie, wo die Kugeln des Mörders getroffen hatten: Die Einschüsse liefen quer über die Brust, wie von einer groben Nähnadel gezogen.

»Der Mann ist bewaffnet und gefährlich . . .«

In der gesamten Innenstadt von Paris jagten Streifenwagen los, die von dem diensthabenden Kommissar in der Funkleitstelle dirigiert wurden. Sie bildeten ein Netz, das sich allmählich zusammenzog. Dieser Alarm war dem Kommissar in gewisser Weise sogar willkommen: Er gab ihm die Chance, das Sicherheitssystem zu testen, bevor es am folgenden Tag ernst wurde. Der Kordon wurde immer enger und näherte sich dem vermutlichen Mittelpunkt Place Beauvau. Mit heulenden Sirenen rasten die Streifenwagen über die großen Boulevards. Der Kommissar in der Funkleitstelle hatte sämtliche zur Verfügung stehenden Kräfte eingesetzt und gab immer wieder seine Warnung durch. »Der Mann ist bewaffnet und äußerst gefährlich . . .«

Sie entdeckten Vanek nicht weit vom Gebäude der Sûreté. Sie sahen sein Taxi, das auf der Seite der Tuilerien gerade die Place de la Concorde überquerte. Immer mehr Streifenwagen fuhren jetzt von allen Seiten auf den riesigen Platz sie kamen von der Seine-Brücke, von den Champs-Elysées, von der Rue de Rivoli und der Avenue Gabriel. Der vor wenigen Sekunden noch völlig leere Platz war jetzt in gleißendes Scheinwerferlicht getaucht. Motorenlärm, heulende Sirenen und kreischende Reifen durchbrachen jetzt die Stille. Vanek trat auf die Bremse und hielt an der Bordsteinkante. Mit der Maschinenpistole im Arm rannte er auf den einzigen Fluchtweg zu, der ihm blieb. Die Gärten der Tuilerien.

An dieser Stelle der Place de la Concorde verläuft jenseits des Bürgersteigs eine niedrige Steinmauer. Dahinter kommt wieder eine gepflasterte Fläche. Dahinter erhebt sich eine hohe steinerne Mauer zu einer Balustrade, hinter der der Park der Tuilerien wie eine riesige Plattform mit Aussicht auf den gesamten Platz liegt. Vanek lief auf den Eingang der Tuilerien zu und sah einen Streifenwagen anhalten, der ihm den Weg abschnitt. Vanek riß die Waffe hoch und schoß das zweite Magazin leer. Überall warfen sich Polizisten flach auf den Boden. Vanek warf die Maschinenpistole weg, sprang über die niedrige Steinmauer, rannte über die gepflasterte Fläche und begann, sich an der hohen Mauer hochzuhangeln, wobei er sich an vorspringenden Steinen abstützte. Links und unter ihm führten Treppenstufen nach unten und unter die Erde. Er hatte fast die Balustrade erreicht; wenn er erst einmal oben war, hatte er den ganzen Park, um sich zu verstecken. Hinter sich hörte er Rufe und das Sirenengeheul eines halben Dutzends weiterer Streifenwagen, die mit quietschenden Reifen auf den Platz fuhren. Vanek schwang ein Bein über die Balustrade. Der Park dahinter war eine dunkle, baumbestandene Leere, ein Ort, der ihm eine Chance gab.

Sie erwischten ihn im Kreuzfeuer: zwei Gendarmen rechts unten auf dem Bürgersteig und eine Gruppe von drei anderen Beamten links unten. Vanek war gerade im Begriff gewesen, sich über die Balustrade zu schwingen, als die Gendarmen ihre Magazine auf ihn leerschossen. Der Lärm war ohrenbetäubend, weil jetzt alle Streifenwagen angehalten hatten. Vanek hing leblos da, ein Bein ruhte auf der Balustrade, als seine Hand schlaff wurde und losließ. Er rutschte ab und fiel, während die Polizisten weiterschossen. Vanek landete in dem tiefen Treppenschacht, in dem ein großes Schild verkündete: ›Descente interdite‹. Zugang verboten.

20

»Eine Frau, die mich mit Sicherheit als den Leoparden identifizieren kann, ist in Paris angekommen. Ihr Name ist Annette Devaud. Man hat sie offenbar unter schwerer Bewachung mit dem *Stanislas*-Expreß hergebracht . . .«

Ein Hund bellte, ein ohrenbetäubendes Geräusch aus dem Tonbandgerät. Die vertraute Stimme, die so leicht wiederzuerkennen war, sprach in scharfem Tonfall.

»Ruhig, Kassim! Mir ist nicht klar, wo wir die Zeit hernehmen sollen, sie zu erwischen. Ich persönlich kann nichts unternehmen, ohne mich dem schwersten Verdacht auszusetzen . . .«

»Warum haben Sie sie nicht schon früher auf die Liste gesetzt?« Die zweite Stimme, gedämpft, aber deutlich sprechend, war ebenfalls leicht wiederzuerkennen.

»Sie wurde bei Kriegsende blind – ich nahm also an, daß sie keine Gefahr mehr darstellte. Mein Referent hat den Polizeichef von Saverne angerufen, kurz bevor Sie kamen – sie muß sich vor kurzem einer Operation unterzogen haben, die ihr das Augenlicht wiedergab. Wir sitzen furchtbar in der Klemme, Vorin, und das ausgerechnet jetzt, im letzten Augenblick . . .«

»Herr Präsident, wir können vielleicht etwas unternehmen . . .«

»Ich habe ihren Namen später auf die Liste gesetzt – als Danchin mir einen Bericht mit dem Leserbrief an die *Frankfurter Allgemeine Zeitung* schickte, in dem sie erwähnt wurde. Ich bin davon ausgegangen, daß Ihre Leute das Problem aus der Welt geschafft hätten . . .«

»Es ist etwas schiefgegangen . . .«

»Dann können Sie mir nicht die Schuld geben!« Der Wortwechsel wurde heftiger; die vertraute Stimme klang scharf und schneidend. »Es ist unerläßlich, daß Sie ihren Fehler korrigieren . . .«

»Dann muß ich sofort in die Botschaft zurück, Herr Präsident. Wir haben ein Stadium erreicht, in dem jede Minute zählt. Wissen Sie, wohin man diese Devaud bringen wird?«

»In die Rue des Saussaies . . .«

Marc Grelle saß allein in dem Zimmer im vierten Stock des Sûreté-Hauptquartiers. Er schaltete das Tonbandgerät ab, das mit dem Minisender in Kassims Halsband verbunden war. Grelle hatte das Band zweimal abgehört. Stehend und mit einem zur Maske gefrorenen Gesichtsausdruck hatte er sich auf die Stimmlagen der beiden Männer konzentriert. Das wiederholte Abspielen des Bandes war im Grunde überflüssig gewesen – das Timbre der Stimme Guy Florians war schon beim erstenmal klar und deutlich zu erkennen gewesen. Außerdem war das, was gesprochen worden war, auf eine teuflische Weise eindeutig.

Der Präfekt starrte die gegenüberliegende Wand an und zündete sich eine Zigarette an. Die Handgriffe wurden ihm kaum bewußt. Schon seit Tagen war ihm die schreckliche Wahrheit im Kopf herumgegangen, aber er hatte sich geweigert, die Indizien ernst zu nehmen. Gaston Martin hatte drei Männer in den Elysee-Palast gehen sehen – und einer davon war der Präsident gewesen. Die diskrete Beobachtung Danchins und Blancs hatte keinerlei Verbindung zu irgendwelchen sowjetischen Kontaktleuten ergeben – aber Florian traf fast täglich mit dem sowjetischen Botschafter Vorin zusammen. Und so weiter . . . Grelle starrte die Wand an und paffte seine Zigarette. Er empfand eine Übelkeit wie ein Ehemann, der seine Frau soeben mit einem groben und brutalen Liebhaber im Bett ertappt hat.

Grelle nahm das Band aus dem Gerät und steckte es in die Tasche. Er nahm den Telefonhörer und verlangte eine Amtsleitung. Dann wählte er eine Nummer. Er stand noch immer unter einem Schock und mußte sich größte Mühe geben, seine Stimme kalt und unpersönlich klingen zu lassen.

»Alain Blanc? Hier Grelle. Ich muß Sie sofort sprechen. Nein, kommen Sie nicht in die Präfektur. Ich werde sofort zu meiner Wohnung fahren. Ja, es ist etwas geschehen. Sie werden einen Cognac brauchen, bevor ich Ihnen sage, was . . .«

Die beiden französischen Panzerdivisionen, die zweite und die fünfte, die in der Bundesrepublik Deutschland stationiert waren und General Jacques Chassous Befehl unterstanden, hatten sich bereits in Marsch gesetzt. Die deutschen Behörden waren informiert worden, und die Regierung des Herzogtums Luxemburg hatte die Truppenbewegung über luxemburgisches Territorium genehmigt – alles sehr kurzfristig. Schon wenige Stunden später hatten die Vorausabteilungen der beiden Divisionen die luxemburgische Grenze überschritten und bewegten sich auf dem Rückweg nach Frankreich durch die Ardennen. Um 22 Uhr, kurz vor dem Abflug nach Sedan, öffnete General Chassou den Umschlag mit den geheimen Instruktionen, den ihm Präsident Florian bei seinem Blitzbesuch in Baden-Baden am vergangenen Montag persönlich übergeben hatte.

»Am Ende der Übung werden Sie bis auf weiteres nicht nach Deutschland zurückkehren. Wenn Sie die Brücken bei Sedan überschritten haben, werden Sie die Truppen weiter nach Frankreich hineinführen . . . Sie haben im Militärbezirk von Metz anzuhalten . . . die Sammelstellen sind vorbereitet worden . . .«

Chassou übergab den Geheimbefehl seinem Stellvertreter, Oberst Georges Doissy, befahl ihm, die notwendigen Arrangements zu treffen und flog dann nach Sedan ab. Doissy, der früher unter Oberst Lasalle gedient hatte, wurde sofort klar, daß die Ausführung dieses Befehls Deutschland isolieren würde. Danach würde den sowjetischen Truppen im Osten neben den deutschen Einheiten nur noch ein symbolisches Kontingent britischer Truppen gegenüberstehen. Doissy überdachte die Lage einige Minuten; dann fiel ihm ein, was Präsident de Gaulle einmal dem amerikanischen Präsidenten Kennedy kurz nach dessen Wahl geraten hatte. »Hören Sie nur auf sich selbst . . .« Doissy griff zum Telefon und bat die Telefonzentrale, ihn dringend zu Verteidigungsminister Blanc durchzustellen.

Commander Arthur Leigh-Browne von der Royal Navy, dem die Aufgabe oblag, den weiteren Kurs des sowjetischen Konvois K 12 zu verfolgen und daraus Schlüsse zu ziehen, schickte am 22. Dezember um 22 Uhr einen neuen Bericht ab. »Wenn der Konvoi K 12 den gegenwärtigen Kurs und die gedrosselte Geschwindigkeit beibehält, kann er nach etwa zwölf bis achtzehn Stunden nach einer neuerlichen Kursänderung bei Barcelona vor Anker gehen . . .« Da er ein Mann war, dem es um Genauigkeit ging, fügte er einen Nachsatz hinzu. »Theoretisch könnte der Konvoi auch an der Südküste Frankreichs vor Anker gehen, bei Marseille und Toulon . . .« Der gängigen Praxis folgend, ließ er verschlüsselte Kopien des Berichts allen Verteidigungsministern der NATO-Staaten zuleiten.

Abou Benefeika, der arabische Terrorist, dem es beinahe gelungen wäre, die El-Al-Maschine in Orly kurz vor dem Start zu zerstören, versuchte, es sich auf seinem ›Lager‹ aus Mauersteinen gemütlich zu machen. Er hielt sich noch immer im Keller des abbruchreifen Hauses in der Rue Réaumaur 17 verborgen. Der Umstand, daß er seine Jacke zusammengefaltet und als Kopfkissen auf die Ziegelsteine gelegt hatte, verhalf ihm auch nicht zum Einschlafen; ebensowenig das kaum hörbare Trappeln winziger Füße. Die Ratten hatten in dem verlassenen Gebäude gleichfalls Quartier bezogen.

Am Tage hatte Benefeika sein Versteck verlassen, um in den Geschäften dieser Gegend Lebensmittel zu kaufen. Da dieser Bezirk von Paris ein von Algeriern bewohntes Ghetto war, befürchtete er nicht, entdeckt zu werden. Da er in Gedanken versunken war und nur nach uniformierten Polizisten Ausschau hielt, bemerkte er die beiden schäbig gekleideten Männer nicht, die ihm mit den Händen in den Taschen auf Schritt und Tritt folgten. Nach der Rückkehr in sein schmutziges Versteck verzehrte Benefeika die mitgebrachten Lebensmittel, während draußen einer der schäbig gekleideten Männer im gegenüberliegenden Gebäude in den ersten Stock hinaufging. Von dort gab Sergeant Pierre Gallon über sein Funksprechgerät eine neue Routinemeldung durch. »Kaninchen sitzt wieder im Bau. Beobachtung wird fortgesetzt . . .«

»Dann muß ich sofort zurück in die Botschaft, Herr Präsident. Wir haben ein Stadium erreicht, in dem jede Minute zählt. Wissen Sie, wohin man diese Devaud bringen wird?«

»In die Rue des Saussaies . . .«

Grelle stellte in seiner Wohnung auf der Ile Saint-Louis das Tonbandgerät ab und sah Alain Blanc an, der mit übereinandergeschlagenen Beinen und einem Glas Cognac in der Hand in einem eleganten Sessel saß. Der Minister hatte mit zusammengekniffenem Mund zugehört. Grelle hatte ihm das Band jetzt schon zum drittenmal vorgespielt. Inzwischen kannte er die Unterhaltung Wort für Wort. Er trank seinen Cognac mit einem Zug aus. Auf seiner hohen Stirn zeigten sich Schweißperlen. Er blickte auf, als Grelle anfing zu sprechen.

»Zwei Stunden nach dieser Unterredung – ich habe den Wachoffizier im Elysee angerufen und erfahren, daß Vorin dort

um einundzwanzig Uhr fünfzehn ankam – wurde Annette Devaud von dem Mörder brutal umgebracht, den wir später am
Place de la Concorde erwischt haben«, sagte der Präfekt. »Es
kann nicht mehr bezweifelt werden, daß der Mann, der . . .«

»Ich erkenne Florians Stimme«, unterbrach Blanc ungeduldig.
»Vorins auch. Da ist überhaupt kein Zweifel mehr möglich.« Er
seufzte. »Es ist ein furchtbarer Schock, aber überraschen tut es
mich nicht mehr. Ich habe mich schon seit Tagen gefragt, was eigentlich vorgeht – obwohl ich diese entsetzliche Wahrheit nicht
vermutet habe. Diese Gerüchte von einem Putsch der Rechten
aus Kreisen der Kommunisten. Florians plötzliche und ziemlich
unerklärliche Reise nach Baden-Baden . . .«

Blanc stand auf und schlug sich mit der Faust auf die Handfläche der anderen Hand. »Oh, mein Gott, wie weit ist es mit uns
gekommen, Grelle? Ich kenne ihn seit den gemeinsamen Tagen
an der École Polytechnique nach dem Krieg. Er war ein junger
Mann. Ich habe seinen Aufstieg zur Macht organisiert. Wie
konnte ich nur so blind sein?«

»Caesar ist immer über jeden Verdacht erhaben . . .«

»Wie ich Ihnen schon sagte, erhielt ich kurz bevor ich herkam
einen Anruf von Oberst Doissy aus Baden-Baden. Er sagte, die
Panzerdivisionen zwei und fünf würden sich nach Metz zurückziehen und dort bleiben – damit steht Deutschland schutzlos da.
Da der amerikanische Kongreß seine isolationistische Haltung
kaum aufgeben wird, werden die Amerikaner nicht einmal damit drohen, auf den atomaren Knopf zu drücken – Moskau hat
schließlich auch einen. Die Vereinigten Staaten werden nur reagieren, wenn das amerikanische Festland in Gefahr gerät. Und
das alles wegen des Fiaskos in Vietnam und Kambodscha. Wissen Sie, was in wenigen Stunden meiner Ansicht nach geschehen wird?«

»Was?«

»Ich glaube, daß Florian morgen in Moskau den Abschluß eines Militärpakts mit den Sowjets verkünden wird – vergessen
Sie nicht, daß der Präsident einen solchen Pakt selbst abschließen kann. Sie haben den Bericht gesehen, der eben aus Brüssel
gekommen ist – ich habe das Gefühl, daß Florian auch gemeinsame Militärmanöver mit den Russen ankündigen wird. Die Häfen Toulon und Marseille werden für die Landung sowjetischer
Truppen des Konvois K 12 geöffnet werden . . .«

»Dann muß etwas geschehen.«

»Deutschland wird morgen aufwachen und sich eingekreist sehen – dann stehen sowjetische Truppen im Osten und westlich des Rheins. Auf französischem Boden! Ich habe das Gefühl, daß Florian schon morgen von Moskau zurückfliegen wird, und wenn es hier irgendwelche Reaktionen geben sollte, wird er sagen, es sei zu einem Putschversuch rechter Kreise unter Führung Oberst Lasalles gekommen, und die meisten von uns werden hinter Gittern landen . . .«

»Bitte beruhigen Sie sich«, bat Grelle.

»Beruhigen Sie sich, sagt der . . .« Blanc war im Zustand höchster Aufregung. Sein Gesicht war schweißnaß, als er ruhelos auf und ab wanderte. »In wenigen Tagen wird neben der Trikolore vielleicht noch die sowjetische Fahne aufgezogen!« Er nahm von Grelle das frisch gefüllte Cognacglas entgegen und wollte gerade dazu ansetzen, es mit einem Zug zu leeren, als er sich besann und nur daran nippte.

»Wir müssen entscheiden, was zu tun ist«, sagte Grelle leise.

»Genau!« Nach seinem Ausbruch beruhigte Blanc sich wieder. »Andere Minister zu konsultieren, hat keinen Sinn«, sagte er fest. »Selbst wenn ich eine Geheimkonferenz einberiefe, würden sie sich nie zu einer Entscheidung durchringen. Irgend jemand würde nicht dichthalten, die Nachricht würde in den Elysee gelangen, Florian würde handeln, uns alle reaktionäre Verschwörer nennen und den Ausnahmezustand ausrufen . . .«

Es war Grelle, der das Beispiel Präsident Nixons zur Sprache brachte. Er betonte, die französische Öffentlichkeit und die Welt dürften nie etwas erfahren, egal, welcher Art die Lösung sei. »Was Nixon getan hat, ist aber nur eine Bagatelle, ein kleines Vergehen im Vergleich zu dem, worüber wir sprechen. Und trotzdem: Denken Sie daran, wie sehr Nixons Skandale, als sie ans Licht kamen, Amerika erschüttert haben. Stellen Sie sich die Auswirkungen auf Frankreich vor – auf Europa –, wenn je bekannt werden sollte, daß der französische Staatspräsident ein kommunistischer Agent ist! Niemand würde uns mehr vertrauen. Frankreich wäre demoralisiert . . .«

»Sie haben natürlich völlig recht«, erwiderte Blanc ernst. »Diese Dinge dürfen nie an die Öffentlichkeit. Ist Ihnen klar, Grelle, daß dann nur eine Lösung bleibt?«

»Florian muß sterben . . .«

An der deutsch-tschechoslowakischen Grenze zwischen Selb und Grafenau wurde in den frühen Morgenstunden des 23. Dezember plötzlich hektische Aktivität sowjetischer Flugzeuge registriert. Zunächst wurde angenommen, daß dies in Zusammenhang mit den großen Wintermanövern der Streitkräfte des Warschauer Pakts stehe. Später wurde gemeldet, sowjetische ›Foxbat‹-Maschinen hätten mehrfach den deutschen Luftraum verletzt. Um zwei Uhr morgens holte man Bundeskanzler Hauser aus dem Bett, um mit ihm die Lage zu beraten. Um drei Uhr ordnete er eine begrenzte Alarmbereitschaft an. Sie galt für die Einheiten in dem betroffenen Gebiet und einige Truppenteile im Hinterland.

Um zwei Uhr morgens, als Grelle wie ein Tiger im Käfig in seinem Wohnzimmer auf und ab ging, war er in dem dichten Zigarettenqualm kaum mehr als ein Umriß, der sich bewegte. »Ich habe mich schon selbst in die Rolle eines Attentäters hineinversetzt«, sagte er. »Als ich die Sicherheitsvorkehrungen plante, habe ich verschiedene undichte Stellen gefunden und beseitigt. Ich überlegte mir nämlich, was *ich* tun würde, wenn ich dem Präsidenten nach dem Leben trachtete. Ich glaube nicht, daß irgend jemand den Sicherheitskordon aufbrechen kann.«

»Vielleicht könnte ich es«, sagte Blanc leise. »Diese Sache muß unter uns bleiben – nur so können wir sicherstellen, daß sie für immer ein Geheimnis bleibt. Wenn ich mir eine Pistole einsteckte – beim Abschied auf dem Rollfeld mit den anderen Ministern, bevor er an Bord der Concorde geht . . .«

»Unmöglich!« Grelle verwarf den Gedanken mit einer abschätzigen Handbewegung. »Jeder würde sich fragen, warum ausgerechnet Sie dazu kämen. Und ich habe den Leibwächtern eingeschärft, daß jeder, der einen Revolver zieht – auch ein Minister –, auf der Stelle zu erschießen ist.« Er blieb vor Blancs Sessel stehen. »Um meinen Worten Nachdruck zu verleihen, habe ich ihnen sogar gesagt, daß sie selbst mich erschießen müßten, falls ich eine Waffe ziehen sollte.«

»Dann ist es nicht zu schaffen . . .«

»Nur ein Mann kann es schaffen.«

»Wer ist das?«

»Der Mann, der die Sicherheitsvorkehrungen geplant hat. Ich selbst.«

Bevor er in sein Ministerium in der Rue Saint-Dominique zurückkehrte, unternahm Blanc noch zwei vergebliche Versuche, zu Florian vorzudringen, um ihn zu sprechen. Als er von Grelles Wohnung aus im Elysee-Palast anrief, sagte die Telefonistin, der Präsident dürfe auf keinen Fall gestört werden, ›es sei denn im Fall eines Weltkriegs‹.

Daraufhin fuhr Blanc durch die Nacht zum Elysee. Das schmiedeeiserne Gitter, das sonst immer geöffnet war, war geschlossen. Gewöhnlich war die Einfahrt nur durch eine einfache weiße Kette gesichert. Der Innenhof war abgeriegelt. Blanc lehnte sich aus dem Wagenfenster. »Machen Sie sofort auf«, befahl er. »Sie wissen doch, wer ich bin, um Gottes willen . . .«

Der diensthabende Offizier trat heraus, um sein Bedauern über die Maßnahme auszusprechen, blieb jedoch fest. »Der Präsident hat diese Anweisung selbst erteilt. Heute nacht darf niemand mehr eingelassen werden – es sei denn . . .«

»Es bricht plötzlich der dritte Weltkrieg aus. Ich weiß!« Blanc sprang aus dem Wagen, schob den Offizier zur Seite und betrat den Hof durch den Seiteneingang. Er lief über den gepflasterten Innenhof und nahm die sieben Treppenstufen zum Eingang mit wenigen Sätzen. Die hohen Glastüren waren verschlossen. In der Halle stand ein anderer Beamter, der Blanc ebenfalls gut kannte. Er schüttelte den Kopf und kreuzte die Arme mehrmals vor der Brust. Blanc, der eben noch aschfahl gewesen war, blieb jetzt still stehen und zündete sich eine Zigarette an. Die Geste des Mannes dort drinnen hatte ihm die Entscheidung eingegeben. Es war eine simple Handlung eines völlig unbedeutenden kleinen Beamten, machte Blanc aber blitzartig seine Lage klar. Der Präsident hatte sich in seiner Festung verschanzt, bis es am nächsten Morgen Zeit war, nach Rußland zu fliegen.

Nach der Rückkehr in sein Ministerium ging Blanc sofort in den Notbefehlsstand. »Holen Sie General Lamartine her«, befahl er. »Sagen Sie ihm, er soll sich nicht anziehen – in fünf Minuten will ich ihn hier sehen . . .« Die sieben uniformierten Offiziere hatten bei Blancs Ankunft eine kleine Meinungsverschiedenheit gehabt, aber in wenigen Minuten, in denen er auf die Ankunft des Oberbefehlshabers, General Lamartine, warten mußte, entschärfte sein eiskaltes Gebaren die Spannung. Lamartine erschien mit mürrischem Gesicht. Über seinen Morgenmantel hatte er nur einen Mantel geworfen.

»Sie sehen aus wie ein Mandarin mit diesen aufgestickten Drachen auf dem Morgenmantel«, bemerkte Blanc. »Ich bin dabei, bestimmte Anweisungen zu geben, und es kann sein, daß Sie sie mit der Autorität Ihres Amts bestätigen müssen. Ich werde Ihnen später alles erklären – wir haben einen kleinen Notfall, und der Präsident hat Befehl gegeben, auf keinen Fall gestört zu werden. Sehr vernünftig – er hat morgen eine lange Reise vor sich. Also . . .«

Dies war der alte Alain Blanc, der Mann, der Guy Florians Aufstieg zur Macht geplant und organisiert hatte, der in jeder Krise die Nerven behalten hatte. Gemeinsam mit Lamartine ging er Schritt für Schritt vor. Er informierte den unterirdischen Befehlsbunker in Taverny außerhalb von Paris – der darauf eingerichtet war, selbst im Fall eines Atomkrieges einsatzfähig zu bleiben –, daß das Oberkommando keinen Befehl, von wem er auch komme, ohne seine, Blancs, Bestätigung befolgen dürfe. »Von wem er auch kommt«, wiederholte er. »General Lamartine sitzt neben mir. Er wird bestätigen, was ich soeben gesagt habe . . .« Er legte die Hand auf die Sprechmuschel und sah, daß Lamartine zögerte. »Machen Sie schon«, sagte Blanc scharf, »ich habe nicht die ganze Nacht Zeit . . .«

Innerhalb von zehn Minuten hatte Blanc jede Bewegung aller Einheiten der französischen Armee gestoppt – ohne seine ausdrückliche Genehmigung durfte kein Panzer, kein Schiff und kein Flugzeug seinen Standort verändern. Blanc hatte auch mit den französischen Armeehauptquartieren in Baden-Baden und Sedan gesprochen – und Befehl gegeben, daß die beiden Panzerdivisionen nach der Durchquerung der Ardennen unverzüglich umzukehren und möglichst rasch nach Deutschland zurückzukehren hätten. Um die Ausführung des Befehls sicherzustellen, hatte er Chassou, den General Florians, vom Oberbefehl über die beiden Divisionen entbunden und ihn durch General Crozier ersetzt. Chassou wurde vom Militärgouverneur des Bezirks Metz unter strengen Arrest gestellt.

Lamartine saß neben Blanc und bestätigte jeden Befehl. Der General wußte zwar nicht, was hier vorging, aber es war selbst Lamartine unmöglich, den Vorschlag zu machen, man solle den Elysee-Palast befragen – der Präsidentenpalast war unerreichbar. Blanc, der meisterhafte Manipulator, hatte Florians Waffe gegen diesen selbst gekehrt und den Präsidenten isoliert. Um drei Uhr nachts war alles erledigt. Die Krise würde am Morgen kommen, falls der Präsident erfuhr, was sich ereignet hatte.

Marc Grelle, der sich jetzt in seiner Wohnung auf der Ile Saint-Louis ziemlich allein fühlte, war übermüdet und unrasiert. Er trug noch immer seinen Rollkragenpullover und seine Hosen, rauchte und studierte eine Reihe von Berichten und Skizzen. Sie zeigten sämtliche Sicherheitsvorkehrungen, die er angeordnet hatte, um den Präsidenten auf dessen Fahrt zum Flughafen zu schützen. Wie schon so oft zuvor suchte Grelle auch diesmal nach einer undichten Stelle, einem Schlupfloch, irgendeiner Lücke im System, die er vergessen hatte und die es einem Attentäter ermöglichen würde, den Präsidenten zu töten. Er wünschte, er hätte jetzt Boisseau bei sich, aber dies war ein Unternehmen, an dem nur er allein arbeiten konnte. Gelegentlich blickte er auf das gerahmte Foto einer Frau, das auf dem Klavier stand. Es zeigte seine verstorbene Frau Pauline.

Einige ehrgeizige Beamte in Frankreich achten sorgfältig darauf, daß sie eine reiche Frau heiraten; Geld kann einer Karriere sehr förderlich sein. Grelle hatte ein Mädchen aus einer Familie geheiratet, die in sehr bescheidenen Verhältnissen gelebt hatte. Dann, aus heiterem Himmel, kurz vor ihrem Tod bei dem Autounfall, hatte Pauline von einem entfernten Verwandten ein kleines Vermögen geerbt; sie hatte bis dahin nicht einmal von der Existenz dieses Verwandten gewußt. »Ich würde liebend gern eine Wohnung am Quai de Béthune kaufen«, hatte sie eines Tages gesagt. »Das ist die einzige Extravaganz, nach der ich mich je gesehnt habe . . .« Kurz darauf war sie ums Leben gekommen.

Als Polizeipräfekt von Paris verfügte Grelle automatisch über eine Dienstwohnung in der Präfektur, aber nach Paulines Tod hatte er trotzdem diese Wohnung gekauft; nicht so sehr, weil er sie haben wollte, aber er dachte, daß es sie glücklicher gemacht hätte zu wissen, daß er jetzt hier lebte. Seine Augen wanderten immer öfter zu dem Bild hin, während er mit seinem Problem kämpfte; er fragte sich, was sie zu all dem gesagt hätte. Um vier Uhr morgens wurde ihm plötzlich bewußt, daß das Zimmer mit beißendem Qualm gefüllt war. Er stand auf und öffnete das Fenster. Er blickte auf die Seine hinunter und atmete tief durch, um wieder einen klaren Kopf zu bekommen. Er hatte noch immer keinen Ausweg gefunden.

21

Am Morgen des 23. Dezember war kein Flughafen der Welt schwerer bewacht als der Flughafen Charles de Gaulle. Die Präsidenten-Concorde – die in der Morgendämmerung wie ein riesiger böser Vogel aussah – wartete auf dem Vorfeld. Sie war für den langen Flug nach Moskau bereits vollgetankt. In wenigen Stunden, um genau 10.30 Uhr, würde die Maschine in dem kritischen Winkel von fünfundvierzig Grad abheben und die einem Geierkopf ähnliche Pilotenkanzel hochrecken, um die Flughöhe von fünfzigtausend Fuß zu erreichen.

Der Pilot des Präsidenten, Flugkapitän Pierre Jubal, der in seiner teuren Wohnung in Passy schon um halb sechs aufgestanden war, befand sich bereits am Flughafen, den die Franzosen oft ›Roissy‹ nennen, weil er in der Nähe des Dorfs Roissy-en-France liegt. Jubal hatte die fünfundzwanzig Kilometer von Paris zum Flughafen im eigenen Wagen zurückgelegt. Auf der Autobahn A 1, über die die Autokolonne des Präsidenten später fahren würde, hatte man Jubal dreimal angehalten und kontrolliert.

»Diese gottverdammten Sicherheitsmaßnahmen«, sagte er schimpfend zu seinem Kopiloten Lefort, als er aus seinem Alfa Romeo ausstieg. »Das ist doch alles heller Wahnsinn. Glauben die wirklich, jemand will ihn aus dem Hinterhalt abknallen?«

Lefort zuckte die Achseln. »Ich hörte gestern abend in einem Lokal, wie jemand sagte, Florian werde Roissy nicht lebend erreichen.«

Seit Mitternacht war der Flughafen für den gesamten zivilen Flugverkehr gesperrt worden. Das war eine Maßnahme ohne Beispiel; zum Schutz eines Staatsoberhaupts war man noch nirgends so weit gegangen. »Das ist dieser Polizeipräfekt, dieser Grelle«, sagte Jubal zornig, als er zu der wartenden Maschine ging. »Der ist machtlüstern. Sehen Sie sich das mal an . . .«

Er machte eine ausholende Bewegung und zeigte auf das riesige kreisrunde Gebäude, das Herzstück des modernsten Flughafens der Welt. In dem heller werdenden Morgenlicht zeigten sich patrouillierende uniformierte Männer der Flughafengendarmerie als Silhouetten auf dem Dach. Alle waren mit automatischen Waffen ausgerüstet. Die beiden Piloten passierten einen Panzerspähwagen mit schußbereitem Maschinengewehr. Um das kreisrunde Gebäude herum sind die sieben Satellitengebäude angeordnet, die selbständigen, hypermodernen Abflughallen, von denen aus die Fluggäste die Maschinen besteigen, nachdem sie auf langen unterirdischen Transportbändern zu den jeweiligen Abflughallen gelangt sind. Jubal zeigte auf eines der Satellitengebäude, auf dessen Dach ebenfalls uniformierte und bewaffnete Gestalten patrouillierten. »Der Mann ist wahnsinnig geworden«, grollte er.

»Es hat aber schon einen Anschlag auf Präsident Florian gegeben«, erinnerte Lefort seinen Vorgesetzten. »Und, wie ich Ihnen schon sagte, gestern abend in diesem Lokal, da wurde das Gerücht verbreitet . . .«

»Sie hätten sich gestern abend lieber nicht in Lokalen rumtreiben sollen«, fuhr Jubal ihn an. »Sie hätten wie ich im Bett liegen und pennen sollen . . .«

»Mit Jacqueline?«

Als das fahle Morgenlicht sich über die Ebene ausbreitete, in der der Flughafen Charles de Gaulle liegt, war die Concorde noch deutlicher zu sehen. Mehr als je zuvor sah sie wie ein raubgieriger Vogel aus, der zum Abheben ansetzt. In drei Stunden würde die Maschine unterwegs sein, in die Stratosphäre aufsteigen und den Staatspräsidenten der Französischen Republik zu seinem historischen Besuch in die Sowjetunion fliegen.

Kurz vor 9.30 Uhr am Morgen des 23. Dezember wirkte Paris wie von einem riesigen Theatervorhang zugedeckt, der sich bald heben würde, um den Blick auf große Dinge freizugeben. Jede Auffahrt und jede Kreuzung zu der Route, der die Autokolonne des Präsidenten folgen würde, war auf Grelles Anweisung gesperrt worden. An jeder Kreuzung standen Mannschaftswagen mit laufenden Motoren; viele Hundertschaften der CRS hielten sich bereit. Die Zufahrtsstraßen waren mit Straßensperren versehen worden; kein Fahrzeug konnte aus dem Hinterhalt auf den Präsidentenwagen zurasen.

Überall an der Strecke hatten sich Menschenmengen versammelt. Sie wurden durch Sperrgitter auf Abstand gehalten, welche die Polizei nachts im Licht von Scheinwerfern hingestellt hatte. Die Massen waren seltsam still, als erwarteten sie, daß etwas Dramatisches oder Tragisches geschehen würde. Einige der Menschen hatten Transistorradios bei sich, die sie auf Radio Europa Nummer Eins eingestellt hatten; Oberst Lasalle würde in Kürze wieder eine seiner Rundfunkansprachen halten. Als sie an diesem kühlen und klaren Dezembermorgen – zwei Tage vor Weihnachten – warteten, blickten sie gelegentlich nach hinten auf die Hausdächer, auf denen uniformierte Polizisten wie Wärter eines Straflagers patrouillierten.

Mitunter sahen die Menschen zum Himmel, der gleichfalls bewacht wurde. Entlang der Route flogen zahlreiche Hubschrauber in einer Höhe von etwa dreißig Metern mit knatternden Motoren; wenn sie außer Hörweite waren, kehrten sie nach kurzer Zeit wieder zurück. Und alle Bestandteile dieses gewaltigen Sicherheitskordons – auf dem Boden, auf den Hausdächern und in der Luft – wurden über Funk von der Leitstelle der Präfektur auf der Île de la Cité dirigiert. Boisseau war der Mann an der Spitze dieses Riesenunternehmens. Er wartete in dem Büro, das Grelle ihm zur Verfügung gestellt hatte, auf den ersten Funkbericht. »Er hat soeben den Elysee-Palast verlassen . . .«

Blanc saß in seinem Dienstwagen im Innenhof des Elysee; dieser Wagen war nur einer von vielen, die dem Wagen mit dem Präsidenten nach dessen Abfahrt folgen sollten. Neben Blanc saß seine Frau Angèle. Plötzlich sah er einen Wagen halb in den Innenhof hineinfahren, bevor er angehalten wurde. Blanc verkrampfte sich. General Lamartine stieg aus. Irgendein Esel von Sicherheitsbeamter hatte dem General erlaubt, den Kordon zu durchbrechen. Wahrscheinlich hatte Lamartine das hohe Tier herausgekehrt. Blanc blickte durch die Heckscheibe auf die Treppenstufen des Palasts. Florian war gerade herausgekommen und blieb stehen, als er den Sicherheitschef des Palasts mit Lamartine streiten sah. »Bin in einer Minute wieder da«, sagte Blanc zu seiner Frau und stieg aus. In dem Wagen vor ihnen hatte Danchin sich umgedreht. Er machte ein Gesicht, als ob er überlegte, ob der Vorfall etwas mit ihm zu tun habe.

Lamartine hatte den Sicherheitsbeamten stehen lassen und eilte jetzt quer über den Hof zu der Treppe des Palasts. Alle starrten ihn an. Florian trat auf den Hof hinunter und begrüßte Lamartine. Dann ging der Präsident langsam zu seinem Wagen. Der General sprach lebhaft auf Florian ein, der schweigend zuhörte und gemessenen Schritts weiterging. Lamartines Gesicht erstarrte, als er Blanc auf sich zukommen sah. Er hat es ihm erzählt, dachte der Minister, er hat ihm alles gesagt – um sich selbst den Rücken freizuhalten, dieser Scheißkerl.

»Was soll das alles bedeuten, Alain?«

Florian hatte sich schon halb in den Fond seines Wagens gesetzt und sprach über die Schulter; dann setzte er sich zurecht und ließ die Tür offen. Er sah zu Blanc auf, der sich hinunterbeugte, um mit Florian zu sprechen. »Wir hatten heute nacht ein kleines Problem«, sagte der Minister ungerührt. »In den Palast wollte man mich nicht hineinlassen, also habe ich mich allein darum gekümmert.«

»Sie planen einen Staatsstreich?«

Ein Ausdruck zynischer Belustigung erschien auf dem schmalen, hageren, intelligenten Gesicht, ein Ausdruck höchsten Selbstvertrauens. In diesem Augenblick wurde Blanc mehr denn je bewußt, welch eine magnetische Persönlichkeit dieser Mann besaß, den man zu Unrecht den zweiten de Gaulle genannt hatte. Florian beugte sich vor, als Blanc schwieg. Einen Augenblick sah es aus, als würde der Präsident aussteigen. Blancs Herz machte einen Satz.

»Sie planen einen Staatsstreich?«

»Herr Präsident.«

Das war alles, was Blanc sagte. Florian lehnte sich in die Polster, schloß selbst die Tür und wies den Fahrer an, loszufahren. Blanc ging zu seinem Wagen zurück und würdigte Lamartine dabei keines Blicks. Der General war zum Standbild erstarrt. Jetzt wußte er, daß er seine Karriere ruiniert hatte. »Und das alles für nichts«, sagte Blanc zu seiner Frau, als er sich wieder hingesetzt hatte. »Lamartine ist ein altes Schlachtroß – ich glaube, den werden wir bald auf Gnadenbrot setzen müssen . . .«

Er war nur mit halbem Herzen bei dem, was er sagte, als das erste Fahrzeug, ein Mannschaftswagen voller CRS-Männer, den Innenhof verließ und in die Rue du Faubourg St. Honoré einbog. Dann folgte der Präsidentenwagen. So viel Selbstvertrauen in einem einzigen Mann! Florian war zu dem Schluß gekommen, daß niemand mehr die Räder der Geschichte anhalten konnte, die er in Bewegung gesetzt hatte. Blanc, sein engster Vertrauter, hatte in der Nacht Anweisungen gegeben, die man als Hochverrat würde auslegen können. Wenn schon, dem würde er sich nach der Rückkehr aus Moskau widmen. Hatte nicht vor einigen

Jahren ein amerikanischer Präsident das gleiche Gefühl der Unverwundbarkeit besessen – obwohl seine Taten verglichen mit denen Guy Florians nur kleine Vergehen gewesen waren?

Die Route zum Flughafen Charles de Gaulle war von Marc Grelle persönlich mit großer Sorgfalt ausgearbeitet worden. Enge Straßen waren nach Möglichkeit zu meiden, um der Gefahr zu entgehen, daß sich ein Heckenschütze auf irgendeinem Dach auf die Lauer legte. Nach dem Einbiegen in die Rue du Faubourg St. Honoré würde die Autokolonne kurz auf dieser Straße fahren, dann wieder nach links in die Avenue Marigny einbiegen und dann auf die Champs-Élysées hinausfahren. Von da an lagen nur noch breite Boulevards vor ihr sowie die Autobahn A 1, die direkt zum Flughafen führte.

»Er hat soeben den Elysee-Palast verlassen . . .«

In der Leitstelle konnte André, das Eichhörnchen, auf dem Fernsehmonitor erkennen, wo sich die Autokolonne etwa befand. An verschiedenen ausgewählten Punkten waren Fernsehkameras installiert worden, damit beobachtet werden konnte, ob die Menge zu irgendwelchen Feindseligkeiten neigte. Über das Mikrofon, das Boisseau jetzt in der Hand hielt, konnte er jede Kontrollstation entlang der Strecke erreichen; er konnte die Streckenposten sogar warnen, falls ihm auf dem Fernsehschirm etwas auffallen sollte. Auf dem Monitor verfolgte er, wie die Kolonne die Avenue Marigny entlangfuhr; der Mannschaftswagen der CRS vornweg, dann der Wagen des Präsidenten, dann dreiundzwanzig schwarze Limousinen mit Kabinettsmitgliedern und deren Ehefrauen. Jetzt herrschte strahlender Sonnenschein – am Vortag hatte es einen Wetterumschwung gegeben –, aber während Boisseau die Reihe schwarzer Limousinen beobachtete, hatte er das makabre Gefühl, einem Trauerzug zuzusehen.

Boisseau verscheuchte den Gedanken. Er war Profi bis in die Fingerspitzen und hatte sich jetzt nur um eines zu kümmern – er mußte den Präsidenten sicher nach Roissy bringen. Die Ermittlungen in Sachen Leopard hatte er vorübergehend verdrängt; in den letzten wenigen Stunden hatte auch der Präfekt nicht einmal davon gesprochen. Mit gespanntem Gesichtsausdruck verfolgte Boisseau das Geschehen auf dem Monitor. Er wartete auf den Augenblick, in dem die Kolonne auf die Autobahn fahren würde, die bald über offenes Land führte, und dort konnte sich kein Attentäter verbergen.

»Komm erst mal zur Porte Maillot«, flüsterte Boisseau. »Dann bist du sicher . . .«

Plötzlich wurde ihm bewußt, daß er das Mikro so fest in der Hand hielt, daß seine Knöchel weiß wurden. In seinem Wagen bemerkte auch Alain Blanc, daß er die Hand zur Faust geballt hatte. Wie Boisseau war auch ihm klar, daß der Präsident in Sicherheit war, wenn er erst einmal die Autobahn erreicht hatte. Blanc ertappte sich dabei, daß er aus dem Fenster sah und zu den Fenstern hoher Wohnblocks hinaufblickte, daß er nach etwas Verdächtigem Ausschau hielt, nach etwas, was nicht so war, wie es sein sollte. Wie zum Teufel sollte Grelle es schaffen? Die Autokolonne schien die Champs-Élysées im Kriechtempo zu bewältigen.

Boisseau kam es ebenfalls so vor, als würden die Wagen kriechen, als sie das Ende des großen Boulevards erreichten und um den Triumphbogen herumfuhren, der die Siege Napoleons für alle Zeiten zu verewigen scheint, und dann in die Avenue de la Grande Armée einbogen, die ebenfalls auf beiden Seiten von hohen Wohnhäusern gesäumt ist. »Komm erst mal zur Porte Maillot«, flüsterte Boisseau wieder vor sich hin. Er war froh, allein im Büro zu sein. Alles, was in den letzten paar Wochen geschehen war, war wie ausgelöscht: Boisseau war für die Sicherheit des Präsidenten verantwortlich. Die Verantwortung lastete schwer auf ihm.

Alain Blanc gab allmählich die Hoffnung auf, daß etwas geschehen würde. Grelle hatte es offensichtlich nicht geschafft, aber das war nicht verwunderlich. Vielleicht hatten seine Nerven versagt, und darüber würde Blanc sich noch weniger wundern. Er blickte immer noch zu den Fenstern der Wohnhäuser hinauf, holte ein Taschentuch hervor und wischte sich die schweißbedeckte Stirn ab. Er stand – wenn auch aus anderen Gründen – unter einer ebenso starken Anspannung wie Boisseau. Blanc runzelte die Stirn, als er das Knattern eines herannahenden Hubschraubers hörte, der sehr niedrig flog, und preßte dann die Wange an die Seitenscheibe, um die Maschine zu entdecken. Die Menge, die noch immer seltsam still blieb, als hätten die Menschen ebenfalls das Gefühl, einer Trauerprozession beizuwohnen, reckte die Köpfe, um dem Hubschrauber nachzustarren, der sich der Autokolonne von hinten näherte und geradewegs über die Champs-Élysée hinwegflog. Er überflog den

Triumphbogen und nahm dann Kurs auf die Avenue de la Grande Armée, wo er mit dem lauten Geknatter seines Motors die Tauben von den Dächern verscheuchte. Dann überflog er die Autokolonne und verschwand. Blanc sank in die Polster zurück. »Wirklich, wir hätten gar nichts machen können . . .« Er hatte unwillkürlich laut gesprochen. Seine Frau sah ihn überrascht an. Dann ging der Mannschaftswagen an der Spitze in eine Kurve, anschließend der Präsidentenwagen. Sie hatten die Porte Maillot erreicht.

Um 10.25 Uhr, fünf Minuten vor dem Start saß Flugkapitän Pierre Jubal mit seinem Kopiloten Lefort in der Kanzel. Draußen auf dem Rollfeld war das gesamte französische Kabinett angetreten. Die Minister warteten darauf, daß Florian die Maschine bestieg. In der Nähe standen Männer der Flughafengendarmerie mit automatischen Waffen im Arm. Von dort, wo Alain Blanc stand, hatte er einen freien Blick über die Concorde hinaus auf die Ebene; im Hintergrund erkannte er nur die winzig wirkenden Häuser des Dorfs le Mesnil Amelot am Rand des riesigen Flughafens. Die Sonnenstrahlen erfaßten einen winzigen Stift, einen Kirchturm, und ein kleines Rechteck, eine stillgelegte Fabrik. Dann ging der Präsident an seinen Ministern vorüber. Er hatte sein berühmtes Lächeln aufgesetzt.

»Er hat das Auftreten eines Königs«, murmelte Danchin dem Ministerkollegen neben ihm zu. »Frankreich kann sich zu diesem Zeitpunkt seiner großen Macht wirklich glücklich schätzen . . .«

Kurz vor dem Betreten der Gangway schien sich Florian an etwas zu erinnern. Er wirbelte herum, noch immer lächelnd, kehrte um und schüttelte Alain Blanc die Hand. »Alain«, sagte er mit Wärme, »ich werde nie all das vergessen, was Sie in der Vergangenheit für mich getan haben . . .« Nur Blanc bemerkte, daß Florian die letzten Worte seines Satzes betonte, wie ein Vorstandsvorsitzender, der sich von einem Direktor verabschiedet, den er soeben entlassen hat. Die Hinrichtung ist aufgeschoben, dachte Blanc, als er Florian die Gangway hinaufgehen sah, aber sie wird in dem Augenblick erfolgen, in dem er zurückkehrt. Am oberen Ende der Gangway drehte Florian sich um, winkte und verschwand. Die Triebwerke begannen zu summen und zu pfeifen. Mechaniker an der Schnauze der Maschine rannten zurück.

Der unglaubliche Vogel begann vor Kraft zu beben. Boisseau, der die Szene in Paris am Fernsehschirm beobachtete, wischte sich die Stirn ab.

Zuvor, bevor die Autokolonne den Innenhof des Elysee verlassen hatte, entdeckte der Hubschrauberpilot Jean Vigier das kleine schwarze Auto, das sich mit hoher Geschwindigkeit vom Pariser Stadtzentrum entfernte. Zuerst sah er es unter sich, als es den Boulevard des Capucines entlangfuhr. Neugierig – es war das einzige Fahrzeug, das sich auf dem leeren Boulevard bewegte – änderte Vigier seinen Kurs und entdeckte es hinter der Oper wieder. Den Piloten beeindruckten die Geschwindigkeit des Wagens und seine Zielstrebigkeit. Er verfolgte das Auto weiter.

Was als Routineflug begonnen hatte, verwandelte sich in etwas Alarmierenderes, als Vigier die Nonstopfahrt des Wagens weiterverfolgte; der Wagen fuhr Häuserblock um Häuserblock weiter, ohne anzuhalten und ohne kontrolliert zu werden. Vigier, jetzt plötzlich besorgt, setzte seine Luftüberwachung des verdächtigen Fahrzeugs fort, während er die Leitstelle über Funk verständigte. »Kleiner schwarzer Wagen passiert alle Kontrollstellen, ohne anzuhalten . . . befindet sich im Augenblick in . . .«

Nachdem Boisseau die Meldung erhalten hatte, handelte er sofort. Er wies einen Assistenten an, die Polizeiwache in der Rue Hittorf 1 anzurufen, die letzte Kontrollstelle, die der Wagen passiert hatte. Der Assistent kam ein paar Minuten später wieder. »In diesem Wagen sitzt der Polizeipräfekt – das ist der Grund, warum sie ihn überall durchlassen. Er meldet sich bei jeder Kontrollstelle über Funk, bevor er dort ankommt . . .«

Boisseau verschwendete keine Zeit mit Spekulationen; sein Chef war offensichtlich dabei, einer Sache nachzugehen. Er ließ dem Hubschrauberpiloten Jean Vigier über Funk durchgeben: »Fahrer des schwarzen Wagens identifiziert – kein Grund zur Beunruhigung.« Danach vergaß Boisseau den Zwischenfall.

In seinem Wagen näherte Grelle sich jetzt dem Bezirk Goutte d'Or. Wieder meldete er sich über Funk bei der nächstliegenden Kontrollstelle, und dann tat er etwas sehr Merkwürdiges. Er hielt in der menschenleeren Straße an der Bordsteinkante an, wechselte das Frequenzband seines Funksprechgeräts, holte ein

Kleinsttonbandgerät hervor, schaltete es ein und sprach dann über Funk, wobei er seiner Meldung das Codewort vorausschickte. »Franklin Roosevelt. Hier Boisseau. Ja, Boisseau. Sind Sie's, Lesage? Störung? Nein, bei mir ist alles in Ordnung. Hören Sie zu!« Jetzt spulte das Band sich ab und sendete weiter, was Grelle zuvor in seiner Wohnung mit verstellter Stimme aufs Band gesprochen hatte.

»Kaninchen ist gesehen worden . . . Ja, Kaninchen! Ist vor fünf Minuten die Rue de Clichy hinuntergegangen. Nehmen Sie Ihre Männer und durchkämmen Sie die Gegend um die Rue de Clichy. Keine Widerrede, Lesage, er ist Ihnen entwischt – los, ihm nach! Wenn Sie ihn finden, hängen Sie sich dran – keine Festnahme. Ich wiederhole, keine Festnahme. Er könnte Sie zum Rest der Bande führen . . .«

Da er zu Beginn des Funkspruchs das Codewort genannt hatte, war Grelle zuversichtlich, daß Lesage seinem Befehl sofort Folge leisten würde. Grelle fuhr wieder an, passierte die nächste Kontrollstelle und bog dann in die Rue Réaumur ein, in der Abou Benefeika, der algerische Terrorist, noch immer darauf wartete, daß seine Freunde kommen und ihn abholen würden. Grelle stieg aus und näherte sich dem verfallenen Eingang des Hauses Nr. 17 mit äußerster Vorsicht. Als er den türlosen Eingang auf seinen Gummisohlen betrat, machte er kein Geräusch. In der Hand hielt er seinen Revolver. Ein abgestandener, muffiger Gestank von Feuchtigkeit schlug ihm entgegen. Er rümpfte die Nase, als er in dem dunklen Hausflur stand und lauschte. Als er die Kellertreppe betrat, bewegte er sich noch vorsichtiger.

Unten wartete er, bis seine Augen sich an die Dunkelheit gewöhnt hatten. Allmählich erkannte er jenseits der Tür zum Keller die Umrisse eines schlafenden Mannes. Der Mann schlief auf der Seite und hatte das Gesicht der Wand zugewandt. Der Präfekt schaltete seine Taschenlampe ein und entdeckte einen feinen Draht, der am unteren Ende der Kellertür quer über die Öffnung gespannt worden war; Grelle folgte dem Draht mit der Taschenlampe und sah, daß er an einer großen Blechdose befestigt war, die auf einem Haufen von Ziegelsteinen stand. Jeder, der einfach durch die Tür trat, würde die Dose herunterpurzeln lassen und den schlafenden Terroristen wecken. Grelle trat behutsam über den Draht. Mit Hilfe seiner Taschenlampe bahnte er sich den Weg durch überall herumliegende Ziegelsteine und näherte sich dem schlafenden Terroristen. Grelle bückte sich und hob die schwere Magnum-Pistole auf, die neben der reglosen Hand des Mannes lag. Dann weckte er ihn.

Grelle fuhr über die Porte de Pantin aus Paris heraus und setzte seine Fahrt auf der Straße N 3 fort; dann, kurz vor Claye-Souilly, bog er nach Norden ab und fuhr durch offene Landschaft. Der algerische Terrorist, Abou Benefeika, duckte sich auf dem Fußboden vor dem Beifahrersitz, den Grelle zuvor weit zurückgeschoben hatte. Der Algerier war mit einem Reiseplaid zugedeckt, das wie zufällig hinuntergerutscht zu sein schien, und kehrte Grelle, der gelegentlich den Revolver vom Schoß nahm und ihn dem Algerier in den Nacken preßte, den Rücken zu. Er sollte nicht vergessen, daß die Waffe noch da war.

Abou Benefeika war teils erleichtert, teils zutiefs verängstigt. Der Zivilist, der ihn geweckt und ihm eine Pistole vors Gesicht gehalten hatte, hatte ihm gesagt, er sei gekommen, um ihn außer Landes zu schaffen. »Ihre Freunde haben sich aus dem Staub gemacht«, sagte Grelle nur, »also hat man mich hiergelassen, damit ich aufpasse, daß man Sie nicht erwischt. Die Polizei ist dabei, sich diesen Bezirk vorzuknöpfen, das wissen Sie doch, nicht wahr?« Grelle hatte ihm gesagt, er solle den Kopf einziehen und unten lassen. »Dies ist ein gestohlener Polizeiwagen. Sie sollten also beten, daß wir an den Straßensperren durchkommen, die sie errichtet haben. Ich habe den Ausweis des Polizisten, den ich erschossen habe, deswegen darf ich diesen Wagen fahren. Wir müßten es eigentlich schaffen. Wenn ich Sie aber erschießen muß, um mich selbst zu retten, werde ich es tun . . .«

Benefeika, der es tagelang mit den Ratten im Keller hatte aushalten müssen, war einigermaßen demoralisiert. Er traute dem Mann nicht, der ihn geweckt hatte, wurde aber zuversichtlicher, als Grelle mehrere Polizeikontrollen passierte, ohne ihn auszuliefern. Welche andere Erklärung konnte es da geben als die, die der Mann ihm genannt hatte? Jenseits der Porte de Pantin gab es eine Zeitlang keine Kontrollen mehr, aber das gelegentliche Antippen des Revolvers im Nacken überzeugte Benefeika, daß es besser sei, den Worten seines Retters zu folgen und den Kopf unten zu halten. Vor der hinteren Sitzbank des Wagens lag noch ein Reiseplaid, aber das, was sich darunter verbarg, war kein Mann.

Der Besuch in der Rue de Saussaies, dazu um fünf Uhr morgens, war riskant gewesen.

Der Wachtposten, der ihn ins Gebäude einließ, ging davon aus, daß Grelle in das Zimmer im vierten Stock wollte, in dem irgendein rätselhaftes Projekt verfolgt wurde – der Wachtposten dachte an den Raum, in dem ein Mann auf den nächsten Anruf Hugons wartete, des verräterischen Mitarbeiters von Oberst Lasalle, Hauptmann Moreau. Grelle ging tatsächlich in den vierten Stock, betrat zunächst das Büro, das ihm persönlich zur Verfügung gestellt worden war und in dem er Annette Devaud vernommen hatte. Dort blieb er nur einen Augenblick, um eine Schachtel Zigaretten auf den Tisch zu legen. Anschließend ging er zu dem doppelt gesicherten und gepanzerten Raum auf der anderen Seite des Gebäudes, schloß die äußere Tür auf, schlüpfte hinein und schloß sofort wieder hinter sich ab. Er befand sich jetzt in dem äußeren Raum und stand vor der gepanzerten Tür.

Grelle ging äußerst behutsam vor. Er streifte sich Handschuhe über, nahm den Schlüssel zur gepanzerten Tür und preßte beide Seiten des Schlüssels in ein Wachsplättchen, das er mitgebracht hatte. Er pfuschte absichtlich und wackelte etwas mit dem Schlüssel, so daß der Abdruck ungenau wurde. Später würde man davon ausgehen, daß jemand danach einen frischen und perfekten Abdruck gemacht und sich so die Mittel zur Herstellung eines Schlüsselduplikats verschafft hatte. Grelle, der die Handschuhe noch anhatte, ließ den unvollkommenen Wachsabdruck zu Boden fallen und schob ihn mit der Schuhspitze unter einen Aktenschrank. In wenigen Stunden würden zahlreiche Beamte die Spuren sichern und den ganzen Raum auf den Kopf stellen. Sie würden jede Staubflocke unter die Lupe nehmen. Danach öffnete Grelle die gepanzerte Tür.

Die Abschußvorrichtung der SAM-Rakete war in schützendes Segeltuch gehüllt und lag an der Wand auf dem Fußboden. Daneben fand Grelle eine kleinere Segeltuchrolle mit den beiden *Strela*-Raketen. Er rollte beide Pakete zu einem großen zusammen, das er mit der großen Segeltuchplane umwickelte und mit einer Schnur zusammenband. Er verließ den Raum, schloß ab, ging auf den Flur hinaus und verschloß die Außentür. Jetzt bestand die Schwierigkeit darin, das sperrige Paket aus dem Gebäude herauszubringen. Es war unvermeidlich, daß er einem

Wachtposten begegnete, wenn nicht im Gebäude selbst, so doch am Ausgang.

Um den in der Sûreté-Zentrale patrouillierenden Beamten nicht über den Weg zu laufen, deren Postengänge Grelle kannte, machte er einen langen Umweg. Er wanderte durch endlose Korridore und ging Hintertreppen hinunter. Diese verdammte Sûreté war ein Kaninchenbau, den er früher oft verflucht hatte, aber diesmal konnte das Labyrinth seine Rettung sein. Er ging vorsichtig die letzte Treppe hinunter, schlich aber auf Zehenspitzen wieder nach oben, als er auf dem unteren Korridor die Schritte eines Wachtpostens hörte. Grelle wartete. Die Schritte verhallten, und in das altersschwache Gebäude kehrte wieder Stille ein. Jetzt ging Grelle rasch die Treppe hinunter, erreichte das Erdgeschoß und ließ sein Segeltuchpaket in einem Schrank verschwinden, der seit Jahren leerstand. Grelle durchquerte die Eingangshalle und öffnete leise die Außentür.

Der Wachtposten lehnte sich gegen eine Wand, und Grelle meinte, er sei im Stehen eingedöst. Es wäre aber zu riskant gewesen, den Versuch zu machen, an ihm vorbeizuschleichen.

»Thomas!« rief Grelle mit lauter Stimme. Der Mann richtete sich mit einem Ruck auf. Seine Stimme klang sehr unsicher. Grelle war nicht der Mann, der einem Unaufmerksamkeit so ohne weiteres durchgehen ließ. »Ja, Herr Präfekt?«

»Ich habe meine Zigaretten vergessen. Können Sie schnell mal auf Zimmer 407 gehen und sie mir holen?« Grelle gab dem Wachtposten einen Schlüssel. »Auf meinem Schreibtisch liegt eine frisch angebrochene Schachtel . . .«

Er lauschte dem verebbenden Geräusch der Schritte. Er stand unten vor der Treppe, holte das Paket aus dem Schrank, trug es auf den Hof hinaus und legte es vor der hinteren Sitzbank seines Autos auf den Wagenboden. Dann legte er ein Reiseplaid über das Paket. Als Thomas mit den Zigaretten und dem Schlüssel zurückkehrte, wartete Grelle in der Eingangshalle. »Vielen Dank, Thomas.« Er bot dem Mann eine Zigarette an. »Passen Sie auf, daß diese Wand Ihnen nicht auf den Kopf fällt . . .« Er ließ Thomas stehen, der ihm nervös nachstarrte. Grelle war jetzt recht zuversichtlich, daß Thomas es unterlassen würde, Grelles Besuch bei den Vorgesetzten zu melden. Der Präfekt fuhr zu seiner Wohnung auf der Ile Saint-Louis zurück. Er stellte den Wagen in der Garage ab und ging nach oben, um sich zu rasieren.

Durch die Windschutzscheibe sah Grelle das Dörfchen le Mesnil Amelot näher kommen, die Silhouetten eines Gewirrs eng beisammenstehender Häuser, eines Kirchturms und einer stillgelegten Fabrik. Neben ihm, auf dem Wagenboden, schwitzte Abou Benefeika; sie hatten gerade eine weitere Kontrollstelle passiert. An der Porte de Pantin hatte Grelle die Kontrollstellen hinter sich gelassen, und jetzt, als sie dem Flughafen Charles de Gaulle näherkamen, fuhr er wieder direkt auf sie zu. Es waren Kontrollen, die er selbst angeordnet hatte. An der letzten Straßensperre, die noch recht weit vom Dorf entfernt lag, rief er einen Wachtposten aus dem Wagenfenster eine Warnung zu. »Halten Sie die Augen offen. Es könnten sich Fremde hier herumtreiben. Mir ist gemeldet worden, es könnte gerade hier Ärger geben . . .«

»Sie fahren ins Dorf, Monsieur?«

»Ich werde wahrscheinlich schon vorher anhalten – um das Abheben der Maschine zu beobachten . . .«

Er fuhr weiter, während der unter dem Plaid versteckte Benefeika die Kühnheit dieses unechten Polizisten bewunderte. Der Algerier hatte schon mehrmals gefragt, wohin die Reise eigentlich gehe, und Grelle war jedesmal recht kurz angebunden gewesen. »Zu einem Ort, an dem ein Transportmittel bereitsteht, um Sie wegzubringen – und das ist alles, was Sie wissen müssen . . .« Als er sich dem Dorf näherte, sah Grelle auf seine Armbanduhr. 10.20 Uhr. Gott im Himmel, das hatte mehr Zeit in Anspruch genommen, als er einkalkuliert hatte. In zehn Minuten würde die Concorde starten.

Zu seiner Linken erstreckte sich die Ebene jenseits des Drahtzauns, der den Flughafen Charles de Gaulle umgibt, und Grelle glaubte, die startbereite Concorde zu sehen. Wie er gehofft hatte, war die Dorfstraße völlig leer; alle Dorfbewohner hielten sich bei ihren Nachbarn in Häusern auf, von denen aus man das Rollfeld überblicken und den Start beobachten konnte. Grelle riß das Lenkrad herum und fuhr an einer stillgelegten Fabrik vorbei auf einen großen Hof.

»Innerhalb einer Stunde wird hier ein Hubschrauber landen und Sie wegbringen«, sagte Grelle zu dem Algerier und scheuchte ihn mit der Pistole aus dem Wagen. »Bis dahin werden Sie sich schön still verhalten . . .« Grelle nahm den Algerier mit ins Fabrikgebäude, schob ihn eine wacklige Treppe hinauf und befahl ihm, im Obergeschoß in einen Raum mit zugenagelten Fenstern zu gehen. Grelle verließ den Raum und verriegelte die Tür. Der Präfekt hatte erst vor kurzem bei der Prüfung der Sicherheitsvorkehrungen eine Autofahrt um das gesamte Flughafengelände herum gemacht und war dabei in le Mesnil Amelot ausgestiegen; das alte Fabrikgebäude hatte ihn neugierig gemacht. Er hatte in jede Ecke und jeden Winkel geblickt.

Nachdem er Benefeika eingeschlossen hatte, holte Grelle das schwere, mit Segeltuch umwickelte Paket aus dem Wagen und schleppte es aufs Dach. Noch immer war auf der Straße niemand zu sehen. Dem Fabrikgebäude gegenüber lagen nur die Kirche und der Friedhof. Grelle sah auf die Uhr. 10.27 Uhr.

In Paris, in der Präfektur, reagierte Boisseau äußerst gereizt, als ein Assistent ihm mitteilte, daß der Beamte Lesage, der die Beobachtung des algerischen Terroristen Abou Benefeika leitete, eine wichtige Meldung für ihn habe. »Um Gottes willen, warum ausgerechnet jetzt?« schäumte Boisseau, aber dann fiel ihm die Gabe seines Chefs ein, ein halbes Dutzend Dinge zur selben Zeit im Auge zu behalten. »Also gut, stellen Sie ihn durch«, raunzte er. Er hörte weniger als eine Minute zu und ging dann in die Luft.

»Sie elender Dummkopf! Ich habe nicht befohlen, daß Sie sich zurückziehen sollen. Sie sagen, die Stimme sei schlecht zu hören gewesen, habe aber das richtige Codewort genannt? Ich war das nicht! Irgendeiner dieser Terroristen hat Sie hereingelegt. Begeben Sie sich sofort zu dem Haus und durchsuchen Sie's von oben bis unten. Ich kann Ihnen jetzt schon verraten, daß der Bursche ausgeflogen ist!« Boisseau wandte sich wieder dem Monitor zu, auf dem der Präsident gerade die Gangway hinaufging, sich umdrehte, winkte und dann in der Concorde verschwand. »So, jetzt ist er gleich in der Luft«, bemerkte er zu seinem Assistenten.

In der auch für ihn charakteristischen Manier eines Pierre Trudeau oder John F. Kennedy ging Guy Florian durch den Passagierraum der Concorde nach vorn in die Pilotenkanzel. Er äußerte den Wunsch, beim Start dort zu sitzen und zu beobachten, wie die Piloten die Instrumente bedienten. »Setzen Sie sich«, sagte er zu dem Flugpersonal, »ich bin jetzt nichts weiter als ein gewöhnlicher Passagier . . .« Er grinste jungenhaft. »Allerdings wichtig genug, bei Ihnen zu sitzen, während Sie die Maschine hochziehen. Wenn Sie nichts einzuwenden haben . . .«

Punkt 10.30 Uhr fing die riesige Maschine an, auf die Hauptstartbahn zuzurollen. Die Concorde bewegte sich eine Zeitlang geradeaus, bis Jubal das Flugzeug auf die Startbahn einschwenken ließ. Dort blieb die Concorde kurz stehen, während Jubal auf die Startfreigabe durch den Tower wartete. Dann ließ der Pilot die Maschine anrollen. Alain Blanc kam die Concorde noch immer wie ein böser Raubvogel vor, wie eine zwar schöne, aber zugleich gefährliche Maschine. Das Heulen und Pfeifen der enorm schubstarken Triebwerke tönte zu den Ministern herüber, die pflichtgemäß in Reih und Glied standen und warteten. Der Himmel war jetzt vollkommen klar, die Sonne strahlte. Kein anderes Flugzeug war zu sehen – der Luftraum war für Präsident Florians Abflug freigehalten worden. Weit hinten auf der Startbahn änderte das Flugzeug die Richtung, rollte los und hob dann plötzlich in scharfem Winkel ab. Die geierkopfähnliche Kanzel und der gesamte Rumpf bebten, während die Maschine Strahlen schmutziger Abgase ausspie.

10.31 Uhr. Auf dem Dach der stillgelegten Fabrik lag Grelle auf einem Öltuch, das er mitgenommen hatte, damit seine Kleidung nicht schmutzig wurde. Er preßte sich die Abschußvorrichtung fest an die Schulter – so, wie Buvon es ihm auf dem Flughafen Orly gezeigt hatte. Grelle sah angestrengt durch das Zielfernrohr. Für das bloße Auge nur als Umriß erkennbar, erschien die Concorde im Zielfernrohr klar und deutlich, mit allen Details. Grelle konnte die seitlich am Rumpf aufgemalten Wörter *Air France* deutlich lesen. Er schwitzte heftig. In Begleitung des Präsidenten an Bord der Maschine befanden sich Männer, die er gut kannte, Männer, die er mochte und respektierte. Grelles Mund war nur noch ein dünner Strich. Er biß die Zähne zusammen.

Die Maschine stieg wie ein triumphierender Vogel in den Himmel. Die gebogene Nase und der mit Fledermausflügeln bewehrte riesige Rumpf erzitterten; die Maschine stieg in dem exakt vorausberechneten Winkel in den Himmel, der soviel Bewunderung auslöst – und erschreckt –, wenn man ein Flugzeug vom Erdboden aus oder vom Dach einer stillgelegten Fabrik aus beobachtet. 300 Meter . . . 600 Meter . . . Die Concorde raste in den Steigflug. Dies ist immer der kritische Augenblick – wenn ein riesiges, mit hochexplosivem Treibstoff vollgetanktes Flugzeug immer weiter und weiter steigen muß, weil es auf dem Weg in die Stratosphäre keine Umkehr gibt, sondern als Alternative nur die Katastrophe.

»Für Frankreich . . .«

Grelle drückte ab.

Die Rakete schoß vom Fabrikdach empor. Grelle rannte einen Stock tiefer zu dem Raum, in dem der algerische Terrorist noch immer auf den Hubschrauber wartete, der ihn abholen und in Sicherheit bringen sollte. In dem weiten Luftraum über dem Flughafen Charles de Gaulle befanden sich jetzt nur zwei Flugkörper – die aufsteigende Rakete und die im Steigflug begriffene Concorde. Unter den Fluglotsen an den Radarschirmen entstand sofort eine Panik, als sie den Kurs der Concorde verfolgten. Auf ihren Schirmen war ein weiteres Flugobjekt aufgetaucht. Ein unglaublich kleiner Flugkörper, der sich mit Überschallgeschwindigkeit bewegte, so schnell, daß nur ein Fluglotse dazu kam zu schreien.

Guy Florian sprach über Funk von der Flugkanzel aus. Er hielt eine Ansprache, die überall dort zu hören war, wo ein Rundfunkgerät oder ein Fernseher eingeschaltet war – in Häusern, Wohnungen und Lokalen, in denen sich die Menschen vor den Fernsehern drängten, um der aufsteigenden Concorde zuzusehen. »Diese historische Mission, die mich nach Moskau führt, wird die Sache des Weltfriedens fördern, damit unsere Enkel . . .«

Die *Strela*-Rakete, *made in UdSSR*, prallte in Höhe der Pilotenkanzel gegen den Rumpf der Concorde. Das Vorderteil der Maschine – einschließlich der Pilotenkanzel, von der aus Florian sprach – brach vom übrigen Rumpf ab. Als der Treibstoff detonierte, gab es ein ungeheures *B-o-o-m*. Fünfundzwanzig Kilometer entfernt, in Paris, blieben Menschen wie vom Blitz getroffen stehen. Vom Erdboden aus sahen die versammelten Minister des französischen Kabinetts einen schrecklichen Feuerball aufflackern, als der Treibstoff Sekunden nach dem Abbrechen des Vorderteils der Maschine Feuer fing. Nase und Kanzel der Concorde trudelten zur Erde. Der Feuerball verschlang den halben Flugzeugrumpf, während das Heck der Maschine abbrach, ebenfalls Feuer fing und als brennender Pfeil dreißig Kilometer weiter auf die Felder stürzte. Nach dem Aufprall des Feuerpfeils stieg schwarzer Rauch kerzengerade in den klaren Morgenhimmel auf. Ein Fragment des Rumpfendes landete nur wenige Dutzend Meter von den versammelten Ministern entfernt. Sie stoben auseinander. Bis zu diesem Moment hatten sie schweigend und vor Entsetzen reglos dagestanden. Alain Blanc kam als erster zu sich. Er rannte zu seinem Wagen. »Zurück nach Paris. Fahren Sie wie der Teufel«, befahl er.

Das gesamte Dorf, von dem aus die Rakete abgeschossen worden war, wurde hermetisch abgeriegelt. Grelle leitete das Unternehmen persönlich. Von den Streifenwagen, die aus allen Richtungen auf Le Mesnil Amelot zufuhren, überholten einige den Wagen des Polizeipräfekten, als dieser *in Richtung* Le Mesnil Amelot fuhr. Die Wagen hielten an. Grelle sprang als erster heraus.

»Zurück in die Häuser . . . alle weg von der Straße . . . es kann jeden Augenblick zu Schießereien kommen . . .«

Innerhalb von drei Minuten war das Dorf abgeriegelt. Weitere Polizeifahrzeuge kamen an. Grelle ordnete an, sämtliche Häuser zu durchsuchen, und wies seine Männer an, ja nicht schießwütig zu werden. »Ich habe gesehen, wie von diesem Dorf aus irgend etwas in den Himmel schoß«, sagte er zu dem Inspektor, dem die hier versammelten Polizisten unterstanden. »Ich auch«, erwiderte der Inspektor aufgeregt. Über den Sprechfunk eines Streifenwagens nahm Grelle mit Boisseau Verbindung auf. »Sorgen Sie dafür, daß die Straßen von Paris leer bleiben. Es darf nicht zu Menschenansammlungen kommen. Setzen Sie notfalls die Männer der CRS ein. Es kann sein, daß jemand versucht, einen Aufstand anzuzetteln.«

Nachdem er für Paris klare Anweisungen gegeben hatte, wandte Grelle sich wieder der Durchsuchung des Dorfes zu. Es war Punkt 10.55 Uhr – Grelle hatte sofort auf die Uhr gesehen –, als er den Inspektor aus Leibeskräften schreiend die Straße entlangrennen sah. Sie hatten den Algerier gefunden.

Abou Benefeika lag auf dem Dach der stillgelegten Fabrik, alle viere von sich gestreckt. Seine geöffneten Augen starrten blicklos in den Himmel. Er hielt seine eigene Magnum-Pistole in der Hand, aus der nur ein Schuß abgefeuert worden war. Die Waffe trug nur seine Fingerabdrücke. Er hatte sich offenkundig selbst in die rechte Schläfe geschossen. Neben ihm lagen die SAM-Abschußvorrichtung und eine zweite Rakete. Später, als man auch diese Waffe untersuchte, entdeckte man auch auf ihr die Fingerabdrücke des Algeriers.

Am 7. Januar läuteten die mächtigen Glocken von Notre-Dame zum Staatsbegräbnis von Guy Florian. Teile seines Leichnams waren wie durch ein Wunder erhalten geblieben. Staatsoberhäupter aus allen Teilen der Welt waren anwesend, darunter auch der Staatspräsident der Union der Sozialistischen Sowjetrepubliken. Alain Blanc, der vor kurzem gewählte Ministerpräsident, führte den Trauerzug an.

Am Heiligen Abend des Vorjahrs hatte Marc Grelle Alain Blanc das Schreiben überreicht, in dem er seinen Rücktritt als Polizeipräfekt von Paris erklärte. Alain Blanc hatte bis auf weiteres das Amt des Innenministers mit übernommen.

Die beiden Männer zogen sich über eine Stunde lang in Klausur zurück. Anschließend trat Grelle vor eine eilig einberufene Pressekonferenz und verlas eine Erklärung. »Da ich meiner Pflicht, das Leben des Präsidenten der Französischen Republik zu schützen, nicht genügt habe, habe ich meinen sofortigen Rücktritt erklärt. Ich habe um Versetzung in den Ruhestand gebeten.« Georges Hardy, Grelles langjähriger Freund und Polizeipräfekt von Lyon, übernahm das Amt des Polizeipräfekten von Paris.

Am 8. Januar, einen Tag nach dem Staatsbegräbnis für den toten Präsidenten, das Grelle in seiner Wohnung auf der Ile Saint-Louis allein am Fernsehschirm verfolgt hatte, fuhr der ehemalige Präfekt Alan Lennox zum Flughafen. Der Engländer wollte nach London zurückfliegen. Lennox war noch immer Rekonvaleszent und schwer bandagiert. Er hatte André Boisseau ausführlich über seine Tätigkeit in Frankreich berichtet und anschließend darauf bestanden, sofort nach Hause zurückzukehren. In dem mündlich vorgetragenen Bericht fehlte jeder Hinweis auf den Leoparden, und Boisseau, der die Vernehmung persönlich durchführte, erwähnte den ehemaligen Résistance-Führer gleichfalls mit keinem Wort.

Nachdem er den Engländer zum Flughafen Charles de Gaulle gebracht hatte, setzte Grelle sich in seinen Wagen und fuhr allein in Richtung Paris zurück. In der Brusttasche seines Jacketts trug er das Foto seiner Frau Pauline bei sich, das er aus dem Rahmen in seiner Wohnung herausgenommen hatte. Seine letzten Worte vor dem Abschied von Alan Lennox waren sehnsüchtig gewesen. »Seit Jahren habe ich mich darauf gefreut, mich in ein bestimmtes Dorf in der Dordogne zurückziehen zu können – man kann dort sehr gut angeln . . .« Grelle war aber ein Mann, der den größten Teil seines Lebens der Bewahrung und Aufrechterhaltung des Gesetzes gewidmet hatte; er machte sich keine Illusionen. Die Schritte, die er unternommen hatte, um seine Spuren als Attentäter zu verwischen, würden einer intensiv geführten Ermittlungsarbeit nicht standhalten. Er hatte nur versucht, sich eine kurze Atempause zu verschaffen. Wenn er für ein Verhör nicht mehr zur Verfügung stand, würde Boisseau nach einer angemessenen Frist seinen Bericht abschließen und erklären können, Abou Benefeika sei für den Tod des Präsidenten verantwortlich. Grelle prallte bei Tempo 140 gegen die Leitplanke. Mehr als fünfhundert Personen wohnten seiner Beisetzung bei. Wie beim Begräbnis von Guy Florian führte Alain Blanc, der später der nächste französische Staatspräsident wurde, den Trauerzug an. Über den Sarg hatte man Marc Grelles silberbestickte schwarze Uniform drapiert, die offiziellen Anlässen vorbehalten war. »Mir kam plötzlich der Gedanke«, sagte André Boisseau später, »daß er es vorgezogen hätte, wenn sie eine Hose und einen Rollkragenpullover auf den Sarg gelegt hätten . . .«

Der Ministerpräsident war einer der Sargträger. Als er langsam, mit einer Ecke des Sargs auf der Schulter, dahinschritt, wurde er von Leuten beobachtet, die später sagten, sie hätten Alain Blanc weder zuvor noch später jemals so niedergeschlagen gesehen.